언어와
이데올로기

Marxism and The Philosophy of Language

언어와
이데올로기

V.N. 볼로쉬노프 | 송기한 옮김

푸른사상

□ 머리말

현재까지 마르크스주의에 입각해서 쓰여진 언어철학에 관한 저서는 아직 한 권도 나오지 않았다. 더욱이 마르크스주의와 관련된 다른 분야의 저서에서도 언어의 본질에 대한 정확한 언급은 아직 없었다.[1] 따라서 이 분야에선 최초라고 할 수 있는 본서는 마르크스주의 언어철학의 다양한 문제들을 개략적으로 제시한 데 지나지 않는다. 언어철학에 있어서의 기본쟁점들에 대한 마르크스주의의 체계적이고 결론적인 분석은 여기에선 그 취급이 불가능하다. 왜냐하면 그러한 분석은 장기간의 공동연구에 의해서만 가능하기 때문이다. 따라서 본서에서는 그 과제를 언어에 대한 마르크스주의적 사고가 갖는 **기본방향**과 그러한 사고가 구체적인 언어학상의 문제들과 접하게 될 때 의

---

[1] 언어에 대해서 언급하고 있는 마르크스주의의 유일한 저서, 즉 최근에 발행된 I. Present의 『발화와 사고의 기원』은 언어철학과는 거의 관계가 없다고 할 수 있다. 이 책은 발화와 사고의 생성에 대한 문제를 다루고 있으며, 여기서 발화는 특정한 이데올로기적 체계를 갖는 언어라기보다는 조건반사학적 의미로서의 '신호'로 이해되고 있다. 특정한 유형의 현상을 갖는 언어는 어떠한 경우에 '신호'로 바뀔 수 없으며, 바로 그러한 이유로 해서 I. Present의 연구는 언어와 전혀 관계되지 않는다. 그의 연구는 언어학 및 언어철학의 구체적인 논쟁들에 이르는 직접적인 통로가 없다.

존하게 되는 **방법론적인 지침**에 대한 개관에만 한정하기로 한다.

이러한 과제가 어려움을 겪는 것은 마르크스주의 문학이 아직까지 이데올로기적 현상의 실체가 갖는 고유한 성격에 대해 최종적으로 공인된 정의를 내리고 있지 않기 때문이다.2) 대부분의 경우 이데올로기적 현상은 의식현상으로 이해되었다. 다시 말해서 이데올로기적 현상은 심리학적으로 이해되었던 것이다. 그러한 개념은 이데올로기적 현상이 갖는 고유한 특징에 대한 정확한 접근에는 매우 유해한 것이라고 할 수 있으며, 이데올로기적 현상이 갖는 고유한 특징은 어떠한 경우에도 주관적인 의식 혹은 심리가 갖는 특질로 환원될 수는 없는 것이다. 따라서 이데올로기적 산물이라는 특이한 물질적 현상으로서의 언어의 역할은 충분한 가치를 인정받을 수 없었다.

한 가지 덧붙일 점은 마르크스와 엥겔스와 같은 창시자들도 그 모든 영역들을 거의 취급하지 않았고, 기계론적인 범주들만이 그 속에 견고하게 자리를 잡고 있었다는 점이다. 이러한 모든 지적 분야는 그 근본에 있어서 여전히 변증법 이전의 기계론적 유물론 단계에 머무르고 있다. 모든 이데올로기 연구분야에 있어서 기계론적 인과율의 범주가 차지하는 현재까지의 그 계속적인 지배적 입장은 그러한 표현이라고 할 수 있다. 기계론적 인과율과 더불어 아직까지도 극복하지 못한 경험론적 자료에 대한 실증주의적 관념, 즉 '사실(fakt: fact)'에 대한 존중은 변증법적인 의미라기보다는 무엇인가 고정된 불변의

---

2) 단일한 사회생활 내에서 이데올로기가 갖는 지위에 대한 정의는 마르크스주의 창시자들에 의해 제기되었다. 즉 상부구조로서의 이데올로기, 상부구조의 토대에 대한 관계 등이 그것이다. 그러나 이데올로기적 창조성의 질료와 관계된 문제, 이데올로기적 의사소통이 갖는 조건 등에 관한 문제들은 전반적인 사적 유물론에 있어서 이차적 문제로 간주되어 구체적인 결론에 이르지는 못했다.

것으로 생각되었다.3) 마르크스주의의 철학적 정신이 아직 이러한 분야들에선 거의 인식되지 못하고 있다.

이런 형편 때문에 사실상 언어철학 분야가 다른 이데올로기 연구 분야에서 이룩한 명확한 긍정적 성과로부터 어떤 도움을 받는다는 것은 불가능한 일이다. 플레하노프(Plexanov)의 공헌으로 이데올로기 연구의 가장 진보된 연구분야가 된 문학조차도 전혀 실제적인 도움을 주진 못했다.

본서는 기본적으로 순수하게 과학적인 연구목표를 추구하였지만, 그러나 가능한 한 일반적인 특징을 부여하고자 하였다.4)

본서의 제Ⅰ부에서는 마르크스주의 전체에서 언어철학이 갖는 의의를 입증해 보고자 하였다. 앞에서도 말했지만 그러한 의의는 타당하게 인식되어야만 한다. 사실 **언어철학의 문제점들은 마르크스주의 세계관의 몇몇 중요한 영역과 연결되고 있으며** 더욱이 이러한 영역은 오늘날 우리 사회에서 광범위한 관심의 대상이 되고 있다.5)

한마디 더 덧붙인다면 언어철학과 관련된 쟁점들은 최근 소련뿐만 아니라 서유럽에서도 뛰어난 정확성(ostrota)과 근본성(principia" nost')을 갖게 되었다.6) 오늘날의 부르조아 철학은 언어기호의 영향 하에서 발전하기 시작하였다고 말할 수 있으며, 이러한 새로운 경향에 대한 서

---

3) 실증주의는 본질적으로 실체론적 사고의 기본적 범주 혹은 습관에 있어서 '본질' '관념' '일반성' 등등의 영역으로부터 개별적인 사실의 영역으로의 전환이었다.
4) 물론 마르크스주의에 대한 일반적인 배경과 더불어 독자는 기본적인 언어학에 대한 지식도 필요한 것이다.
5) 문학비평 혹은 심리학과 같은 그러한 분야를 말한다.
6) 그러나 마르크스주의 하에서는 전혀 그렇지 않았다. 우리는 여기서 '형식주의자들'과 쉬페트(G. Špett)의 저서 『심미적 단편』, 『말의 내적 형식』 그리고 Loser의 저서 『명칭의 철학』 등에 의해 각성된 말에 대한 관심을 염두에 두었다.

구의 철학사상은 아직 그 초보단계에 불과하다고 할 수 있다. '말(slovo)'과 체계 내에서 말이 차지하는 위치에 대한 논쟁이 격렬해지고 있는데 이것은 중세시대의 리얼리즘, 유명론(nominalism), 개념론(conceptualism) 등에 대한 논쟁과 유사한 것이라고 할 수 있다. 그리고 사실 중세시대의 이러한 철학적 전통은 어느 정도 현상론자들의 리얼리즘과 신칸트주의자들의 개념론에서 다시 제기되었다고 볼 수 있다.

언어학 자체에서 제기된 과학적 문제가 갖는 이론적 측면에 대한 언어학 내의 실증주의적 관점에서의 반감과 세계관(mirosozercanie)의 해명에 대한 모든 요구에 대한 적대감(후기 실증주의의 전형적인 유형이라고 할 수 있음)이 사라지자 언어학 자체에서 그러한 원리 자체가 갖는 일반적·철학적인 여러 가정들에 대한 인식과 더불어 언어학과 다른 지적 분야의 관련성에 대한 뚜렷한 인식을 가져왔다. 이러한 각성과 더불어 언어학에서는 위기의식이 고조되었는데 이것은 언어학이 이러한 새로운 도전에 대응할 만한 능력이 없었기 때문이었다.

언어철학이 마르크스주의 세계관(mirosozercanie)에서 차지하는 지위에 대한 해명이 본서 제Ⅰ부의 목표이다. 따라서 본서 Ⅰ부에서는 무엇을 증명하거나 제기된 어떤 문제에 대해 최종적인 해결을 시도하지는 않았다. 이 부분에서 우리가 관심을 갖고 있는 것은 현상들 간의 관계라기보다는 여러 문제들 간의 관계이다.

본서의 제Ⅱ부에서는 언어철학의 기본문제, 즉 **언어현상의 실제적인 존재양식**을 해명하고자 하였다. 이 문제는 현대 언어철학 사상에 있어서 중요한 쟁점들의 전환점이 되는 축이 된다. **언어의 생성, 상**

호작용, 이해, 의미 및 기타 기본적인 문제들은 모두 그 공통되는 핵심에 있어서 이 한 문제로 수렴된다. 물론 이러한 문제 자체의 해결에 있어서는 단지 그 기본적인 경로만을 나타낼 수 있을 뿐이다. 수많은 문제들이 겨우 언급만 되었을 뿐이고, 우리가 해명하고자 하는 많은 분야의 연구도 끝까지 철저하게 연구된 것은 아니다. 그러나 사실상 마르크스주의적 관점에서는 최초로 이러한 문제들에 접근하려고 시도했지만 본서와 같은 작은 분량의 책으로서는 그러한 철저한 연구가 불가능할 수밖에 없는 일이었다.

본서의 마지막 부분에서는 통사론과 관계된 문제들 중 그 일부분에 해당되는 구체적인 연구내용을 다루었다. 본서 전체의 기본 개념인 **발화의 생산적 역할과 그 사회적 성격**은 그 개념상 구체화 될 필요가 있다. 이러한 구체화가 갖는 중요성은 언어철학에 있어서의 일반적인 세계관 및 그 이론적 쟁점에 있어서 뿐만 아니라 특별히 언어학과 관련된 쟁점에 있어서도 주목될 필요가 있는 것이다. 요컨대 어느 한 개념이 정확한 것이며 생산성이 있는 것이라면, 그러한 생산성은 철저하게 밝혀져야 한다. 그러나 제Ⅲ부의 논제인 타자의 발화의 문제(problema čuzovo vyskazyvanija)는 그 자체가 이미 통사론의 한계를 넘는 광범위한 의미를 갖고 있다. 사실 많은 수의 중요한 문학적 현상, 예를 들어 등장인물의 말(일반적인 등장인물의 구성), 스카즈(skaz), 양식화, 패러디 등등은 단지 '타자의 말'에서 비롯된 다양한 굴절에 지나지 않는다. 이러한 종류의 말과 그리고 그러한 말이 갖는 사회학적인 통제에 대한 이해는 앞에서 언급한 문학적인 여러 현상들을 생산성 있게 다루는 데 있어서 반드시 필요한 선행조건이 된다.[7]

---

[7] 사실상 바로 이러한 현상들은 오늘날 문학자들에게 매우 매력적인 관심의 대상

더욱이 Ⅲ부에서 다루고 있는 문제는 러시아 언어학계(linguisticliturature)에서는 완전히 무시되어 온 문제였다. 그 한 예로 **러시아어의 의사직 접화법** 현상에 대해 그 어느 누구도 지적하거나 기술하지 않았음을 들 수 있다(이미 푸시킨에게서 발견되고 있지만). 직접화법과 간접화법이 갖는 다양한 변형(modifikacija: modification)이 전적으로 연구되지 않은 채 방치되어 온 것이다.

따라서 우리의 연구는 일반적이고 추상적인 것으로부터 특수하고 구체적인 것으로 진행하였다. 즉 우리는 일반적인 철학으로부터 그 관심을 일반언어학으로 전환하였으며 거기서부터 다시 마지막으로 문법(통사론)과 문체론의 경계에 있는 좀더 특수화된 성격을 갖는 논쟁들로 그 관심을 전환하였다.

이 되고 있다. 물론 우리가 언급한 여러 현상들에 대한 충분한 이해를 위해서는 다른 관점들도 적용되어야 할 것이다. 그러나 타자의 말이 갖는 형태들을 분석하지 않고서는 생산성 있는 연구를 하기란 불가능한 일이다.

□ 머리말 • 3

제 I 부 언어철학과 마르크스주의에 있어서의 그 의의

제 1 장 이데올로기 연구와 언어철학 ·················· 17
1. 이데올로기 기호의 문제 ························· 17
2. 이데올로기 기호와 의식 ························· 21
3. 뛰어난 이데올로기 기호로서의 말 ················ 26
4. 말의 이데올로기적인 중립성 ····················· 27
5. 내면화된 말 ····································· 28
6. 요약 ·· 30

제 2 장 토대와 상부구조의 관계 ························ 31
1. 기계론적 인과율의 범주에 대한 불모성 ··········· 31
2. 사회의 생성과정과 언어의 생성과정 ·············· 33
3. 사회심리의 기호적 표현 ·························· 35
4. 일상적 발화장르의 문제 ·························· 36
5. 기호의 주제 ····································· 40
6. 계급투쟁과 기호의 변증법 ························ 43
7. 결론 ·· 44

제 3 장 언어철학과 객관적 심리학 ········· 46
1. 심리의 객관적 정의 ········· 46
2. 심리학에 대한 딜타이의 개념 ········· 48
3. 심리의 기호 ········· 52
4. 기능심리학의 관점 ········· 54
5. 심리주의와 반심리주의 ········· 57
6. 내적 기호의 특성 ········· 60
7. 자기성찰의 문제 ········· 66
8. 심리의 사회・이데올로기적인 본질 ········· 69
9. 요약 및 결론 ········· 71

제 Ⅱ 부 마르크스주의의 언어철학을 위하여

제 1 장 언어철학 사상의 두 가지 경향 ········· 77
1. 언어의 실제적인 존재양식의 문제 ········· 77
2. 언어철학 사상의 첫 번째 경향 : 개인주의적 주관주의 ···· 81
3. 첫 번째 경향의 대표자들 ········· 83
4. 언어철학 사상의 두 번째 경향 : 추상적 객관주의 ········· 89
5. 두 번째 경향의 역사적인 원천 ········· 98
6. 추상적 객관주의의 대표자들 ········· 100
7. 결론 ········· 106

차 례

제 2 장 언어, 말 그리고 발화 ········· 109
1. 언어가 객관적 사실로 간주될 수 있는가? ········· 109
2. 언어에 관한 실제적 관점 ········· 113
3. 언어의 실재성은 무엇인가? ········· 118
4. 이질적인 말, 외국어의 문제 ········· 125
5. 추상적 객관주의의 오류 ········· 131
6. 요약과 결론 ········· 140

제 3 장 언어적인 상호작용 ········· 142
1. 개인주의적 주관주의와 그 표현이론 ········· 142
2. 표현이론에 대한 비판 ········· 145
3. 일상적 이데올로기의 문제 ········· 155
4. 말의 생성과정에 있어서 기본적 통일로서의 발화 ········· 160
5. 언어의 실제적인 존재양식에 대한 문제 해결법 ········· 162
6. 전체로서의 발화라는 실재와 그 형태들 ········· 165
7. 요약과 결론 ········· 168

제 4 장 발화의 주제와 의미 ········· 171
1. 주제와 의미 ········· 171
2. 능동적인 지각의 문제 ········· 176
3. 가치평가와 의미 ········· 178
4. 의미의 변증법 ········· 182

제 Ⅲ 부 언어구조에 있어서 발화유형의 역사

■ 통사론의 여러 문제에 대한 사회학적 방법의 적용 연구

제 1 장 발화의 이론과 통사론의 문제들 ················ 187
  1. 통사론의 문제들이 갖는 의의 ·················· 187
  2. 통사론의 범주들과 전체로서의 발화 ·············· 189
  3. 단락의 문제 ···························· 191
  4. 타자의 말의 형태 ························ 193

제 2 장 타자의 말에 대한 문제 ·················· 196
  1. 타자의 말에 대한 정의 ···················· 196
  2. 타자의 말을 능동적으로 수용하는 문제 ············ 199
  3. 인용자의 맥락과 타자의 말 사이의 상호관계의 역동성 ······ 202
  4. 선적 문체 ···························· 204
  5. 회화적 문체 ·························· 207
  6. 요약 ······························ 211

제 3 장 간접화법, 직접화법 및 그것들의 변형 ············ 213
  1. 정형과 변형 : 문법과 문체론 ················ 213
  2. 러시아어에서 인용자의 말이 지니는 일반적인 성격 ······ 215
  3. 간접화법의 정형 ························ 216

4. 간접화법의 대상분석적 변형 ················· 219
   5. 간접화법의 인상주의적 변형 ················· 228
   6. 미리 준비된 직접화법 ·························· 229
   7. 물상화된 직접화법 ······························ 231
   8. 예고되고 흩어진 숨겨진 직접화법 ········· 232

제 4 장 프랑스, 독일, 러시아어에서의 의사직접화법 ········ 243
   1. 프랑스어에서의 의사직접화법 – 토블러, 칼프키, 발리 ······ 243
   2. 발리의 추상적 객관주의에 대한 비판 ············· 251
   3. 발리와 보슬러 학파 ······························ 253
   4. 독일어에서의 의사직접화법 ················· 254
      (1) E. 레르크의 규정 ····························· 254
      (2) E. 로르크의 규정 ····························· 255
   5. 언어에서의 상상력의 역할 ··················· 258
      (1) E. 로르크의 규정 ····························· 258
      (2) E. 레르크의 정의 ····························· 260
   6. 고대 프랑스어에서의 화자의 말을 전달하는 기법 ········· 261
   7. 중세 프랑스어에서의 화자의 말을 전달하는 기법 ········· 262
   8. 르네상스 ··· 263
   9. 퐁떼뉴와 브뤼에르에서의 의사직접화법 ············· 264
   10. 플로베르에서의 의사직접화법 ················· 265

• 차 례

11. 독일어에서의 의사직접화법의 출현 ·················· 265
12. 보슬러 학파에 대한 비판 ······························ 266
13. 요약 ··· 277

■ 부 록

부록 Ⅰ 러시아 기호학에 대한 최초의 서문
        / 마테카(L. Matejka) ························· 283
부록 Ⅱ 러시아 문학이론과 문학연구에 있어서 형식적
        방법과 사회학적 방법 / 티투닉(I. R. Titunik) ·········· 309

□ 역자 후기 • 355
□ 찾아보기 • 356

제 I 부

언어철학과 마르크스주의에 있어서의 그 의의

제 1 장 이데올로기 연구와 언어철학

1. 이데올로기 기호의 문제

요즈음에 와서 언어철학의 문제들은 마르크스주의의 가장 긴급하고도 중요한 문제로 대두하였다. 왜냐하면 마르크스주의 방법은 과학적 진보를 활발하게 개척해 나가는 모든 영역에 걸쳐서 이 문제들에 직면하고 있기 때문이다. 따라서 이러한 문제를 검토하고 해결하기 위한 특별한 준비 없이는 앞으로 어떤 생산적인 진보도 기대할 수 없을 것이다.

무엇보다도 먼저 마르크스주의 이데올로기의 이론적 기초—과학적 지식, 문학, 종교, 윤리학 등의 연구를 위한 토대—는 언어철학의 문제들과 밀접하게 결부되어 있다.

모든(자연 그대로의)* 물리적 사물, 생산도구, 소비재 등과 마찬가지로 모든 이데올로기적 생산물은 그 자체가 현실(자연적 혹은 사회적)의 일부분을 이룰 뿐만 아니라, 또한 그러한 여타의 현상들과는 달리 이데올로기적 산물의 외부에 존재하는 현실을 반영하고 굴절시킨다. 모든 이데올로기적인 것은 의미를 갖는다. 그것은 그 자신의 외부에 있는 어떤 것을 표현하고, 묘사하고, 혹은 표상한다. 바꾸어 말하면 이데올로기적인 것은 (자신의 외부에 있는 어떤 것의)* 기호로 되는 것이다. **기호가 없는 곳에는 이데올로기도 없다.** 말하자면 단순한 물리적 사물은 그 스스로와 일치하고 있다. 그것은 다른 어떤 것을 표현하지 않으며, 자연이 부여한 각각의 고유한 특성과 완전히 일치하고 있다. 따라서 이러한 경우에는 이데올로기성(性)을 문제 삼을 필요가 없다.

그러나 어떤 물리적인 사물은 이미지로서 인식될 수 있는데, 예를 들어 자연의 관성과 필연성의 이미지가 개별적인 사물 내에서 구상화되는 경우가 이에 해당된다. 개별적이고 물리적인 대상이 일으키는 예술적—상징적인 이미지는 이미 이데올로기적인 생산물로 된다. 결국 물리적인 대상은 기호로 변하게 되는 것이다. 이처럼 대상은 끊임없이 물질적인 현실의 일부분이 됨과 동시에 어느 정도 자기 이외의 다른 현실을 반영하고 굴절시킨다.

이러한 관점은 생산도구에 대해서도 동일하게 적용시킬 수 있다. 생산도구는 그 자체만으로는 무슨 특별한 의미가 있는 것도 아니다. 그것은 생산행위에 내재하는 여러 가지 목적을 성취시키기 위한 일정한 기능만이 요구된다. 따라서 그 도구는 그 밖에 다른 어느 것을 반영한다거나 대리하는 것도 아니며, 단지 그것에 부여된 특정한 목적에 들어맞는 기능만을 수행한다. 하지만 생산도구도 이데올로기 기호로 변할 수 있다. 예를 들어 소련의 기장(insignia)에 그려진 망치와 낫은 순수하게 이데올로기적인 의미만을 갖는다. 이 밖에도 어떤 생산도구는 이데올로기적으로 장식되는 수가 있다. 원시인이 사용하였던 도구들은 그림과 무늬, 즉 기호들로 장식되어 있다. 물론 그렇게 사용되었다고 해서 도구 자체가 기호로 되는 것은 아니다.

결국에는 도구의 모양을 예술적으로 세련되게 만드는 것도 가능한데, 이는 도구의 예술적 양식화와 도구가 지닌 생산목적을 조화시키는 방법에 의해서 가능하다. 이러한 경우에는 기호와 도구가 최대한 접근함으로써 거의 융합되다시피하는 현상이 일어난다. 그러나 여기서 우리는 분명히 도구와 기호가 갈라지는 개념적 경계선을 여전히 발견할 수 있다. 도구 자체가 기호화 되는 것이 아니며, 또 기호 그 자체가 생산도구화 되는 것도 아니기 때문이다.

이와 마찬가지로 모든 소비재가 이데올로기 기호로 바뀌는 것도 가능하다. 예를 들어 기독교가 행하는 성찬식에서 빵과 포도주는 종교적인 상징들이 된다. 그러나 소비재 역시 결코 하나의 기호는 아니다. 도구와 마찬가지로 소비재도 이데올로기 기호와 결합될 수는 있지만 소비재와 기호가 갈라지는 분명한 개념적 경계선이 소비재와 기호를 조합한다고 해서 소멸되는 것은 아니다. 빵은 어떤 특수한 형태로 만들어지는데, 이 형태가 단지 소비재로서 갖는 빵의 기능에 의해서만 그 근거를 갖지는 않는다. 그것 역시 소박하지만 이데올로기 기호로서의 어떤 가치를 가질 수 있다(예를 들면, 8자 형상을 가진 형태의 빵 혹은 장미 모양의 빵).

이와 같이 자연적인 현상, 기계설비, 소비재(의 세계)*와 나란히 선, 또 하나의 다른 독자적인 세계, 곧 **기호의** 세계가 존재한다.

기호들 역시 독자적이고 질료적인 물체들이다. 그리고 우리가 살펴본 대로, 자연이나 기술 또는 소비에 있어서의 어떠한 것도 그것들에 주어진 고유성(목적기능)*을 뛰어 넘어, 하나의 의미과정이 요구되는 일종의 기호가 될 수 있다. 하나의 기호는 단순히 현실의 일부로서 존재하는 것은 아니다. 그것은 자신 이외의 다른 현실을 반영하고 굴절시킨다. 그러므로 기호는 현실을 왜곡할 수도 있고, 현실에 충실하기도 하며, 더러는 현실을 특정한 시각으로 인식할 수도 있다. 따라서 모든 기호는 이데올로기적인 가치평가(즉, 그것이 진실인가, 거짓인가, 옳은 것인가, 공정한 것인가, 선한 것인가 등)의 기준을 적용시킬 수 있는 것이다. 이데올로기의 영역과 기호의 영역은 일치한다. 따라서 그것들은 서로가 등가관계이다. 기호가 나타나는 곳 어디에서나 역시 이데올로기도 나타난다. **모든 이데올로기적인 것은 기호적인 가치를 갖는다.**

기호의 영역, 즉 이데올로기의 영역 내에는 큰 차이들이 존재한다. 그러한 것은 예술적 이미지, 종교적 상징, 과학의 공식, 사법적 판결 등의 영역이다. 이데올로기적 창조성의 각 영역은 현실에 대해 자신만이 갖는 특유의 지향이 있으며, 각기 고유한 방법으로 현실을 굴절시킨다. 단일한 사회생활 내에서 각 영역은 각자의 고유한 기능을 담당하고 있다. **그러나 이데올로기의 다양한 현상들**(각 영역들)*도 **기호적인 성격을 갖는다고 하는 바로 이 점에서는 모두 공통적으로 일치하고 있다.**

모든 이데올로기 기호는 현실의 반영 내지는 그림자일 뿐만 아니라 바로 그 현실의 물질적 구성부분으로 되어 있다. 이데올로기 기호로서 기능하는 모든 현상은 다양한 질료적 구상화 즉 소리, 물체, 색채, 몸짓 등으로 나타난다. 이런 점에서 기호의 실재는 완전히 객관적이고, 따라서 하나의 일원론적이고 단일한 객관적 연구방법에 의해 다루어지는 대상이다. 기호는 외부세계의 여러 현상들 중의 하나이다. 기호 자체와 그 기호가 산출하는 효과(주변의 사회환경에서 유도되는 모든 행동, 반응, 그리고 새로운 기호)는 모두 다 외부세계의 경험에서 일어난다.

이는 매우 중요한 관점이다. 그러나 이 관점이 아무리 기본적이고 자명한 것으로 보인다 할지라도, 이데올로기 과학은 그곳에서 당연히 끌어내야 할 결론을 아직까지 얻어내지 못하고 있다.

2. 이데올로기 기호와 의식

관념론적인 문화철학과 심리학적인 문화과학은 이데올로기를 의식 속에 둔다.[1] 그들의 주장에 의하면, 이데올로기는 의식 내의 사상(事象)이고, 기호라는 외형(外形)도 내적인 효과를 실현하기 위한, 결국 해석되기 위한 단순한 외피, 즉 단순한 기술적 수단에 불과하다고 한다.

그러나 관념론이나 심리학주의는 이해한다는 작용 자체가 기호적인 질료(예를 들어, 내적 발화)의 매개에 의해서만 일어난다는 것을 간과했으며, 기호는 기호에 의해 성립되고, 의식 자체도 기호들의 질

---

[1] 이러한 점에 관해 살펴볼 때 똑같은 전망의 방향전환이 오늘날의 신칸트학파에서도 찾아질 수 있다는 것을 지적해 두지 않으면 안 된다. 우리가 염두에 두어야 할 것은 카시러(Ernst Cassirer)의 최근의 저서 『상징형식의 철학(Philosophie der Symbolischen Formen)』 제 1권(1923)이다. 카시러는 의식을 기반으로 해서 의식의 근본적인 특징으로 되고 있는 것은 그 표상작용이라고 생각한다. 의식의 각 요소는 어떤 것을 나타낸다. 즉 상징작용을 갖는다. 전체는 부분 속에 존재하고 부분은 전체 속에서만 이해된다. 카시러에 의하면 관념도 물질과 같이 감각적이지만 그 감각성은 상징적인 기호의 그것이고, 따라서 그것은 표상작용을 갖는다고 한다.

료적인 구상화 내에서만 일어날 수 있고, 실현될 수 있다는 사실을 역시 보지 못했다. 기호를 해석하는 것은 결국 이해된 기호와 이미 알려진 다른 기호들간의 상호 연관된 행위이다. 달리 말한다면, 해석한다는 것은(未知의)* 기호에(旣知의)* 기호로써 응답하는 일이다. 기호에서 기호에 이르고, 그리하여 더욱 더 새로운 기호에 도달하는 이데올로기적 창조성과 해석의 이러한 사슬은 끊임없이 계속된다. 즉 기호적인 본질(또한 질료적인 본질)의 한 선으로부터 동일한 본질인 또 다른 선으로 부단히 이동해 가는 과정이다. 그리고 그런 사슬은 어느 곳에서도 단절을 보이지 않으며, 어느 곳에서도 이 사슬은 본질에 있어서 비물질적인, 기호들 안에서 구상화되지 않는, 그러한 내적 존재로 함몰해 버리는 일도 없다.

이러한 이데올로기적인 사슬은 개개인의 의식들 사이에 파급되어 그 의식들을 서로 결합시킨다. 결국 기호들은 개개인의 의식들이 상호작용을 이루는 과정에서만 나타난다. 그리고 개인의식 자체는 기호로 채워져 있다. 의식은 이데올로기적인(기호적인) 내용으로 채워질 때에만, 즉 사회적 상호작용의 과정에서만 의식으로 된다.

관념론적인 문화철학과 심리학적인 문화과학과의 사이에 있는 방법론상의 커다란 차이점들에도 불구하고 양자는 똑같은 근본적인 오류를 범했다. 그들은 의식 내에 이데올로기를 둠으로써 이데올로기 연구를 의식과 의식을 지배하는 법칙의 연구로 변형시켰다. 그것이 형이상학적인 관점에서 행해졌든 경험심리학적인 관점에서 행해졌든 간에, 이 점에 대한 양자의 입장은 차이가 없다. 이런 오류는 서로 다른 각 학문분야의 상호관계에 있어서 방법론상의 혼란뿐만 아니라, 연구의 실제 대상에 대한 근본적인 왜곡을 초래했다. 이데올로기적 창조성—물질적이며 동시에 사회적인 사실—이 양 학파에 의해서 강제로 개인의식의 테두리 안으로 들어오게 되어, 개인의식은 현실에서의 모든 지지기반을 잃어버리고 말았다. 따라서 의식은 전부이든가 (문화철학의 경우)*, 아니면 아무것도 아닌(경험심리학의 경우)* 그 어떤 것이 되었다.

관념론에서는 개인의식이 전부라고 간주되고 있으며, 의식은 존재를 초월한 어딘가에 자리잡게 되고, 그곳에서 존재가 결정된다고 한다. 그러나 실제로는 이 우주의 지배자도 이데올로기적 창조성의 가장 일반적인 형태들과 범주들 사이에 있는 추상적인 결합을 관념론 내부에서 단순히 실체화 한 것에 지나지 않는다.

반대로 심리학적인 실증주의에서는 의식이라는 것이 전혀 무의미한 것으로 된다. 여기서는 의식이 다만 우연스러운 정신생리학적인 반응의 총체일 뿐이며, 의미를 갖는 통일된 이데올로기적 창조성도 결국은 어떤 기적에 의한 정신생리학적 반응의 결과라는 것이다.

이데올로기적 창조성을 규정하는 객관적인 사회의 법칙을, 개인의식을 지배하는 심리적 법칙과 일치하는 것으로 잘못 해석하게 되면, 그것은 필연적으로 존재 속에 지니고 있는 그 확실한 근거를 상실하게 되고, 존재를 넘어서는 초월론의 높은 곳으로 상승해 가거나 혹은 정신물리학적·생물학적 수준인 사회화 이전의 것인 유기체 고유의 저급한 부분으로 떨어지는 것을 피할 수 없다.

무엇보다도 이데올로기적인 것을, 인간을 초월하는 것 혹은 인간 이전의 동물적인 원천으로써 설명한다는 것은 불가능한 일이다. 왜냐하면 그것이 현실저으로 존재하는 곳은 인간에 의해서 만들어진 기호라는 특수한 사회적 질료이기 때문이다. 이데올로기적인 것의 특성은 그것이 조직된 개인들 사이에 놓여 있다는 점과 개인들 사이의 의사소통적 매개라고 하는 점에 있다.

기호는 개인 상호간의 영역 내에서만 발생할 수 있다. 더구나 그 영역은 '자연'의—이 말의 직접적인 의미에서의—영역은 아닙니다.2) 즉 기호는(단순한 생명체인)* **호모 사피엔스**(homo sapiens)의 개체들간에는 발생하지 않는다. 두 명의 개인이 **사회적으로 조직되고**, 하나의 집단(사회적 단위)으로 구성될 때, 그때만이 기호라는 매개가 그들 사이에서 형성될 수 있는 것이다. 개인의식은 어떤 것을 설명하기 위해 사용될 수 없을 뿐만 아니라, 반대로 사회적이고 이데올로기적인 환경의 관점에서 설명될 필요가 있다.

개인의식은 사회·이데올로기적인 사상(事象)이다. 이 관점이 그것으로부터 파생되는 모든 귀결에 대하여 당연한 전제로 인정될 때에야 비로소, 객관성을 지닌 심리학도 또는 객관성을 지닌 이데올로기 연구도 가능하게 될 것이다.

심리학 및 이데올로기 연구와 연관되는 모든 논의에서 필연적으로 부딪히게 되는 심각한 혼란과 많은 어려움들은 바로 이 의식의 문제에서 기인하는 것이다. 대체로 모든 철학적 논의에서 의식은 **무지의 은신처**(asylum ignorantiae)였고, 해결하기 곤란한 모든 문제, 객관적으로 분석할 수 없는 여타의 것들이 누적된 창고가 되었다. 의식에 대한 객관적 정의를 내리려는 것 대신에, 연구자들은 확고하고 견고한 객관적 정의를 주관화하고 유동화하기 위한 수단으로 의식을 이용해 왔다.

---

2) 물론 사회도 **자연의 일부**이다. 그러나 자연과는 질적으로 다른 자기 **고유의** 여러 가지 법칙성을 갖는 일부이다.

의식의 객관적인 정의를 가능케 하는 유일한 방법은 사회학적인 정의이다. 소박한 기계론적 유물론이나 현대의 객관적 심리학(생물학, 행동론, 조건반사학 등에 기초한 심리학)은 의식을 자연으로부터 직접 끌어내려고 시도해 왔고 아직도 시도하고 있으나 그것은 불가능한 일이다. 또한 관념론이나 심리학적 실증주의도 이데올로기를 의식으로부터 끌어내려고 하지만 이것 역시 불가능하다. 의식은 사회적인 상호과정에서 조직된 집단에 의해 산출된 기호들의 질료 내에서만 형성되고 존재한다. 개인의식은 기호에 의해서 배양되고 기호를 근거로 하여 성장하며 기호의 논리와 규칙을 반영한다. 의식의 논리는 어디까지나 이데올로기를 주고 받는 의사소통의 논리이며, 사회집단 내의 기호를 매개로 한 상호작용의 논리이다. 만약 우리가 의식으로부터 기호—이데올로기적인 내용—를 제거해 버린다면, 의식 속에 남는 것이라곤 아무것도 없을 것이다. 의식은 이미지, 말, 의미 있는 몸짓 등에서만 존재한다. 이러한 기호의 실체를 제거해 버린다면, 거기에는 의식에 의해서 조명되지 않는, 바꾸어 말하면 기호에 의해서 조명되지 않고 의미도 부여되지 않는, 자연 그대로의 생리적인 작용만이 남을 뿐이다.

앞에서 언급했던 모든 것들로부터 다음과 같은 방법론상의 결론이 나온다. **이데올로기 연구는 어떠한 경우든 심리학에 의존하고 있지도 않고 그것을 기초로 하지도 않는다.** 뒷장에서 상술할 터이지만, 오히려 역으로 **객관적 심리학이 이데올로기 연구를 기초로 하고 있음에 틀림없다.** 이데올로기적 현상의 현실은 사회적인 기호의 객관적인 현실이다. 이러한 현실의 법칙들은 기호적 의사소통의 법칙들이고, 사회·경제적 법칙들의 총체에 의하여 직접적으로 규정된다. 이데올로기적 현실은 경제적 토대 바로 위에 구축되어 있는 상부구조이다. 개인의식은 이데올로기의 상부구조를 직접 구축하는 건축가는 아니고, 이데올로기 기호라는 사회의 건물 내에서 기거하는 차용자에 지나지 않는다.

3. 뛰어난 이데올로기 기호로서의 말

이데올로기적 현상과 그 법칙을 개인의식의 내부로부터 끌어내려는 우리의 예비적 논의의 결과, 이데올로기적 현상과 그 법칙은 사회적인 의사소통의 조건들과 그 형태들 모두에 더욱 견실히 결합되어 있는 것이라고 생각하게 되었다. 기호의 실재는 사회적인 의사소통에 의해 전적으로 규정되며, 결국 기호의 존재는 이런 의사소통의 질료화일 따름이다. 모든 이데올로기 기호들의 본질은 바로 이와 같은 것이다.

그러나 기호의 이러한 특성과 통제요소로서의 연속적이며 광범위한 사회적 의사소통의 역할이 가장 명료하고 완벽한 형태로서 나타나는 곳은 언어에서이다. **말은 뛰어난 이데올로기적 현상이다.**

말의 완전한 현실은 기호로서의 작용기능에 의해 전적으로 규정된다. 말은 이 기능과 무관한 그 어느 것도 포함하지 않으며, 이 기능에 의해 생겨나지 않는 것은 어떠한 것도 없다. 말은 사회적 상호관계의 가장 순수하고 가장 민감한 매개체이다.

이데올로기적 현상으로서 말이 지닌 지시적·표상적 능력과 그 기호구조의 예외적인 특수성은, 말을 이데올로기 연구에서 가장 중요한 위치로 올려놓기에 충분한 이유가 되는 것이다. 기호적인 의사소통에 있어서 근본적이고 보편적인 이데올로기의 형태들이 가장 잘 드러나는 곳은 말이라는 제재(題材)에서이다.

4. 말의 이데올로기적인 중립성

그러나 그것만으로는 충분하지가 않다. 말은 단순히 가장 순수하고 지시적인 기호일 뿐만 아니라 또한 (이데올로기상으로 볼 때)* **중립적인 기호**라는 점도 있다. 다른 모든 종류의 기호적 질료는 이데올로기적 창조성의 각 분야에서 특수화되고 있으며, 각기의 분야는 자신만의 이데올로기적 매체를 갖고, 다른 분야에는 적용될 수 없는 고유한 기호와 상징을 형성하고 있다. 예를 들어 어떤 기호는 어떤 독특한 이데올로기적인 기능에 의해서 산출되고 그것으로부터는 분리되지 않은 채 남아 있다. 이에 반하여 말은 이데올로기적인 기능에 대하여 아주 중립적인 입장을 취한다. 그것은 **어떠한** 종류—과학, 미학, 윤리, 종교 등—의 이데올로기적인 기능도 수행한다.

더구나 하나의 이데올로기 영역에 전혀 소속될 수 없는 이데올로기적 의사소통의 거대한 영역이 존재하는데, 그것은 **일상적 의사소통**이라는 영역이다. 이러한 종류의 의사소통은 지극히 풍부하면서도 아주 중요하다. 왜냐하면 그것은 한편으로는 생산과정에 직결되어 있고, 다른 한편으로는 하나의 영역을 형성하기에 충분할 만큼 특수화된 다른 여러 가지 이데올로기 영역들과도 접촉을 갖고 있기 때문이다. 일상생활이나 일상적 이데올로기라고 하는 이 특별한 영역에 대해서는 다음 장(章)에서 상세히 다룰 예정이다. 여기서는 다만 일상생활의 의사소통적 매체가 오로지 말이라는 점을 지적하고자 할 따름이다. 소위 일상회화와 그 여러 가지 형태들의 위치는 분명히 여기, 즉 일상적 이데올로기의 영역에서이다.

5. 내면화된 말

말은 그 위에 또 다른 지극히 중요한 특성을 지니는데, 이 특성이 말을 개인의식의 기본적인 매개체가 되게끔 한다. 여느 기호와 마찬가지로 비록 그 말의 실재가 현실적으로 존재하는 곳은 개인들 사이에서지만, 그 말은 어떤 도구라든가 신체 이외의 다른 매개체의 도움을 빌리는 일 없이 인간에게 구비된 수단들(발성기관, 손, 몸짓 등)*에 의해 산출된다고 하는 점이다. 이것은 말이 **내면 생활, 즉 의식의 기호적 실체**(내적 발화)라는 것을 나타낸다. 사실 의식은 신체적 수단(발성기관)*에 의해서 융통성 있게 표현될 수 있는 기호적 실체를 가져야만 발전할 수 있는 것이다. 말은 정확히 그런 종류의 기호적 실체(질료)*이다. 말은 말하자면 내면에서 움직이는 기호로서 사용되며, 말은 외적 현상으로 발성되지 않더라도(쓰여지거나 기록되지 않더라도)*기호로서 기능할 수 있다. 따라서 **내적 발화**(일반적으로 **내면화된 기호**)로서의 개인의식의 문제가 언어철학에 있어서는 중요한 문제 중의 하나가 된다.

이미 처음부터 명료한 것이지만 말과 언어에 대해서 갖는 통상의 관념, 즉 사회학적 언어학이나 사회학적 언어철학에 따르지 않는 관념을 사용하여 말과 언어의 문제에 접근한다는 것은 불가능하다. 의식의 매개체라고 하는 말의 기능을 이해하기 위해서는 사회적인 기호로서의 말에 대한 깊고 섬세한 분석이 필요하다.

말이 모든 종류의 이데올로기적 창조성에 불가결한 성분으로 수반되는 것도 이와 같은 의식의 매개체로서 말이 갖는 배타적인 역할 때문이다. 말은 모든 이데올로기 활동에 수반되며 그 활동을 해석한다. 적어도 어떤 이데올로기적 현상을 이해하는 과정(회화, 음악, 제의, 일상적 활동)은 내적 발화의 참여 없이는 불가능하다. 이데올로기적 창조성의 모든 현상—모든 비언어적인 기호—은 말의 흐름에 둘러싸여 말 속에 흘러 들어가 있기 때문에 발화의 요소로부터 완전히 분리되거나 떼어낼 수 없는 것이다.

이것은 물론 언어가 다른 이데올로기 기호를 대신한다는 뜻은 아니다. 각기 고유의 기본적인 이데올로기 기호는 말(발화)*로서 완전히 대치될 수는 없다. 음악적인 구성이나 회화적인 이미지를 말로 적절히 옮긴다는 것은 불가능하다. 종교적인 의식 역시 완전히 말로 옮길 수는 없고, 또 극히 간단한 일상의 몸짓마저도 어떤 적절한 언어로 표현할 수 없다. 이러한 사실을 부정한다면 지극히 비속한 합리주의나 지나친 단순화라는 잘못에 빠지게 될 것이다. 그럼에도 불구하고, 그와 동시에 비록 말로 옮겨 놓을 수는 없지만, 노래를 할 경우에 반주가 동반되는 것처럼 다양한 이데올로기 기호도 모두 언어에 의해 기초 지워지고 언어에 수반되는 것이다.

어떠한 문화적 기호도 일단 그것이 이해되고 의미가 주어지려면 고립된 상태로 머물러 있어서는 곤란하다. 왜냐하면 그것은 **언어적으로 구성된 의식의 통일성**의 한 부분이 되기 때문이다. 의식은 이데올로기 기호에 대해서 언어적인 접근방법을 발견하는 힘을 갖고 있다. 말하자면 언어적인 응답과 공명(共鳴)의 물결이 모든 이데올로기 기호의 주변에 널리 형성되었다고 말할 수 있다. **생성 발전하고 있는 존재의 모든 이데올로기적인 굴절**은 그것이 어떤 중요한 기호실체이든 간에 당연히 부수되는 현상으로서 **말에 의한 이데올로기적인 굴절이 불가피하게 수반된다.** 말은 모든 종류의 이해행위와 모든 종류의 해석행위에 나타난다.

6. 요약

이상 우리가 검토했던 말의 특성—**기호적인 순수성, 이데올로기상의 중립성, 일상적인 의사소통에의 관여, 내적 발화로서의 특성, 의식의 모든 행동 이면에 수반되는 현상으로서 반드시 나타나는 일 등**—, 이러한 모든 특성은 말을 이데올로기 연구에서 첫 번째 대상으로 만든다. 기호와 의식에 따른 존재의 이데올로기적인 굴절의 법칙들과 굴절의 형태 및 메커니즘은 무엇보다 먼저 말이라는 실체 안에서 연구되지 않으면 안 된다. '내재적인' 이데올로기 구조의 모든 심층과 세부에까지 마르크스주의 사회학의 방법을 도입하는 것만이 **이데올로기 기호의 철학**으로서 언어철학의 토대에 영향을 미칠 수가 있는 것이다. 그리고 그 토대는 마르크스주의 자체에 의하여 고안되고 다듬어져야만 한다.

제 2 장 토대와 상부구조의 관계

1. 기계론적 인과율의 범주에 대한 불모성

마르크스주의의 기본적인 문제들 가운데 하나는 **토대와 상부구조의 상관관계**—마르크스주의의 근본적인 문제들 중의 하나—에 대한 문제이다. 이 문제는 몇 가지 본질적인 점에 있어서 언어철학의 문제들과 밀접하게 결부되어 있다. 따라서 이 문제를 해결하는 것은 언어철학에 대한 문제들을 해결하거나 그러한 문제들을 어느 정도 폭넓고 깊이 있게 취급하는 데 많은 도움을 준다.

토대가 이데올로기를 어떻게 규정하는가라는 문제가 제기되었을 때, 그에 대한 대답은 다음과 같이 주어진다. 즉 **인과적**으로 규정한다는 것이다. 그러한 질문은 물론 타당하다. 그러나 이 질문이 너무 일반적이기 때문에 매우 모호한 대답이 주어지게 된다(결국, 토대와 이데올로기 사이에는 전자가 후자를 규정하는 인과관계가 있다는 식으로 대답되고 있다).*

만약 인과율(인과관계)이라는 용어를 (자연과학적 사고방법을 가진 실증주의의 대표자들이 이 용어를 이해하고 정의했던 것처럼) 기계론적으로 이해한다면, 이 대답은 근본적으로 잘못된 것이고 변증법적 유물론의 기초에도 모순되는 것이다.

기계론적 인과율의 범주를 적용할 수 있는 범위는 극히 협소하여, 자연과학 그 자체 안에서도 그것이 적용 가능한 범위는 자연과학의 기본원칙이 변증법적으로 확대 심화될수록 점점 더 좁아지고 있다. 따라서 사적 유물론과 이데올로기 연구 전체가 직면하는 근본문제의 영역에 이 타성적 범주(인과율)*를 적용한다는 것은 전혀 불가능하다.

토대와 고립된 현상—이데올로기적인 맥락의 통일성과 통합성으로부터 분리된—사이의 어떤 연관을 확인해보려고 해도 그런 확인에는 아무런 인식상의 가치가 없다. 모든 이데올로기 영역은 그 체계 전체가 토대의 변화에 반응하는 하나의 통일된 전체임을 감안할 때, 우선 명확히 하지 않으면 안 되는 것은 **어떤 주어진 이데올로기의 변화가 그것이 소속된 이데올로기 체계 전체의 맥락 속에서 어떠한 의미를 갖는가 하는 점이다.** 그러므로 모든 설명은 상호작용하고 있는 영역들의 **질적인 차이**를 전부 고려해야 하며, 또 (토대로부터 상부구조에 이르기까지의)* 토대의 변화가 이루어지는 모든 단계의 자취를 더듬지 않으면 안 된다. 이러한 조건 하에서만 비로소 분석의 결과로서 두 개의 우연적이고 다른 수준에 속하는 현상의 외면적인 대비가 아니라, 토대로부터 나와 상부구조에서 완결되는 사회의 참된 변증법적인 생성과정이 얻어지는 것이다.

2. 사회의 생성과정과 언어의 생성과정

　이데올로기 기호는 제각기 질료로서의 고유한 특성을 갖고 있다. 만약 이 점이 무시된다면 연구되는 이데올로기 현상들이 지나치게 단순화될 염려가 있다. 예컨대 한편에서는 기호의 합리적인 측면, 즉 내용적 측면(어떠한 예술적 형상의 직접적이고 지시대상적인 의미, 예를 들어 '루딘은 잉여인간이다'라는 식의 의미)만을 주목하고 설명하며, 그것이 토대와 관련되어 있다고 한다(예를 들어 귀족계급이 몰락했으므로 문학에서도 '잉여인간이 출현하는 것이다'라는 식으로). 반대로 다른 한편에서는 이데올로기적 현상의 겉으로 드러난 기술적 측면(예를 들어 건축기술이라든가, 그림물감의 화학적 취급방법)만을 끌어내서 이 측면을 생산의 기술적인 수준으로부터 직접 도출한다.
　이데올로기를 토대로부터 도출하는 위의 두 가지 방법은 이데올로기적 현상의 진실한 본질을 포착하기에는 미흡하다. 가령 위에서 설명된 주장들의 대응관계가 옳을지라도, 바꾸어 말하면 귀족 체제의 경제구조가 붕괴한 것과 관련해서 문학작품 속에 '잉여인간'이 등장한 것이 사실일지라도 아직까지는 소설 속에 등장한 '잉여인간'이 경제적인 붕괴와 관련하여 기계적으로 그렇게 나타난다고는 결코 말할 수 없다(이런 주장의 불합리함은 너무도 명백하다). 또 이런 대응관계는 소설의 예술적 구조 속에서 '잉여인간'의 형상에 부여되는 특정의 역할이 명확하게 되지 않는 한, 또 사회생활 전체 속에서 소설에 부여되는 특정의 역할이 명확하게 되지 않는 한 어떠한 인식상의 가치도 가져오지 않는다.

경제적인 변화와 소설 속에 등장하는 '잉여인간'의 형상 사이에는 긴 여정, 각기 고유의 법칙과 개성을 갖고서 질적으로 다른 많은 영역을 가로질러 가는 여정이 놓여 있다는 것은 자명한 사실이다. 확실히 다음과 같은 점은 명확한 것이다. 즉, '잉여인간'은 소설의 다른 요소들에 전혀 의존하지 않은 채 소설 속에 등장하는 것이 결코 아니다. 반대로 소설 전체는 그 자신의 고유한 법칙에 지배받는 독특한 유기적 통일체로서 재구성되는 것이고, 따라서 소설의 다른 모든 요소들—소설의 구성기법, 문체 등—또한 재구성되어 나타난다. 게다가 소설의 이러한 유기적인 재구성도 역시 문학 전체의 변화와 밀접한 관계에서 일어나는 것이다.

토대와 상부구조의 상관관계의 문제—이것을 생산적으로 해명하기 위해서는 거대한 양의 예비적인 자료가 요구되는 유별나게 복잡한 문제—는 질료로서의 말을 수단으로 해서 상당한 정도까지 밝혀질 수 있을 것이다.

이 문제의 본질은 지금 우리들이 관심을 돌리고 있는 각도에서 말하면, 현실의 존재(토대)가 **어떻게** 기호를 규정하는가와 기호가 현재 생성 발전하고 있는 존재(현실)를 **어떻게** 반영하고 굴절시키는가라는 문제에 귀착된다.

이데올로기 기호로서의 말의 특성(앞장에서 논의됐던 특성) 때문에 말은 원리적인 수준에서 이런 문제를 조망하기 위한 가장 적절한 대상이 된다. 이 점과 관련해서 중요한 것은 말이 순수한 기호가 아니라 **사회의 구석구석에까지 편재**(遍在)하고 있다는 점이다. 말은 사람이 협력하고 노동하는 곳, 이데올로기적인 상호교환의 장소, 일상적인 접촉을 하는 곳, 그리고 정치적인 상호작용의 경우 등 문자 그대로 사람들 사이의 모든 행동과 접촉에 관련되어 있다. 사회적 상호관계의 모든 영역을 관통하고 있는 이데올로기의 무수한 끈이 말에 의해 실체를 부여받고 있다. 이런 사실로부터 말이 사회적인 변화가 충분히 성숙하지 않고 또한 완전히 형태를 이루고 있지 않아서, 벌써 정식화되어 있는 이데올로기 체계에로 수용되지 않더라도 이미 그 변화를 예시하는 사회적 변화의 가장 감도 높은 지표로 된다는 것을 충분히 납득할 수 있다. 말은 새롭게 이데올로기적인 특성의 지위를 아직 얻지 못한, 또 새롭고 완성된 이데올로기 형태를 아직 산출하지 않은 그런 변화들의 양적인 증가가 서서히 일어나는 매개체이다. 말은 일시적이고 미묘하면서도 순간적으로 사라질지 모르는 사회적 변화의 모든 측면들을 정착시키는 능력을 갖고 있다.

3. 사회심리의 기호적 표현

이른바 '사회심리'라고 하는 것은 플레하노프나 대다수 마르크스주의자들의 이론에 의하면, 사회·정치체제와 좁은 의미로서의 이데올로기(과학, 예술 등) 사이의, 양자를 결합시키는 중간의 고리로서 인식되고 있다. 바로 그 중간의 고리를 객관화하고 물상화시키는 것이 **언어적 상호작용**이다. 언어적 의사소통과 상호작용(일반적으로 기호적 의사소통과 상호작용)이라는 이러한 실제의 과정이 제외된다면, 사회심리는 형이상학적인 개념이나 신비적인 개념—집단의 영혼, 집단의 내면심리, 민족정신—으로 변질되어 버릴 것이다.

사실 사회심리는 어딘가의 내면(의사소통을 행하는 주체의 영혼

속)에 위치하는 것이 아니라 완전히 **외부에**, 즉 말이나 몸짓 또는 행동 속에 위치하고 있다. 사회심리 속에는 외부에 표현되지 않고 내부에만 존재하는 것들은 어느 것 하나 존재하지 않는다. 모두가 외부에 나타나고 있으며, 모든 것이 물리적 현상으로, 특히 말이라는 물리적 현상으로 나타난다.

생산관계 및 이 생산관계에 의해서 형성된 사회·정치체제가 사람들 사이에서 언어적인 접촉의 가능한 모든 범위를 결정하고, 사람들 사이의 언어적 의사소통의 모든 형태와 모든 방식—직장, 정치적 생활, 이데올로기적 창조성—을 결정한다. 계속해서 이 언어적 의사소통에 대한 조건들, 형태들, 유형들은 발화의 형태뿐만 아니라 화행(話行, rečevoe vystunlenie; speech performance)의 주제도 결정한다.

4. 일상적 발화장르의 문제

사회심리는 무엇보다도 먼저 지속되는 이데올로기적 창조성의 모든 형태와 모든 종류에 스며들어 있는 지극히 다양한 **화행**(話行)의 분위기이다. 그러한 분위기로는 다음과 같은 것이 있다. 즉 사적인 대화, 극장이나 음악회 등 다양한 사회적 모임에서 주고 받는 의견, 단순한 우연적인 말의 교환, 일상생활에서 말로써 반응할 때의 습관, 자기 자신이나 자신들의 사회적인 위치를 의식하는 내적인 말의 태도 등이 그러한 것이다. 사회심리는 지극히 다양한 형태의 '발화', 바꾸어 말하면 내적인 종류와 외적인 종류의 여러 가지 작은 **발화장르**(rečevoj zanr; speech genre)라는 형태들—그런 것들은 오늘날까지 완전히 연구되지 않은 채 남아 있다—로 존재하고 있다. 물론 이런 종류의 화행(話行)들은 다른 종류의 기호적인 표현이나 교환, 즉 광대극, 몸짓, (이야기 따위를)* 실연하는 것 등을 수반하고 있다.

발화교환의 이러한 모든 형태는 주어진 사회상황의 조건과 아주 밀접하게 결부되어 있고 사회적인 분위기의 동요에도 아주 민감하게 반응한다. 말이라는 형태를 취해 물상화되고 있는 이 사회심리의 내적 작용이야말로, 거의 인식할 수 없는 변화나 변혁을 축적시켜 나중에 가서는 그것들의 변화나 변혁이 완성된 이데올로기적 산물(문학작품, 회화, 음악작품 등)*로 되게 하는 것이다.

이상에서 사회심리는 두 가지 다른 관점에서 연구될 필요가 있음을 알 수 있다. 첫째로 **내용의 관점**, 곧 주어진 시점에서 각 순간마다 그에 적절한 주제를 갖는 관점과 둘째로 문제의 주제가 실제로 실현되는 (즉 검토되고, 표현되고, 의문시되고, 숙고되는 등의) **언어적 의사소통의 형태와 유형의 관점이다.** 이 두 가지 관점에서 해명될 필요가 있다.

오늘날까지 사회심리에 대한 연구는 사회심리의 주제적 구성방식을 규정하는 것에만 관계되는 첫 번째 관점에 오로지 한정되어 왔다. 그럴 경우 사회심리의 물적 표현—구체적인 표현들—을 어느 곳에서 찾을 것인가라는 바로 그 문제는 명확히 제기되지 않는다. 여기서도 역시 '의식', '심리', '내면세계'라는 개념들은 명확하게 묘사된 사회심리의 물질적 표현형태를 찾으려는 필요성 하나를 줄이는 빈약한 역할을 수행한다.

한편 (발화에 대한) 구체적 형태의 문제는 가장 중요한 문제가 되었다. 물론 여기서도 그런 관점은 어느 특정 시기의 사회심리에 대한 지식의 원천(예를 들면, 회상록, 편지, 문학작품)과는 관계가 없고, 또 '시대정신'을 이해할 단서와도 관계가 없으며, 여기서는 다만 이런 정신의 구체적 표현형태, 즉 생활 속에서의 기호적 의사소통의 형태들과 관계가 있을 뿐이다.

이런 형태의 유형학이야말로 마르크스주의에 있어서 가장 긴요한 과제 중의 하나이다. 뒤에 발화와 대화의 문제와 관련하여 우리는 다시 발화장르의 문제를 언급할 것이다. 여기서는 다만 다음과 같은 것을 지적하고자 할 따름이다.

각 시대와 각 사회집단은 일상생활에서 이데올로기적 의사소통에 대한 각기 고유한 발화형태의 레퍼토리들을 지녀왔고, 또 지니고 있다. 같은 종류의 발화형태들 각각에는 즉, 모든 일상적인 발화장르에는 그 자신의 고유한 주제가 대응된다.

의사소통의 형태(예를 들면, 직장에서 직접 맞대면하는 전문적인 종류의 의사소통)와 발화의 형태(간단하고 실무적인 교환) 및 주제라고 하는 이 셋 사이에는 분리될 수 없는 유기적인 통일이 존재한다. 따라서 **발화형태에 대한 분류는 언어적 의사소통의 형태의 분류에 의존해야만** 한다. 후자는 전적으로 생산관계와 사회·정치체제에 의해서 결정된다. 우리가 좀더 자세히 분석해 보면 **계층적 요인**이 언어적 의사소통 과정에 얼마나 큰 역할을 하는 지 알 수 있을 것이고, 의사소통의 계층조직이 발화의 형태에 얼마나 강력한 영향을 미치는가도 분명히 알 수 있을 것이다. 말투라든가 발화요령 및 발화를 사회의 계층 조직에 적합하게 하려는 그 이외의 다른 여러 가지 형태들은 일상 발화의 기본적인 장르들을 만드는 과정에 커다란 중요성을 가지고 있다.3)

주지하다시피 모든 기호는 사회적으로 조직된 개인들 사이의 상호작용의 과정에서 형성된다. 그러므로 **기호의 형태는 무엇보다도 집단 구성원들이 사회적으로 조직된 방식에 의해 규정되며 또한 그들의 상호작용의 직접적 조건에 의해 규정된다.** 이러한 사회적 형태들이 변하면 기호도 변한다. 그리고 사회 내에서 이러한 언어기호의 변화과정을 추적하는 것도 이데올로기 연구과제 중의 하나가 될 것이다. **기호와 존재 사이의 상호관계**에 대한 문제도 이러한 방식으로 접근할 때 구체적인 실마리를 얻을 수 있다. 그래야만 존재에 의해서 기호가 인과적으로 형성되는 과정이 존재가 기호로 바르게 이행하는 과정으로서, 즉 기호가 존재를 바르게 변증법적으로 굴절시키는 과정으로서 나타날 것이다.

이러한 연구를 하는 데 있어 다음과 같은 방법론상의 기본적인 전제조건이 고려되어야만 한다.

1. **이데올로기는 기호의 질료적 실재로부터 분리되지 않는다**(즉 이데올로기를 '의식'이나 다른 모호하고 불확실한 영역에 위치시키지 않는다).
2. **기호는 사회적 상호관계의 구체적인 형태로부터 분리되지 않는다**(왜냐하면 기호는 조직된 사회적 상호관계의 일부이므로 이러한 상호관계의 밖에서는 단순한 물리적인 가공물로 전락하기

---

3) 일상생활의 발화장르의 문제는 극히 최근에 와서야 비로소 언어학이나 철학의 문헌에서 논의의 화제가 되었다. 확실히, 명확한 사회학적인 지향을 결여하고 있지만 이 종류의 장르를 다루려고 하는 최근의 진지한 시도들 중의 하나가 스피처(Leo spitzer)의 『이태리어의 일상회화(Italienische Umgangsprache)』이다. 스피처와 그의 선배 및 동료들에 대해서는 나중에 다룰 예정이다.

때문이다).
3. 의사소통과 그 형태는 물질적 토대로부터 분리되지 않는다.

5. 기호의 주제

사회적 상호관계를 통하여 발생하는 모든 이데올로기 기호—언어 기호를 포함해서—는 주어진 시대와 주어진 사회집단의 **사회적 시야**(social purview)에 의해 규정된다.

지금까지는 사회적 상호작용의 형태에 의해 형성된 기호의 형태에 관해서 언급해 왔으나, 이제 그것의 다른 측면들인 기호의 **내용**과 그 내용에 수반되는 가치평가적 액센트에 대해서 다룰 것이다.

사회발전의 모든 단계에는 사회적 관심을 끌고 그 관심에 의해서 가치평가적 액센트가 부여된 일정한 대상의 영역이 존재한다. 오로지 그런 영역에서만 대상이 기호로 형성되는 것이고, 기호적인 의사소통에 있어서 그 대상이 된다. 그렇다면 무엇이 가치평가적 액센트를 주는 대상의 영역을 결정하는가?

어떤 특정한 대상이 현실의 어떠한 영역으로부터 발생하든 간에, 그 집단의 사회적 시야에 들어가기 위해서는 그리고 이데올로기 기호의 반응을 불러일으키기 위해서는 그 대상은 그 집단의 존립에 있어서 필수적인 경제적 전제조건과 반드시 결부되어야 한다. 비록 간접적일지라도 그 대상은 그 집단의 물질적 생존의 토대에 접해 있어야 하는 것이다.

당연히 이러한 전제 하에서는 개인의 선택이라는 것이 아무 의미를 갖지 못한다. 기호는 개인과 개인 사이, 즉 사회라는 환경 내에서 창조되는 것이다. 그러므로 문제의 대상은 우선 상호주관적인(한 주체와 다른 주체가 공유하는)* 의미를 획득하는 것이고, 그래야만 기호형성을 위한 대상이 될 수 있다. 바꾸어 말하면 **사회적 가치를 획득한 대상만이 이데올로기의 영역으로 편입되어 형태를 얻고 정착할 수 있다.**

이러한 이유 때문에, 모든 이데올로기상의 액센트는 개인의 음성(말의 경우처럼) 혹은 여하튼간에 개인의 육체(발성기관)*에 의해서 표현됨에도 불구하고, 그것은 사회적인 액센트이며 동시에 **사회적인 승인**을 요구하고 그러한 승인에 의해서만 비로소 외부에, 즉 이데올로기 기호에 물상화되는 것이다.

이와 같이 기호의 대상이 되는 실체(현실의 事象)*를 **기호의 주제**라고 부르도록 하자. 각각의 완성된 기호는 그 주제를 가지고 있고, 모든 언어적 행위도 그 주제를 가지고 있다.4)

이러한 이데올로기적 주제는 언제나 사회적인 액센트를 세우고 있다. 물론 이데올로기적 주제에 대한 모든 사회적인 액센트는 개인의 의식 속으로 스며들고(우리도 알다시피 개인의식은 철저하게 이데올로기적이다), 개인의식은 사회적인 액센트를 자신의 것으로 흡수하기 때문에 개인의식 속에서 사회적 액센트는 개인적 액센트와 유사한 양상을 띠게 된다. 그러나 이러한 액센트의 원천이 개인의식에 있는 것은 아니다. 액센트 역시 상호주관적이다. 육체의 고통에 대한 순수한 반응으로서 나타나는 동물의 울음소리에는 가치평가적 액센트가

---

4) 주제와 개개의 말과의 의미가 어떠한 관계에 있는가는 다음에 상세히 다룰 예정이다.

붙지 않는다. 그것은 단지 자연현상일 뿐이다. 이같은 울부짖음은 사회적인 분위기와는 아무런 관련이 없으며, 그래서 그것은 기호형성의 싹조차 갖지 않는다.

이데올로기 기호의 주제와 이데올로기 기호의 형태는 구별하기 어렵게 서로 결합되어 있어 오로지 추상화에 의해서만 분리될 수 있다. 결국 똑같은 힘과 똑같은 물질적 전제조건이 전자와 후자를 산출하는 것이다.

실제로 경제적 조건은 현실의 새로운 요소를 사회적 시야로 가져와서 그것을 사회적으로 의미 있고 '흥미 있게' 만들 뿐만 아니라 이데올로기적 의사소통의 형태(인식, 예술, 종교 등)를 창출하며, 차례로 기호적 표현형태의 틀을 형성한다.

이와 같이 이데올로기적 창조성의 주제와 형태는 같은 요람에서 나왔고, 본질적으로 동일한 것의 두 가지 측면이다.

현실을 이데올로기로 변환하는 그 과정—주제의 발생과 형태의 발생—은 언어를 제재로 하는 경우에 가장 철저하게 이루어진다. 이러한 이데올로기의 생성과정은 언어에 있어서 두 가지 방식으로 반영된다. 그 하나가 의미론적 고생물학에 의해서 연구되는 세계사적 차원의 거시적 방식이다. 이것은 원시인이 미분화된 현실의 영역을 사회적 시야로 도입하는 것을 해명해 왔다. 또 하나는 동시대의 테두리 안에 구성되어 있는 것을 연구하는 미시적 방식인데, 이러한 방식은 언어가 사회적 존재의 미소한 변화도 민감하게 반영한다는 점에 기초하고 있다.

6. 계급투쟁과 기호의 변증법

　기호 속에 반영된 존재는 반영될 뿐만 아니라 굴절되기도 한다. 그러면 이데올로기 기호 속에서 존재의 이같은 굴절은 어떻게 결정되는가? 그것은 동일한 기호를 사용하는 공동체 내에서 대립하는 사회적 이해의 교차에 의하여, 즉 **계급투쟁**에 의하여 결정된다.
　계급이라는 것은 기호를 운용하는 공동체, 즉 이데올로기적 의사소통에 대해 동일한 기호를 사용하는 사용자 전체와는 다르다. 따라서 여러 상이한 계급들이 같은 언어를 사용하며, 이러한 결과 모든 이데올로기 기호에서 상이한 방향을 지향하는 액센트들이 교차한다. 그래서 기호는 계급투쟁의 무대가 된다.
　이와 같이 이데올로기 기호가 갖는 사회적인 액센트의 복수성(mnogoakcentnost'; multiaccentuality)은 매우 중요한 측면이다. 전반적으로 기호가 생생하고 활동적이며 변화발전이 가능한 것도 이런 액센트의 교차 때문이다. 계급투쟁의 압력으로부터 위축된 기호, 즉 계급투쟁의 테두리 밖에서 교차하는 기호의 경우는 필연적으로 세력을 잃게 되며, 결국은 우화의 수준으로 전락하게 된다. 따라서 이러한 기호는 생생한 사회적인 이해의 대상이 아니라 문헌학적인 해명의 대상으로만 남게 된다. 그렇게 되면 인류역사의 기억 속에는 생생한 사회적 액센트가 충돌하는 무대로서의 역할을 할 수 없는 낡아빠진 이데올로기 기호로 가득차게 된다. 그러나 그러한 기호들이 문헌학자나 역사가에 의해서 기억되는 한, 그것들도 생명의 희미한 불빛은 여전히 남아 있는 것이다.

이데올로기 기호를 생생하고 가변적으로 만드는 일은 바로 이데올로기 기호를 왜곡되고 굴절된 매개체로 만드는 작업이다. 지배계급은 이데올로기 기호에 대해서 초계급적이며 무한히 영속하는 성격을 부여하려 하며, 기호 내부에서 일어나는 여러 가지 사회적 가치평가에 관한 투쟁을 근절시키고 기호에 단일한 액센트(monoakcentnij; uniaccentual)을 부여하려고 노력한다.

그러나 사실은 살아 있는 이데올로기 기호의 각각은 야누스처럼 두 얼굴을 하고 있다. 현재 통용되는 악담도 칭찬의 말로 될 수도 있고, 현재는 진실로 통하던 말이 다른 많은 사람들에게는 불가피하게 가장 나쁜 거짓말로 들릴 수도 있다. 이러한 **기호 내부의 변증법적인 특성**이 공공연하게 나타나는 것은 사회적인 위기나 혁명적 변화의 시대뿐이다. 평상시 사회생활의 조건 하에서는 모든 이데올로기의 근저에 있는 대립이 공공연하게 나타나지는 않는다. 왜냐하면 확립된 이데올로기 기호라고 할 수 있는 지배적인 이데올로기 기호는 언제나 다소 반동적인, 말하자면 사회의 생성과정에 따른 변증법적인 흐름에 있어서 선행요소를 안정화 시키려는 시도, 즉 어제 진실로 강조되었던 것은 오늘도 역시 진실이라고 주장하려는 시도가 항상 있기 때문이다. 이러한 것이 지배적 이데올로기 안에서 이데올로기 기호가 존재를 어떻게 굴절시키고 왜곡시키는가 하는 특징을 결정하게 된다.

7. 결론

상부구조와 토대의 관계의 문제는 이같은 양상으로 나타난다. 우리의 관심은 이 문제의 몇 가지 측면을 구체화하는 데에만, 그리고 이 문제의 생산적인 길과 방향을 명확히 하는 것에만 한정했다. 이 문제를 다루는 데 있어서 우리에게 중요했던 것은 언어철학이 갖는 위치를 명시하는 것이었다. 언어기호를 제재로 하는 탐구는 토대로부터 상부구조에 이르는 과정인 변증법적 변화과정의 계속성을 가장 용이하고도 완전한 형태로 추구할 수 있도록 한다. 이데올로기적 현상을 설명하는 데 있어서 기계론적 인과율의 범주도 이러한 언어철학의 기초에 의해서 아주 쉽게 극복될 수 있을 것이다.

제 3 장 언어철학과 객관적 심리학

1. 심리의 객관적 정의

마르크스주의에 있어서 기본적이고 가장 긴급한 과제들 중의 하나는 진정한 객관적 심리학을 구축하는 일이다. 그것은 생리학적 원리나 생물학적 원리가 아닌 **사회학적** 원리에 기초한 심리학을 의미한다. 이 과제와 관련에서 마르크스주의는 어려운 문제에 직면한다. 그것은 보통 자기성찰적 방법이 관할하고 있는 대상으로 간주되고 있는 인간의 의식적·주관적 심리에 대하여 객관적이며 동시에 섬세하고 부드러운 접근방법을 찾지 않으면 안 되기 때문이다.

생리학이나 생물학 그 어느 것도 이 과제를 다루기에는 부적합하다. 왜냐하면 의식적인 심리라는 것은 사회·이데올로기적인 사실이며, 또한 그것은 생리학의 방법이나 다른 어떠한 자연과학의 방법도 뛰어넘는 대상이기 때문이다. 주관적인 심리는 자연 그대로인 동물적 유기체 내에서 일어나는 과정으로 환원될 수 있는 성질의 것은 아니다. 심리의 내용을 근본적으로 결정하고 있는 과정은, 비록 개개의 유기체가 그 과정에 참여하기는 하지만, 그것은 유기체 내부에서 일어나는 과정이 아니라 (유기체)* 외부에서 일어나는 과정이다.

인간의 주관적 심리는 자연계의 어떤 대상이나 과정과 같은 그러한 자연과학적 분석의 대상은 아니다. 곧 **주관적 심리는 이데올로기로 이해되는 대상이고, 이해를 필요로 하는 사회·이데올로기적인 해석의 대상이다.** 일단 심리현상이 이해되고 해석되어지고 나면, 그것은 오직 사회환경의 조건들 아래에서 인간의 구체적 생활을 규정하는 사회적인 요인에 의해서만 설명될 수 있게 된다.5)

우리가 이런 방향으로 움직일 때 부딪히는 근본적이고도 중요한 첫 번째 문제는 '내적 경험'을 객관적으로 정의해야 하는 문제이다. 이러한 정의에는 외부에서 일어나는 객관적인 경험 전체의 이면에 '내적 경험'을 포함시킬 필요가 있다.

그러면 현실의 어떠한 유형이 주관적 심리에 속하는 것일까? **내적 심리의 현실은 기호의 현실과 같다.** 기호라는 실체 밖에서는 심리가 존재하지 않는다. 거기에는 신경조직의 과정인 생리적인 과정이 있을 수도 있으나 인간존재의 특성으로서의 주관적 심리는 존재하지 않는다. 주관적 심리는 유기체 내에서 일어나는 생기과정과도, 유기체를 둘러싸고 심리가 그것에 반응하거나 이러저러한 방법으로 그것을 반영하는 외부의 현실과도 근본적으로 다르다.

그 존재의 본질상 주관적 심리는 유기체와 외부세계 사이의 어떤 곳, 이 두 가지의 현실영역을 가르는 **경계선**에 위치한다. 유기체와 외

---

5) 요즈음의 심리학에 대한 문제에 대해서는 졸저 『프로이트주의(*Frejdizm*)』(Leningrad, 1927)에 일반적으로 개설해 두었다. 제 2장 '현대심리학의 두 가지 경향' 참조.

부세계가 만나는 곳도 이 경계선이다. 그러나 그것은 결코 물리적인 만남은 아니다. **유기체와 외부세계는 이 경계영역에서 기호를 통해 만난다.** 심리적 경험이라는 것은 유기체와 외부환경과의 접촉을 기호에 의해 표현한 것이다. **따라서 내적 심리는 물체로서 (자연과학적 분석방법에 따라서)* 분석될 수는 없고, 기호로서 이해되고 해석될 수 있을 뿐이다.**

2. 심리학에 대한 딜타이의 개념

'이해 및 해석' 심리학의 사고방법은 대단히 낡은 방법이고 교훈적인 역사를 갖고 있다. 특히 주목되는 것은 요즈음의 인문과학, 즉 이데올로기 과학의 방법론적인 요청과 관련해서 이 심리학에 아주 깊은 기초가 부여되고 있다는 점이다.

오늘날 이런 생각을 가장 예리하고 근본적으로 옹호한 사람은 딜타이(Wihelm Dilthey)이다. 그에게 있어서 주관적인 심리적 경험은 사물이 단순히 있는 그대로 존재한다기보다는 오히려 **의미를 갖는다**고 하는 것이다. 딜타이에 의하면, 경험의 순수한 현실에 도달하기 위하여 이 의미를 무시해 버릴 때, 우리는 실제로 유기체에 있어서 생리적인 과정을 대상으로 하는 것이 되어 버리고 우리의 시야로부터 경험 자체도 잃어버리게 된다는 것이다. 마찬가지로 우리가 언어의 의미를 무시해 버릴 때 우리는 언어 자체도 잃어버리게 되고 남는 것은 단순히 노출되는 물리적인 소리와 그 소리를 일으키는 생리적인 과정뿐일 것이다. 언어를 언어답게 만드는 것은 언어의 의미이고, 경험을 경험답게 하는 것도 경험의 의미이다. (경험으로부터)* 의미를 제거해 버리면 내부의 심리적 생활의 본질을 잃게 된다. 그러므로 심리학은 경험을 마치 물리적인 혹은 생리적인 과정과 비슷한 것처럼 인과론적으로 설명할 수는 없다. 심리학은 심리적 생활을 마치 그것이 문헌학의 분석대상이 되는 자료인 것인 양 이해하고, 묘사하며 그리고 분석하고 해석하는 것을 추구해야만 한다. 딜타이에 의하면, 오직 그러한 묘사적인, 해석적인 심리학만이 인문과학 혹은 그 자신이 부르는 것에 의하면 '정신과학'(Geisteswissenschaften)의 기반으로서 역할을 한다는 것이다.[6]

딜타이의 생각은 그 타당성이 입증되어 오늘날까지도 많은 인문과학자들의 지지를 얻고 있다. 철학적 경향을 가진 오늘날의 독일 인문계통의 학자들이 실질적으로 모두 다소간 딜타이의 생각에 의존하고 있음은 틀림없는 사실이다.[7]

그런데 딜타이의 생각은 관념론의 기반에서 나온 것으로, 그의 추종자들 역시 그 기반에서 벗어나지 못하고 있다. '이해 및 해석' 심리학의 사고는 관념론적 사고의 전제조건들과 밀접하게 결부되어 있고, 많은 점에서 관념론적 사고의 고유한 특징을 드러내고 있다.

사실 해석 심리학은 오래전부터 확립되어 오늘날까지 계속해서 발전되고 있는 형태지만 그것은 관념적인 것으로, 변증법적 유물론의 입장에서는 지지하기가 어렵다. 무엇보다도 그것이 지지받지 못하는

---

6) 딜타이에 관한 러시아어의 문헌으로는 Frišejzen—keler's *article in Logos*, Ⅰ~Ⅱ, 1912~1913가 있다.
7) 딜타이의 창시자로서의 영향에 관해서는 Oskar Walzel, Wilhelm Gundolf, Emil Ermatinger 등이 언급하고 있다(여기서 언급한 것도 현재의 독일 인문계통의 대표자들뿐이다).

것은 **이데올로기에 대한 심리학의 방법론적인 선행이라는 점이다.** 결국 딜타이나 해석 심리학의 다른 대표자들의 견해에 의하면, 그들의 심리학이 인문과학의 기초를 제공해야만 된다는 것이다. 이데올로기는 주변의 다른 어떤 방법이 아닌 심리학에 의해서—심리학의 구상화(具象化)와 표현으로서—설명되어야 한다는 것이다. 확실히 심리와 이데올로기를 근접시킨 것은 그들의 공로이고, 양자에 대한 공통분모로서의 심리와 이데올로기를 다 같이 다른 현실로부터 구별함으로써 의미 있는 것을 보기에 이른 것은 사실이다. 그러나 그들에게 있어서 이데올로기와 심리를 근접시킬 때의 그 기초는 심리학이지 이데올로기는 아니었다.

더구나 딜타이나 그의 추종자들의 생각은 **의미의 사회적인 성격에 대해서는 어떠한 것도 제공하지 않는다.**

이것이 그 사람들이 갖는 개념 전체의 **근본적인 오해**(psoton pseudos)이다. 따라서 그들은 **의미와 기호 간의 불가피한 결합**에 대해서도, 기호의 고유한 본질에 대해서도 알지 못했다.

사실 딜타이에 있어서 경험과 언어를 대비한다고 하는 것은, 단순한 유추이고 설명을 위한 비유에 지나지 않는다. 더구나 그의 저술 속에는 극히 드물게 밖에 나타나지 않는다. 그는 이 대비로부터 나와야 할 결론을 전혀 끌어내지 못하고 있으며, 게다가 심리를 이데올로기 기호라는 동인(動因)을 통하여 설명하는 것이 아니라, 다른 모든 관념론자들과 같이 심리라는 동인을 통하여 이데올로기 기호를 설명하고 있다. 딜타이에 있어서 기호는 내면생활을 위한 표현수단으로서의 역할을 할 때에만 기호가 된다. 그리고 내면생활이 자신의 적당한 의미를 기호에 부여한다고 주장한다. 딜타이의 이러한 구상방법은 모든 관념론의 공통적 경향, 즉 **모든 의식과 모든 의미를 물질적 세계로부터 분리시켜서, 의미를 시간과 공간 밖에 있는 정신의 이면에 위치시키**는 경향을 나타내고 있다.

만약 경험이 단순히 현실의 한 일부분이 아니라 의미를 갖는 것이라면(이 점에 대한 딜타이의 지적은 옳은 것이다), 경험은 기호로서의 실체를 기반으로 해서 성립한다. 왜냐하면 의미는 기호에만 속하는 것으로 기호 밖의 의미는 허구이기 때문이다. 의미는 현실의 특수한 일부분과 그것이 대표하고, 표현하고, 묘사하는 또 다른 종류의 현실 사이에서의 기호적 관계의 표현이다. 의미는 기호의 기능이므로 의미를 기호 밖에 있는 어떤 특수하고 독립적인 것으로 간주하는 것은 상상할 수도 없다. 그것은 마치 말(馬)이라는 단어의 의미를 가지고 '내가 지적하는 것은 이 특수한 살아 있는 말(horse)이다'라고 주장하는 것만큼이나 불합리한 사고방식이다. 만약 그렇게 된다면, 예를 들어 내가 사과를 먹은 뒤 나는 사과를 소비한 것이 아니라 '사과'라는 단어의 의미를 소비한 것이라고 주장할 수도 있을 것이다. 기호는 특수한 질료적 물체이지만, 그러나 의미는 물체도 아니고, 마치 그것이 기호와는 떨어져 자체적으로 존재하는 현실의 한 부분인 것처럼 기호로부터 독립될 수도 없다. 그러므로 만약 경험이 의미를 갖는다면 그리고 경험이 이해되고 해석되려면 그것은 실제로 현실에 존재하는 기호라는 질료에 기초해서 존재하지 않으면 안 된다.

다음과 같은 것을 강조해 두도록 하자. **경험은 기호의 작용을 통해 외부적으로 표현될 수 있을 뿐만 아니라**(경험은 다른 사람에게 다양하게 표현될 수 있다―말이나 얼굴 표정, 혹은 다른 어떤 수단에 의해서), 이렇게 (다른 사람들을 향해) 외부적으로 표현되는 것과는 별도로 **경험은 또한 기호라는 실체 내에서만 경험하는 본인 자신에게도 존재한다.** (기호라는)* 그러한 실체 밖에서는 그와 같은 경험은 존재하지 않는다. 이런 의미에서 **모든 경험은** (기호에 의해)* **표현 가능한 것**, 즉 잠재적인 표현이라 할 수 있다. 어떠한 생각이나 감정, 의지의 활동도 표현될 수가 있다. 표현 가능하다 라는 이 특성을 경험의 본질을 상실함이 없이 경험으로부터 분리해 낸다는 것은 불가능하다.8)

이와 같이 내적 경험과 그 표현과의 사이에는 어떠한 비약도 없으며, 어떤 성질의 현실영역으로부터 다른 성질의 현실영역으로의 전환도 없다. 내적 경험으로부터 그 외적 표현으로의 이행은 같은 성질의 범위 내에서 일어나고 그것은 본질적으로 **양적**인 이행이 된다. 확실히 외적 표현과정에서 어떤 유형의 기호적인 실체로부터(예를 들면, 얼굴의 표정), 다른 종류의 기호적인 실체(예를 들면, 언어기호)로 이행하는 일은 자주 일어난다. 그러나 이행하는 과정은 처음부터 끝까지 기호의 범위를 넘지 않는다.

3. 심리의 기호

그러면 어떤 것이 심리의 기호적 매체로 되는가? 그것은 유기체의 활동 혹은, 그 과정 모두라고 할 수 있다. 호흡, 혈액순환, 신체의 움

---

8) 의식의 모든 현상들이 표현될 수 있다는 생각은 신칸트학파에도 낯설은 것은 아니다. 이미 인용한 카시러의 책 외에도, 의식의 표현성에 대해서 Herman Cohen은 자신의 체계의 제 3부인 *Aesthetik des reinen Gefühls*에서 쓰고 있다. 그러나 거기서 상술된 생각조차도 전혀 적합한 결론을 이끌어 내지 못하고 있다. 의식의 본질이 여전히 존재의 범위 밖에 남아 있게 된 것이다.

직임, 조음(調音), 내적 발화, 모방동작, 외부자극에 의한 반응(예를 들면 빛의 자극) 등이 그것이다. 간단히 말해서 **유기체 내에서 일어나는 모든 것이 경험의 매체가(경험을 표현하는 기호가)* 될 수 있다.** 왜냐하면 모든 것이 기호로서의 의미를 가질 수 있고 기호표현으로 될 수 있기 때문이다.

확실히 이러한 모든 매체가 동일한 가치를 갖는 것은 아니다. 세밀하게 발달하고 분절된 심리의 경우, 그것에 따라서 섬세하고 부드러운 기호를 가져야만 하며 또 신체 외부의 사회적인 환경에서 외적 표현의 과정 중에 형성되고, 정의되고, 분절될 수 있는 기호를 가져야만 한다. 그러므로 심리의 기호적 매체는 특히 말—**내적 발화**—이다. 확실히 내적 발화도 기호의 가치를 지닐 수 있는 다른 많은 신체의 움직임·반응에 연결되어 있다. 그러나 내면생활의 근본 뼈대를 구성하는 것은 바로 말이다. 만약 말을 잃어버린다면(실어증에 걸리는 것)* 심리의 범위는 지극히 좁아지게 되고, 다른 표현활동을 잃어버린다면 심리는 존재하지 않을 것이다.

만약 심리를 구성하고 있는 내적 발화나 다른 표현활동의 전부로부터 기호로서의 기능을 무시해 버리면, 개인의 유기체 내부에서 일어나는 순수한 생리적 과정과 직면하게 된다. 생리학자들에게는 그같은 추상화가 정당한 것이고 필요한 것이다. 생리학자에게 필요한 것은 생리적인 과정과 그것의 메커니즘뿐이다.

그러나 생물학자로서의 능력이 있는 생리학자도 생리적 과정과 그에 포함되는 기호로서의 표현기능(사회적 기능)을 고려해 두는 일은 중요하다. 그렇지 않으면 유기체 전체의 경제 속에서 생물학의 위치를 이해하기 어렵게 된다. 이런 점에서 생물학자 역시 사회학적인 관점을 무시할 수 없으며, 인간이라는 유기체가 자연 그대로의 추상적인 영역에 속하는 것이 아니라 사회적 영역의 한 부분으로 독특하게 형성된다는 사실을 도외시할 수 없는 것이다. 그러나 그가 다양한 생리학적 과정에 포함되는 기호의 기능을 고려할 때도 그 생리학자는 순수히 생리학적인 메커니즘을 계속 찾으려 하고(예를 들면, 조건반사의 메커니즘), 이 과정들에 고유한 이데올로기 가치들—그 가치들은 다양하고 그들 자신의 사회·역사적 법칙에 따른다—을 모두 무시해 버린다. 한마디로 말해 심리의 내용은 생리학자에게는 무관한 것이다.

그러나 개개의 유기체의 관점에서 본다면 심리학의 대상은 명백히 이 심리의 내용이다. 심리학이라는 이름에 값하는 학문에 있어서 이보다 더 흥미 있는 대상은 가지고 있지도 않고 가질 수도 없다.

4. 기능심리학의 관점

심리의 내용은 심리학의 대상이 아니라 오히려 개인심리의 과정에 있어서 이러한 심리내용이 갖는 기능일 뿐이라고 보는 관점이 있어 왔다. 이것이 소위 **기능심리학**의 관점이다.9)

이 학파에 의하면, '경험'은 두 가지 요인으로 구성되어 있는데, 그 하나가 **경험의 내용**이다. 이것은 본질적으로 **심리적인** 것은 아니다.

---

9) 기능심리학의 주요한 대표자들은 Stumpf, Meinong 등이 있다. Franz Brentano는 기능심리학의 기초를 닦았다. 비록, 기능심리학의 순수하고 고전적인 모습과는 확실히 다르지만, 현재 기능심리학은 독일심리학 사상에서 지배적인 운동이라는 것은 의심할 여지가 없다.

이것이 의미하는 것은 경험이 집중된 물리적 현상(예를 들면, **인식의 대상**)이거나 스스로의 논리적 법칙성을 갖는 인식상의 개념 혹은 윤리적 가치 등이다. 경험의 이러한 내용지향적이며 지시대상적인 측면은 자연, 문화, 역사의 특성이어서 결과적으로 각기 대응하는 학문분야가 다루어야 할 것이고 심리학자에게는 관계가 없다고 한다.

경험의 다른 한 요인은 **개인심리적 생활의 닫혀진 체계 내에서 어느 특수한 지시대상적 내용이 갖는 기능이다.** 이것은 심리외부에 있는 모든 내용이 갖는 **경험된 방식** 혹은 **경험된 가능태**야말로 심리학의 대상이라고 하는 것이다. 바꾸어 말하면, 기능심리학의 대상은 경험의 **내용**이 아니라 경험의 **방법**이다. 그래서 예를 들면 어떤 사고과정의 내용은 심리학적인 것이 아니고 논리학자, 인식론자, 혹은 수학자(사고의 종류가 수학적인 논리와 관계가 있는 경우)가 다루어야 할 대상에 속한다. 반면에 심리학자는 다양한 객관적인 내용들(논리학, 수학, 혹은 다른 어떤 것)을 갖는 사고과정들이 주어진 개인의 주관적 심리의 조건들 아래서 **어떻게** 발생하는가 만을 연구한다.

우리는 이런 심리학적 개념의 세부에까지 끼어들 필요는 없으며, 심리적 기능에 대하여 이 학파의 대표적 저술들이나 심리학에서의 다른 연관된 학파들의 저술에서 보이는 반대되는 구별들은 무시하고자 한다. 우리의 목적은 위에서 이미 시작한 기능심리학의 기본원칙만으로도 충분하다. 심리학의 문제를 해결함에 있어서 기호철학(혹은 언어철학)에 속하는 의미개념과 심리의 개념을 보다 명확하게 표현하는 것이 우리에게 도움을 줄 것이다.

기능심리학도 관념론의 기반 위에서 자라고 형성된 것이다. 그러나 어떤 점에서 그것은 딜타이 유형의 해석심리학과 정반대의 경향을 보인다.

실제로 딜타이가 심리와 이데올로기를 하나의 공통분모—의미—로 환원하려는 의도가 있는 반면, 반대로 기능심리학은 **심리와 이데올로기 사이의 근본적이고도 엄밀한 경계선, 즉 심리자체**를 관통한 듯이 보이는 경계선을 끌어내려고 한다. 그 결과 의미에 관계되는 모든 것은 심리의 영역 밖에 존재한다고 하는 것이 되고, 반면에 심리에 관계된다고 여겨지는 모든 것은 '개인의 영혼'이라 불려지는 일종의 개인적인 위치 속에서 배열된, 고립적이고 지시 대상적인 내용의 순수한 기능으로 환원되는 것이다. 이와 같이 해석심리학과 구별되는 기능심리학은 이데올로기가 심리 위에 있다고 한다.

이 순간에 **심리기능은 어떤 것이며**, 그 존재의 본질은 무엇인가라는 질문이 나올 수 있다. 이 질문에 대한 명확한 대답을 기능심리학의 대표적 저술들에서는 발견할 수 없다. 이 문제에 관한 한 그들 간에는 어떤 명확한 생각이나 동의, 일치성도 없다. 그러나, 다만 다음에 관해서는 의견의 일치를 보이고 있다. 즉 심리의 기능은 어떤 생리적인 과정과 같지 않다는 것이다. 이와 같이 심리적인 것과 생리적인 것은 분명히 구별된다. 그러나 이 새로운 특질, 즉 심리가 어떤 종류의 실체인지는 명확하지 않다.

이데올로기적 현상의 실체에 대한 문제도 기능심리학에서는 역시 명확하지 않은 채 남아 있다. 기능주의자들이 분명한 해답을 주고 있는 것은 경험이 자연의 대상으로 향하고 있는 경우일 뿐이다. 이 경우, 심리적 기능에 대립하고 있는 것은 자연의 물리적 존재인, 나무, 대지, 돌 등이다.

그러면 심리적 기능과 이데올로기적 존재—논리적 개념, 윤리적 가치, 예술적 이미지 등—사이에는 어떤 종류의 대립이 있는가?

이 문제에 대한 기능심리학 대표자들의 대부분은 공통적으로 관념론적인 것, 그 중에서도 칸트의 견해에 매달려 있다.10) 개인심리와 개인의 주관적 의식 외에도 그들은 '초월적 의식', '의식일반 혹은 '순수한 인식론적 주체' 등의 존재를 인정하고 있다. 개인의 심리적 기능에 대립하는 이데올로기적 현상도 그들은 초월적 영역 내에 위치시킨다.11)

이와 같이 이데올로기 현상의 문제는 기능심리학 때문에 해결되지 않고 남아 있다.

이데올로기 기호와 그 기호의 고유한 존재양식에 대한 이해의 결여는 결과적으로 이런저런 예를 든 학파들이 심리의 문제를 해결하는 데 방해요소로 되고 있다.

5. 심리주의와 반심리주의

심리의 문제는 이데올로기의 문제가 먼저 해결되어야 풀려질 수 있을 것이다. 이 두 문제는 서로 구분하기 어렵게 얽혀 있다. 심리학의 전역사와 이데올로기 과학—논리학, 인식론, 미학, 인문과학—의 전역사는 이 두 가지 인식부분들 사이에서 서로간의 범위한정과 동화작용을 수반하는 끊임없는 투쟁의 역사이다.

이데올로기 과학의 전부분을 홍수처럼 범람하고 있는 자연발생적

---

10) 현재 현상학자들도 역시 Franz Brentano와 연결되어 있는 기능심리학의 기반 위에 서 있다(그들 전체의 철학직 개관에 미처 있는 연결이다)
11) 현상학자들은 이데올로기적 개념들에 관념적 존재의 자율적인 영역을 제공함으로써 이데올로기적 개념들을 존재론화 한다.

인 심리주의와 심리로부터 내용 모두를 제거해서 심리를 어떤 비어 있는 형식적인 상태(기능심리학의 경우처럼) 혹은 순수한 생리주의(조건반사학과 같은)*로 환원시키려는 극단적인 반심리주의 사이에는 일종의 주기적인 교체가 일어나는 듯이 보인다. 이데올로기에 관해서 말하자면 철저한 반심리주의에서는 존재 내의 일상적 장소(그곳은 심리이다)를 잃어버리고, 전혀 근거할 장소를 갖지 못한 채 이데올로기가 현실로부터 나와 개인심리를 초월한 곳에, 혹은 문자 그대로 초월적인 높은 곳으로 올라가지 않으면 안 된다.

20세기 초엽에 우리는 반심리주의의 강한 물결(역사상 결코 처음은 아니지만)을 경험했다. 현대 반심리주의자의 주요한 대표자인 훗설의 기본적 저술[12], **지향성론자들**('현상학자들')인 그의 추종자들의 저술, 오늘날 마부르크・프라이부르크 학파(Marburg・Freiburg School)[13]에서의 신칸트주의 대표자들에 의한 급격한 반심리주의로의 전환, 모든 학문영역과 심리학 자체마저 심리주의를 추방하려는 경향 등 이 모든 것들은 20세기 초 20년 동안 철학적으로나 방법론적으로나 중요한 사건이 되었다.

오늘날 30년대에 있어서 반심리주의의 물결은 쇠퇴하고 있다. 명백

---

12) Volumel 1 of his *Logische Untersuchungen*(1910년에 러시아어로 번역되었음) 참조. 그 책은 현대 반심리주의의 성서라고 할 만한 것이 되었다. 또한 그의 논문 「엄밀한 과학으로서의 철학(philosophy as an Exact Science)」, *Logos*, I, 1911~1912. 참조. 이것도 러시아어로 번역되었다.
13) 예를 들면 Freiburg 학파의 우두머리인 Heinrich Rickert의 유익한 연구논문(러시아어로 번역돼 있다), 「지식이론의 두 가지 길(Two paths in the theory of knowledge)」, 『철학의 새로운 사고들(*Novye idei V filosofii*)』, Ⅶ, 1913, 참조. 이 논문에서 Husserl의 영향 아래 Rickert는 당초 자기가 안고 있던 지식이론의 심리학적인 개념의 일정정도를 반심리주의의 용어로 번역하고 있다. 그 논문은 반심리주의 운동을 향해 신칸트학파가 취한 태도에 대한 것으로 매우 특징적이다.

하면서도 아주 강력한 심리주의의 새로운 물결이 발흥하기 시작했다. 이 새로운 반심리주의의 형태가 '생의 철학'이다. 그러한 표어 아래 아주 구속 없는 심리주의가 급속도로 철학의 모든 분야와 이데올로기 연구에 있어서 극히 최근에 추방된 모든 위치를 재점유하고 있다.14)

심리주의의 이 새로운 물결은 심리적 현상의 기초에 대한 어떤 새로운 생각을 가져온 바는 없다. 이전의 심리주의 물결(분트 Wundt로 대표되는 19세기 후반의 실증주의적·경험주의적인 심리주의)과는 달리, 새로운 심리주의는 내적 존재인 '경험의 기본현상'을 형이상학적으로 해석하려는 경향을 나타낸다.

이와 같이 심리주의와 반심리주의의 역동적인 흐름 속에서 이 둘 사이에 어떤 변증법적인 통합도 일어나지 않았다. 오늘날까지 부르주아 철학에서는 심리나 이데올로기의 문제에 대해 적절한 해결을 찾아내지 못했다.

---

14) 현대의 생의 철학에 대한 일반적인 개관으로는 편벽되고 약간 시대에 뒤진 것이지만 Rickert의 저서 『생의 철학』, Academia, 1921을 참조할 수 있는데, 이것도 러시아어로 번역돼 있다. E. Spranger의 저서 Lebensformen은 인문학에 매우 상당한 영향력을 행사했다. 독일에서 인문학분야와 언어학 연구의 중요한 모든 대표자들은 현재 생의 철학의 영향을 많든 적든 받고 있다. 예를 들면, Ermatinger의 Das dichterische kunstwerk (1921), Gundolf의 Books about Goethe and George (1916~1925), Hefele의 Das Wesen der Dichtung (1923), Walzel의 Gehalt und Gestalt im dichterischen Kunstwerk (1923), 보슬러와 보슬러 학파, 그리고 많은 사람들이 있다. 이들 학자에 대해서는 나중에 언급할 것이다.

6. 내적 기호의 특성

이 두 가지 문제를 다루는 기초는 동시에 상호 관련지어서 행해져야만 한다. 이 두 영역에 대해 객관적인 접근을 가능케 하는 것은 동일한 열쇠라고 생각되기 때문이다. 그 열쇠는 **기호의 철학**이다(뛰어난 이데올로기 기호로서의 말의 철학). 이데올로기 기호는 심리와 이데올로기 양자에 대한 공통의 영역, 즉 물리적이고 사회학적이며 의미 있는 영역이다. 바로 이 영역에서 심리와 이데올로기의 경계가 설정된다. 심리가 심리 이외의 세계(특히 이데올로기 세계)를 복사할 필요가 없으며, 심리 이외의 세계가 심리적인 독백에로의 단순한 물질적 언급이 될 필요도 없는 것이다.

그러나 만약 진정한 의미에서 심리현상의 본질이 기호현상의 본질과 동일하다면, 개인의 주관적 심리와 동일한 기호현상인 이데올로기 사이의 경계선을 어떻게 끌어낼 것인가? 우리는 지금까지 공통의 영역(기호)을 지적하는 데 지나지 않았다. 이제 우리는 이 영역 내에서 적당한 경계선을 끌어내야만 한다.

이 문제의 본질은 그 직접적인 실제에 있어서 자기성찰에 근접될 수 있는 내적(신체 내면의) 기호를 어떻게 정의하는가 하는 문제에 다다르게 된다.

이데올로기적 내용 자체의 관점에서 보면 심리와 이데올로기 사이의 경계선은 있을 수도 없고 존재하지도 않는다. 모든 이데올로기적 내용은 예외 없이 어떠한 기호로 구체화되든 간에 해독될 수 있으며, 그래서 심리의 영역으로 옮겨져 내적 기호라고 하는 매체에 의해 재현되는 것이다. 다른 한편 모든 이데올로기적 현상은 그것이 산출되는 과정에 있어서 반드시 필요한 단계로서 심리를 거친다. 반복되는 말이지만 그것이 어떤 종류이든 간에 외재하는 모든 이데올로기 기호는 내적 기호, 즉 의식 속에 빨려 들어가 의식에 의해 씻겨진다. 외재하는 기호는 내적 기호라는 바다에서 태어나 거기서 계속 살아간다. 왜냐하면 외적 기호의 생명은 끊임없이 새롭게 해독되고, 경험되고, 동화되는 과정이기 때문이다. 즉 이데올로기 기호가 끊임없이 새롭게 내면의 맥락 속에 이입되려 하기 때문이다.

그러므로 내용의 관점에서는 심리와 이데올로기 사이의 근본적인 경계는 없고, 양자 간에 있는 것은 정도의 차이뿐이다. 이데올로기소(素)(ideologeme)는 외재하는 이데올로기 기호로 아직 구체화되지 않고, 내면적으로 발전하는 단계에 있는 모호한 실재이다. 그것은 이데올로기 기호로 구체화됨에 의해서 비로소 분명한 것이 되고, 분절화하여 (기호로서) 정착하기도 한다. 구상은 언제나 작품에는 (비록 그 작품이 실패작이라 해도) 미치지 않는다. 아직 나의 의식의 맥락 내에서만 존재하는 어떤 생각은 하나의 통일된 이데올로기 체계를 구성하는 학문의 맥락 내에서 구상화되지 않고서는 불명확하고 진행되지 않은 사고로 남아 있는 것이라고 할 수 있다. 그러나 그런 사고는 나의 의식 내에서 이데올로기 체계에로의 지향을 가짐으로 해서 비로소 존재하게 되고, 내가 그전에 받아들였던 이데올로기 기호에 의해 사고 자체는 산출되는 것이다. 반복해서 말하자면, 여기서 근본적 의미에서의 질적인 차이는 없다. 책에 기록된 인식이나 다른 사람의 입으로 진달된 인식과 내 머릿속의 인식은 현실의 같은 영역에 속하는 것이고, 머리와 책 사이에 존재하는 차이는 인식의 내용에 어떠한 영향도 미치지 않는다.

　심리와 이데올로기의 구별이라는 과제를 가장 어렵게 하는 것은 '개인적이라는 것'의 개념이다. 보통 '개인적'이라는 개념에 대립하는 것으로 '사회적'이라는 개념을 떠올린다. 이로부터 유래되어 심리는 개인적인 것이고, 이데올로기는 사회적인 것이라는 개념을 우리는 갖고 있다.

　그러나 이같은 이해방법은 근본적으로 잘못된 것이다. 사회적인 것에 대립되는 개념은 '자연적인 것'이고, 따라서 '개인적'이라는 개념은 인격을 가진 개인을 의미하는 것이 아니라 자연적인 동물로서의 생명체를 의미한다. 스스로의 의식내용의 소유자로서의 개인, 스스로의 사상의 창출자, 스스로의 사상과 감정에 책임지는 인격으로서의 개인 등 이러한 개인은 순수한 사회적인 이데올로기 현상이다. 그러므로 '개인' 심리의 내용도 그 본질에 있어서는 이데올로기만큼이나 사회적이며, 그 개별성과 내적 특권을 자각하는 정도도 이데올로기적이며 역사적인 것이고, 사회적인 여러 요인들에 의해 완전히 한정된다.15) 모든 기호가 기호인 한 사회적이며, 이런 점에서는 내재하는 기호도 외재하는 기호와 마찬가지다.

　사회적인 세계와 관련되지 않는 단순한 자연 그대로의 개체로서의 개인(생물학자의 연구대상이 되는 개체)이라는 개념과 자연 그대로의 개체 위에 이데올로기 기호에 의해 구축되는 상부구조로서의 지위를

---

15) 본서의 마지막 부분(제 3부)에서 우리는 언어의 저작권, 즉 '말의 소유권'이라는 개념이 얼마나 상대적이고 이데올로기적인가를, 그리고 발화의 개인적 전제조건이 언어 안에서 분명하게 자각되는 것이 얼마나 늦는가를 알게 될 것이다.
　* 삼단논법에 있어서 항(項)은 3가지로 되지 않으면 안 된다는 삼단논법의 매듭을 깨뜨린 논리적 잘못(역주).

갖는 개인이라는 개념—따라서 사회적 개념이다—사이에는 오해를 피하기 위해 언제나 엄밀한 구분을 해두어야만 한다. '개인'이라는 말의 두 가지 의미(자연 그대로의 개체와 사회적인 개인)는 자주 혼동하여 사용되고 있기 때문에 대부분의 철학자와 심리학자의 논쟁에서 **사단화***(四段化, quaternio terminorum)가 일어나고 있다. 그래서 어느 때는 이쪽의 개념이 고려되고, 다른 때는 저쪽의 개념이 고려되는 것이다.

만약 개인심리의 내용이 이데올로기와 마찬가지로 사회적인 것이라고 한다면, 다른 한편으로 이데올로기 현상도 심리현상과 같은 개인적[그 말의(자연적 소산으로서의 개체와 구별된 사회적 개인이라는)* 이데올로기적 의미에서]인 것이 된다. 모든 이데올로기 작품에는 실제로 그것의 창조자나 창조자들의 개성이 표현되고 있다. 그러나 이런 개성의 표현도 이데올로기 현상의 다른 모든 특성이나 특징과 마찬가지로 사회적이다.

이와 같이 모든 기호는, 개인의 기호들조차도 사회적이다. 그러면 내적 기호와 외적 기호 그리고 심리와 이데올로기는 무엇에 의해 구별되는가?

내면활동에 의해 충족되는 의미는 유기체, 즉 어느 고유의 개체에 적합하게 되어 있고, 무엇보다도 그 개체만이 갖는 삶의 특별한 맥락 속에서 규정된다. 이 점에 관해서는 기능주의 학파의 대표자들의 견해에도 어느 정도의 진실이 포함되어 있다. 심리는 이데올로기 체계의 통일성과 구별될 수 있는 고유한 통일성을 갖고 있으며, 그 통일성을 무시하는 것은 용납될 수 없는 일이다. 이러한 심리적 통일의 독자성은 심리의 이데올로기적이고 사회적인 개념과 완전히 양립할 수 있는 것이다.

사실 어떤 인식을 나타내는 사고는 나의 의식, 즉 나의 심리의 이면에 있는 단계에서도, 우리가 말했던 것처럼 스스로의 장소가 부여될 곳인 인식의 이데올로기 체계에로의 지향을 가지면서 존립하고 있다. 이런 의미에서 나의 사고는 발생 때부터 이데올로기 체계에 소속되어 있으며, 그 계통의 법칙에 의해 지배받고 있다. 그러나 동시에 그것은 이미 하나의 다른 체계, 즉(이데올로기 체계와 같이)* 독자적으로 통일되고 독자적인 법칙을 갖는 체계인 나의 심리체계에도 소속되어 있다. 심리체계의 통일은 나의 생물학적인 유기체의 통일에 의해서 뿐만 아니라 그 유기체가 놓여 있는 생활상의 사회적 조건들의 총체에 의해서도 결정된다. 심리학자는 나 자신의 이러한 유기적 통일성과 나라는 존재의 이러한 고유한 조건들의 계통을 좇아서 나의 사고를 연구한다. 반면에 이데올로기 연구자는 그와 같이 똑같은 나의 사고가 인식의 체계에 객관적으로 어떻게 기여하는가라는 관점에서는 이 사고에 관심을 기울일 것이다.

유기체에 의해서, 보다 넓은 의미로는 전기적인(biographical) 요인들에 의해서 결정되는 체계인 심리적 체계는 심리학자의 '관점'에서는 결코 나올 수 없다. 심리적 체계는 그 기반으로 된 생물학적 개체와 그 특정의 본질이 실재하는 것 같이, 또 이 개체의 생존을 규정하는 생활상의 조건들의 총체가 실재하는 것 같이 어디까지나 실재하는 통일체인 것이다. 내적 기호가 이 (개인의)* 심리체계와 더 밀접하게 혼합될수록, 또 생물학적·전기적인 요인에 의해서 보다 강하게 규정될수록, 내적 기호에 주어지는 명확한 이데올로기적 표현은 약해진다. 반대로 이데올로기적 공식과 구상화에 더 가까이 접근할수록, 내적 기호가 스스로를 속박하는 심리적 맥락의 굴레로부터 해방되는 정도는 강해진다.

이런 관점은 내적 기호(경험)를 이해하는 과정과 외재하는 순수한 이데올로기 기호를 이해하는 과정에서 보여지는 차이 역시 결정한다. 첫 번째 경우에서 **이해**라는 것은 어떤 특별한 내적 기호를 다른 내적 기호로 구성되는 통일체에 관련시키는 것을 의미하며, 그 내적 기호를 그것에 해당되는 심리적인 맥락 내에서 파악하는 것을 의미한다. 두 번째 경우에서의 이해라는 것은 주어진 기호를 기호에 알맞은 이데올로기 체계 내에서 파악하는 것을 의미한다. 사실 첫 번째의 경우도 경험의 순수한 이데올로기적 의미를 고려해야만 한다. 왜냐하면 어떤 사고가 갖는 순수한 인식적 의미를 이해하지 못하고서는 심리학자라 하더라도 자아의 심리에서 사고가 차지하는 위치를 이해하는 것은 불가능하기 때문이다. 만약 그가 사고의 인식적 의미를 무시해 버리면, 심리학자가 상대하는 것은 사고도 아니고 기호도 아닌 순수한 생리적인 과정이 된다. 인식의 심리학이 인식론과 논리학을 근거로 해야하는 이유도 여기에 있고, 일반적으로 심리학은 다른 방법이 아닌 이데올로기 과학에 기초해야만 하는 이유도 여기에 있다.

모든 외재하는 기호표현(예를 들어, 발화)은 두 가지 방향, 즉 주체로 향하는 방향과 주체와는 떨어진 이데올로기로 향하는 방향에서 형성될 수 있다는 점을 지적하고자 한다. 첫 번째의 경우에서 발화는 내적 기호를 그대로 외적 기호에 의해 표현하려고 한다. 이 발화의 수신자는 이 외적 기호를 내적 맥락에 관련시켜야 한다. 왜냐하면 순수하게 심리적인 이해를 필요로 하기 때문이다. 두 번째의 경우는 그와 반대로 받아들인 발화를 객관적 대상으로서 실재하는 순수한 이

데올로기 체계에 관련시켜 이해할 필요가 있다.16)

심리와 이데올로기 사이의 구별은 이같은 방법에서 가능하다.17)

7. 자기성찰의 문제

그러면 우리는 심리, 내적 기호를 어떻게 관찰하고 연구할 것인가. 그 순수한 형태에 있어서의 내적 기호, 즉 경험은 자기성찰〔內省〕에 의해서만 접근이 가능하다. 자기성찰이 객관적인 외부에서의 경험의 통일을 파괴해 버리는가? 심리와 자기성찰에 대해서 바른 이해를 갖는다면 이같은 현상은 일어나지 않는다.18)

왜냐하면 내적 기호는 자기성찰의 대상이고 역시 외적 기호로도 될 수 있기 때문이다. 내적 발화도 목소리로부터 나왔다고 할 수 있다. 스스로를 명확하게 하는 과정에서 자기성찰의 결과들도 반드시

---

16) 첫 번째 종류의 발화는 두 가지 특징을 지닐 수 있음을 언급해야 한다. 즉, 그들 발화는 경험('나는 기쁨을 느낀다')을 전달할 수도 있고, 경험을 직접('만세') 표현할 수도 있다. 또한 양자 사이의 중간형태도 있다('나는 정말로 행복해'—이것은 기쁨을 강하게 표현하는 억양을 갖는다). 이들 두 유형을 구별하는 것은 심리학자와 이데올로기학자 양자에 있어 매우 중요하다. 첫 번째의 경우, 경험을 표현하는 것이 없으므로 내적인 기호도 실현되지 않는다. 왜냐하면 표현되는 것은 자기성찰의 결과이기 때문이다(말하자면, 이 경우는 기호의 기호가 제시되어 있다). 두 번째의 경우, 내적 경험의 자기성찰은 표면으로 분출돼서 외적 관찰을 위한 대상이 된다(표면으로 분출되면서 약간 모양이 변한다 치더라도). 세 번째의 중간 경우는 자기성찰의 결과가 분출되는 내적 기호(제 1차 기호)에 의해 채색된다.
17) 이데올로기로서의 심리의 내용에 대한 우리의 관점을 설명한 것은 앞에서 인용한 『프로이트주의』에서 주어진다. '이데올로기로서의 심리의 내용'의 장(章) 참조.
18) 심리의 현실이 기호의 현실이 아니고 물체의 현실이라면 그러한 모순은 발생할 것이다.

외부에 표현되거나, 혹은 적어도 외부에의 표현이라는 단계에까지 접근해야만 한다. 그와 같은 기능을 지닌 자기성찰은 내적 기호로부터 외적 기호로의 방향을 취하면서 전개된다. 그때 자기성찰 자체도 표현적인 성격을 갖는다.

자기성찰(내성)은 자신의 내적 기호를 이해하는 것이다. 이 점에서 자기성찰은 물리적인 대상이나 물리적인 과정을 관찰하는 것과는 구분된다. 우리는 경험을 보거나 느낄 수는 없고 다만 그것을 이해할 수 있을 뿐이다. 이것은 우리가 자기성찰의 과정에서 우리의 경험을 이해된 다른 기호들로 구성된, 어떤 맥락 속에 집어넣는 것을 의미한다. 기호는 다른 기호의 도움을 얻어야만 비로소 이해된다.

자기성찰도 일종의 **이해**이다. 따라서 필연적으로 어떤 일정한 이데올로기적 방향을 취하면서 행동한다. 거기서 자기성찰은 심리학을 위해서도 행동할 수 있는데, 그럴 경우 자기성찰은 주어진 경험을 다른 내적 기호군(群)의 맥락 속에 두고 심리적 생활의 통일이라는 방향으로 이해하려고 한다.

이 경우 자기성찰은 심리학적인 기호의 인식체계의 도움으로 내적 기호를 조명하고, 경험을 그것에 관한 정확한 심리학적 설명에 이르게 하는 방향으로 명확히 규정하고 분절화하려고 한다. 이것은 예를 들면, 심리실험을 할 때, 피실험자에게서 찾으려 하는 것과 똑같은 일이다. 피실험자의 응답은 심리학적 설명, 혹은 그러한 종류의 대략적인 설명이라고 할 수 있다.

그러나 자기성찰은 (이러한 심리학을 위한 방향과는)* 다른 방향을 취할 수도 있다. 윤리적, 도덕적 자기객관화를 지향하는 경우가 그것이다. 여기서 내적 기호는 윤리적인 가치평가나 윤리적 기준의 체계

속에서 조직되어, 그것들의 관점에서 이해되고 설명된다.

이 외에도 다른 방향이 가능하다. 그러나 언제 어디서나 자기성찰은 내적 기호를 명확하게 하려 하며, 내적 기호를 기호에 의해 가능한 한 명료히 표현하려고 노력한다. 자기성찰의 대상이 완전히 **이해되었을 때**, 즉 그 대상도 단순히 자기성찰의 대상이 아니라 보통의 객관적이고 이데올로기적인(기호적인) 관찰의 대상으로 성립될 때, 비로소 자기성찰의 과정은 끝난다.

따라서 이데올로기적 이해로서의 자기성찰도 객관적 경험의 통일성 속에 포함되어 있는 것이다. 여기에 다음과 같은 점을 덧붙여야 한다. 개개의 구체적인 경우에서 내적 기호와 외적 기호 사이, 내부의 자기성찰과 외부로부터의 관찰 사이에 분명한 경계선을 긋는 것은 불가능하다는 사실이다. 왜냐하면 내적 기호가 이해되기 위해서는 후자로부터 기호적이고 경험적인 주석이 더해져야 하기 때문이다.

경험적인 주석은 언제나 나타난다. 기호를 이해한다는 것은 그것이 내적 기호든 외적 기호든 간에 **기호가 사용되는 상황** 내의 뒤얽힌 연결 속에서 발생한다. 그 상황은 자기성찰의 경우에도, 주어진 내적 기호에 주석을 가하고 내적 기호를 조명하는 외적 경험으로부터 나온 사실들의 총체로서 존재한다. 그러한 상황은 언제나 **사회적인 상황**이다. 그 자신의 영혼 내부에서의 지향성(자기성찰)도 사실 경험이 발생하는 주어진 사회상황 속에서의 지향성과 분리될 수 없다. 이와 같이 자기성찰을 심화시키려면 어떤 경우에도 사회적인 지향에로의 이해를 깊게 하는 것과 밀접하게 결합되어야만 가능하다. 사회적인 지향성을 완전히 무시해 버린다면, 기호의 본질을 무시할 때 일어나는 것과 마찬가지로 경험은 완전히 소멸해 버린다. 후에 상세히 다룰 예정이지만, **기호와 그 사회적인 상황은 분리하기 어렵게 결합되어 있다.** 기호와 사회적인 상황으로부터 분리되면 그 기호로서의 본질을 잃어버리게 된다.

8. 심리의 사회·이데올로기적인 본질

내적 기호의 문제는 언어철학의 가장 중요한 문제 중의 하나이다. 왜냐하면 내적 기호는 뛰어난 말이고, 내적 발화이기 때문이다. 내적 발화의 문제는 철학상의 문제이다. 그래서 모든 문제는 이 장(章)에서 다루어진다. 그것은 심리학과 이데올로기 과학의 문제들 사이의 경계 영역에 자리잡고 있다. 이 문제에 대한 근본적이고 방법론적인 해결은 기호의 철학인 언어철학의 기반에 서야만 비로소 가능하다. 내적 기호의 역할을 하는 말의 본질은 무엇인가? 내적 발화는 어떤 형태로 실현되는가? 어떻게 그것은 사회적인 상황과 관련되는가? 무엇이 외부의 발화에 관련되는가? 내적 발화를 포착하여 드러내는 방법은 어떠한 것인가? 이런 모든 질문들에 대한 대답은 충분히 다듬어진 언어철학에 의해서만 비로소 해결될 수 있을 것이다.

이런 질문 가운데 두 번째 문제―내적 발화가 실현되는 형태들의 문제―를 살펴보도록 하자.

외적인 언어형태를 분석하기 위하여 언어학이 만든 모든 범주들(어휘론적, 문법적, 음성학적 범주)은 내적 발화의 분석에 적용될 수 없음이 처음부터 명백해진다. 만일 적용되려면 이 범주들이 근본적이고 철저하게 바뀌어질 때에만 가능하다.

좀더 세밀히 분석해 보면 내적 발화를 구성하는 단위들은 어떤 **종합된 실재**임을 알 수 있으며, 그것들은 독백적 발화나 발화 전체와 다소의 유사점이 있다. 그러나 무엇보다도 그것들은 **대화의 교환**과 유사하다. 고대의 연구가들이 내적 발화를 **내적 대화**로 인식한 것도 바로 이러한 이유 때문이다. 이러한 내적 발화의 종합된 실재는 문법상의 요소로 분해할 수 없다(혹은 상당한 유보조건을 붙인 경우에만 분해할 수 있다). 이렇게 내적 발화의 종합된 실재 사이에는 대화의 교환의 경우에서와 같이 문법적인 관련은 없고 다른 종류의 관계가 지배하고 있다. 내적 발화의 이러한 단위들, 곧 이러한 발화의 전체 인상들[19]은 문법의 법칙이나 논리학의 법칙들에 의해 서로 결합되어 교환되는 것이 아니라, 사회적인 상황의 역사적 조건이나 실생활의 일상적인 과정 전체에 밀접히 관계되는 **가치평가적인**(정서적인) **대응의 법칙**이나 **대화의 전개** 등에 의해 서로 결합되어 교환된다.[20]

발화 전체의 형태들을 설명해야만, 특히 대화적 발화의 형태들을 설명해야만 비로소 내적 발화들의 형태들과 내적 발화의 흐름에 있어서 특수한 연쇄의 논리에 대해서도 조명할 수가 있는 것이다.

---

19) 이 용어는 Gompertz의 *Weltanschauungslehre*에서 따온 것이다. Otto Weininger가 처음 그 용어를 사용한 듯하다. 전체 인상이란 대상 전체의 아직 분화되지 않은 인상을 의미한다. 말하자면 뚜렷하게 알고 있는 대상을 앞서 나가고 그 대상의 기초가 되는 대상 전체의 방향이다. 예를 들면, 대상에 대해 인식하는 것을 우리는 때때로 '혀끝에서 맴돌고 있음'에도 불구하고 어떤 이름이나 말을 기억할 수 없다. 즉 우리는 이미 그 이름이나 말의 전체 인상을 지니고 있지만 그 인상은 구체적으로 분화된 이미지로 발전할 수 없다. Gompertz에 의하면, 전체 인상들은 커다란 인식론적 의의를 갖는다고 한다. 그것들은 대상 전체 형태들과 심리적 등가물이고 대상 전체에 통일성을 준다.
20) 내적 발화의 유형들—시각적, 청각적, 운동인 것—을 일반적으로 구별하는 것은 여기서 우리가 고려하려는 것과 무관하다. 개개의 유형 내에서 발화는 시각적이든, 청각적이든, 또는 운동적이든 전체 인상들에 의하여 전개된다.

우리가 이제까지 지적한 내적 발화에 관한 모든 문제들은 본서의 범위를 초월한 것이다. 이들 문제에 대한 유효한 취급은 현재로선 불가능하다. 그렇게 되기 위해서는 거대한 양의 예비적인 실제적 자료가 필요하고 언어철학의 보다 초보적이며 기본적인 문제들, 예를 들면 특히 발화의 문제가 해명되어야 한다.

9. 요약 및 결론

요컨대 우리는 심리와 이데올로기에 대한 상호관련의 문제는 양자를 포함하는 이데올로기 기호라는 유일한 영역에서 해결될 수 있다고 믿는다.

이런 해결에 의해서 심리주의와 반심리주의 사이의 모순도 역시 변증법적으로 해소할 수 있을 것이다.

반심리주의가 이데올로기를 심리내부로부터 끌어내려는 것을 거부한다고 하는 점은 옳은 것이다. 그러나 그것만으로는 불충분하다. 심리는 이데올로기로부터 끌어내어져야만 한다. 심리학은 이데올로기 과학에 입각하지 않으면 안 된다. 발화도 유기체 상호간에 교환되는 사회적 상호관계의 과정에서 생겨나 성숙하고, 그런 후에 유기체 내부에 이입되어 내적 발화가 되기 때문이다.

그렇지만 심리주의가 옳은 것도 있다. 내적 기호 없이는 외적 기호도 존재할 수 없기 때문이다. 내적 기호의 맥락 속에 들어갈 수 없는 외적 기호, 즉 이해될 수도 없고 경험될 수도 없는 외적 기호는 기호로 되지 못하고 물리적 대상의 지위로 되놀아가 버린다.

심리과정이 이데올로기의 충만에 의해 생기 있게 되는 것과 똑같이 이데올로기 기호도 심리과정에 의해 생기 있게 된다. 심리적 경험은 외적인 것으로 되는 내적인 어떤 것이고, 이데올로기 기호도 내적인 것으로 되는 외적인 어떤 것이다. 심리는 유기체 내에서의 그 고유한 영역을 뛰어넘는 것이다. 그것은 개인의 유기체 내부에 침투하는 사회적인 실재이다. 마찬가지로 이데올로기적인 모든 것도 사회·경제적인 영역에 있으면서도 역시 그 본래의 영역을 뛰어넘는다. 왜냐하면 유기체의 외부에 있으면서도 이데올로기 기호는 기호로서의 의미를 실현하기 위해 내부세계로 들어가지 않으면 안 되기 때문이다.

심리와 이데올로기 사이에는 이와 같이 끊임없는 변증법적인 상호작용의 관계가 있다. **심리는 이데올로기로 되려는 과정에서 스스로를 말살하거나 제거되고, 이데올로기는 심리로 되려는 과정에서 스스로를 말살한다.** 내적 기호가 이데올로기 기호로 되기 위해서는 심리적 맥락〔생리적·전기(傳記)적 맥락〕속에 매몰된 상태에서 끌어내어져야만 하고 주관적인 경험이 되는 것을 멈춰야 한다. 이데올로기 기호도 박물관에서나 받아주는 불가해한 유물이라는 명예지위로 전락하지 않고 살아 있는 기호로서 남아 있기 위해서는 내적인 주관적 기호들의 요인에 깊이 침잠해야 하고 주관적인 어조의 울림을 가져야만 한다.

내적 기호와 외적 기호―심리와 이데올로기―사이의 이러한 변증법적인 상호작용은 연구자들로부터 많은 관심을 끌고 있지만, 결코 정확한 이해나 적절한 표현을 부여받지 못했다.

최근 이러한 상호작용에 대한 아주 심오하고 흥미있는 분석이 철학자이자 사회학자인 짐멜(Georg Simmel)에 의해 제시되었다.

짐멜은 이러한 상호작용을 현대의 부르주아 고찰에 대한 전형적 형태, 즉 '문화의 비극' 혹은, 더 정확히 말해서 주체적인 인격이 산출하는 문화의 비극이라는 형태로 인식하고 있다. 짐멜에 의하면, 이러한 창조적인 인격은 스스로가 산출한 객관적인 작품 속으로 스스로의 주체성과 '개성'을 양도하고 스스로를 소멸시킨다고 한다. 객관적인 문화가치의 발생은 주체적인 영혼의 죽음을 필연적으로 수반한다.

우리는 이러한 문제 전체에 대한 짐멜의 분석의 세부에까지는 들어가지 않을 것이다(짐멜의 분석은 적지 않게 세밀하고 흥미 있는 통찰을 포함하고 있는 분석이다).[21] 그러나 우리는 짐멜의 개념에 대한 근본적인 결함만을 지적하고자 한다.

짐멜에 의하면, 심리와 이데올로기 사이에는 화해하기 어려운 단절이 있는 것으로 되어 있다. **짐멜은 심리와 이데올로기 양자의 공통적인 현실의 형태로 존재하는 기호를 인정하지 않는다.** 더구나 사회학자이면서도 그는 **심리의 현상뿐만 아니라 이데올로기 현상의 완전한 사회적 성격을 인식하는 데도 실패하고 있다.** 결국 전자와 후자는 완전히 동일한 사회·경제적 존재로 굴절되는 것이다. 그 결과, 심리와

---

[21] 이 문제를 취급한 짐멜의 두 연구논문은 러시아어로 번역되어 있다. 「문화의 비극(The Tragedy of Culture)」, *Logos*, II~III, 1911~1912와 「지식의 초보(Načatki Znanij)」(petrograd, 1923)라는 제목 아래 Svjatlovskij 교수의 서문을 붙여서 단행본으로 발행한 『현대문화의 갈등(*The Conflicts of Contemporary Culture*)』이 그것이다. 짐멜의 가장 최근의 저서 *Lebensanschauung*(1919)은 생의 철학의 관점에서 똑같은 문제를 취급하고 있다. 마찬가지 생각이 짐멜의 괴에테論의 중심사상(leitmotif)이 되고 있다. 니체나 쇼펜하우어에 관한 저서나 렘브란트나 미켈란젤로에 대한 연구논문에 대해서도 어느 정도 마찬가지라고 할 수 있다(미켈란젤로에 대한 러시아어 번역에 대해서는 *Logos*, I, 1911~1912, 참조). 심리와 문화의 외적 소산 속에서 심리를 창조적으로 객관화하는 것 사이의 이러한 갈등을 극복하기 위한 다양한 방법이 짐멜의 창조적인 개인 유형론의 기초를 이룬다.

존재간의 생생한 변증법적 모순이 짐멜에게는 타성적이며 고정된 이율배반, 곧 '비극'으로 간주된다. 그리고 이 피하기 어려운 이율배반을, 삶의 과정을 형이상학적으로 채색한 역학에 호소함으로써 해결하려는 헛된 노력을 한다.

수립된 그러한 모순들을 변증법적으로 해결하려면 유물론적 일원론에 기초하여야만 한다. 또 다른 기초는 이러한 모순을 무시하고 눈을 감거나 혹은 그것들을 희망 없는 이율배반, 곧 죽음의 종말로 변형시키는 것을 수반한다.[22]

그것이 아무리 사소한 것이라도 언어적인 매개에서, 혹은 각각의 발화에서 이런 생생한 변증법적 통합이 심리와 이데올로기 사이, 내적인 것과 외적인 것 사이에서 끊임없이 되풀이되어 일어난다. 각각의 언어행위에서 주관적인 경험은 발음된 말―발화―의 객관적 사실 속에 소멸되고, 발음된 말도 빠르거나 늦거나 간에 그 말에 대한 응답을 산출해 내기 위해서는 그것에 답하는 이해의 행위 속에 주관화된다. 우리도 알다시피 각각의 말은 방향을 달리하는 여러 가지 사회적인 액센트가 교차하고 서로 투쟁하는 작은 무대이다. 개인의 입에서 나오는 말조차도 사회적인 힘들의 생생한 상호작용의 결과이다.

이와 같이 심리와 이데올로기는 사회적 상호과정의 단일하고도 객관적인 과정 속에서 변증법적으로 상호 침투한다.

---

[22] 러시아의 철학문헌 속에서는 주관적 심리를 이데올로기 산물로 객관화하는 문제와 그러한 객관화로부터 발생하는 모순이나 갈등에 대해서는 Fedor steppun이 지금까지 취급해 왔고, 지금도 취급하고 있다. 그의 논문 *Logos*, Ⅱ―Ⅲ, 1911~1912와 Ⅱ―Ⅳ, 1913 참조. 또한 steppun은 비극적으로 심지어는 신비스럽게 이들 문제를 소개한다. 그는 객관적인 물질적 실재의 틀 속에서 그것들을 검토하지 못하고 있다. 그 문제는 그런 틀 속에서만 생산적이고 변증법적인 해결이 가능하다.

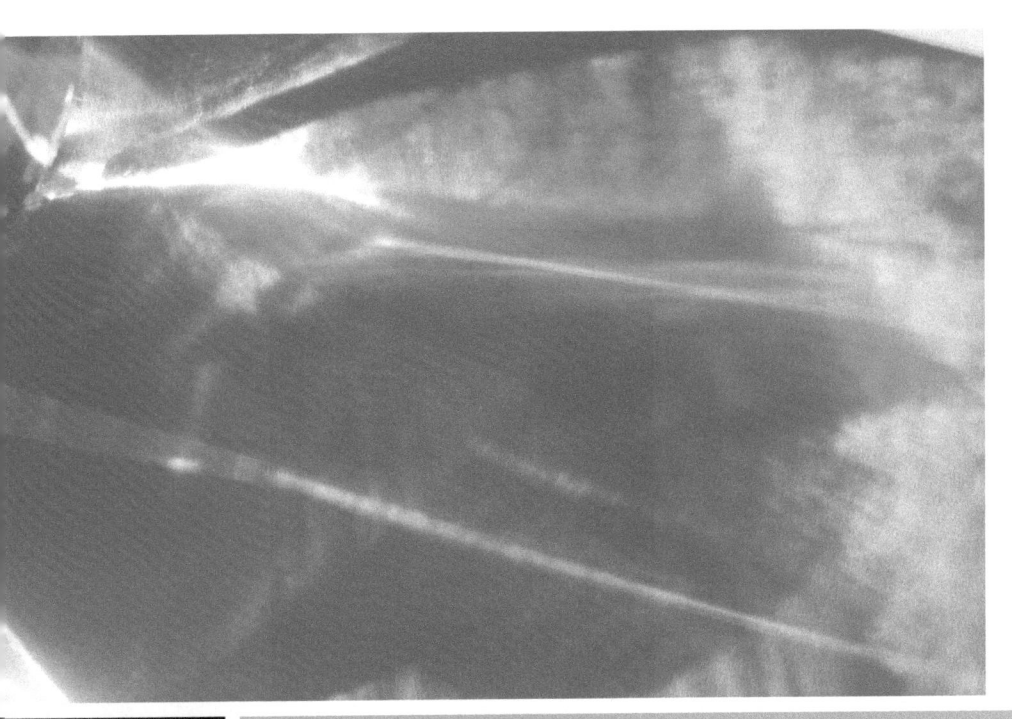

제 II 부 마르크스주의 언어철학을 위하여

제 1 장 언어철학 사상의 두 가지 경향

1. 언어의 실제적인 존재양식의 문제

언어철학의 대상은 무엇인가? 어디에서 우리는 그것을 찾아내야 하는가? 그것의 구체적인 물질적 존재는 어떤 형태를 취하는가? 어떤 방법 또는 방법들로서 우리는 언어의 존재양식을 파악할 수 있는가?

본서의 제 I 부—입문—에서 우리는 이러한 구체적인 문제들을 전혀 다루지 않았다. 우리는 다만 언어철학이나 말의 철학에 대해서 언급했다. 그러면 언어란 무엇이고 말이란 무엇인가?

물론 우리는 여기서 이들 개념에 대한 어떤 결론적인 정의를 내릴 의사는 없다. 그러한 정의(어떤 과학적인 정의가 결론적이라고 불리워질 수 있는 한)는 연구의 처음이 아닌 그 마지막에 주어질 수 있기 때문이다. 처음 연구를 시작할 때 필요한 것은 정의가 아니라 방법론적인 지침을 세우는 일이다. 이를 위해서는 무엇보다도 우선 실세직인 대상—연구대상—을 감지하는 것이 필수적이다. 또 대상을 주위 현실로부터 분리하여 미리 그 경계를 정하는 것도 필요하다. 연구를 시작할 때에는 그 도정에 이르는 정식과 정의를 내리는 지적인 능력보다는 오히려 대상의 객관적인 실재를 눈과 손으로 감지하려고 시도하는 것이 필요하다.

그러나 우리들의 경우에는 눈과 손이 곤란한 상황 아래 놓이게 된다. 왜냐하면, 우리가 연구하고자 하는 대상은 눈으로는 전혀 볼 수도 없고, 손으로는 전혀 만질 수도 없기 때문이다. 그 중에서 가장 유리한 상태에 있는 것이 귀라고 할 수 있다. 왜냐하면 귀는 말과 언어를 들을 수 있기 때문이다. 사실 언어학에 있어서 **피상적인 음성학적 경험론**의 유혹은 매우 강력한 것이다. 언어의 음성 측면에 대한 연구는 언어학에서 과도하게 큰 비중을 차지하고 있으며 종종 그 분야에 대한 중요성이 과장되었고, 대부분의 경우 이데올로기 기호로서의 언어가 갖는 실제적인 본질과는 관계없이 연구가 진행되고 있다.[1]

언어철학의 진정한 연구대상을 확인한다는 과제는 결코 쉬운 것은 아니다. 연구대상을 한정하고, 그것을 명확하게 검사할 수 있는 차원의 조밀한 복합체에까지 환원하려고 시도하면 할수록 우리는 연구대상의 본질 그 자체, 즉 기호적이고 이데올로기적인 본질을 잃어버리게 될 것이다. 만약 우리가 음성을 순수하게 **음향학적인 현상**으로 한정시킨다면 우리는 고유한 연구대상으로서의 언어를 갖지 못할 것이

---

[1] 이것은 주로 실험음성학에 관계되는데 언어음이 아니라 조음기관에 의해 발생되고 청각에 의해 지각된 음을 언어체계와 발화구성 속에서 해당음이 점하는 위치와는 전혀 관계없이 연구한다. 다른 음성학에서도 역시 꼼꼼하게 모은, 방대한 양의 실제적인 제재들을 이용하지만, 그것들이 언어에서 방법론적으로 결코 위치 지워지지는 않는다.

다. 왜냐하면 음성은 오로지 물리학이 다루어야 할 영역에 속해 있기 때문이다. 설사 우리가 그것에 **발성과 청취의 생리적인 과정**을 덧붙인다 해도 우리의 연구대상에 접근하지는 못하게 된다. 만약 우리가 화자와 청자의 **경험**(내적 기호들)을 이러한 것들에 결합시킨다면, 두 개의 상이한 정신물리학적인 개체 내부에서 일어나는 두 개의 정신물리학적인 과정과 물리적인 법칙에 의해서 통제되어 자연 속에서 일어나는 하나의 물리적인 음성 복합을 얻을 수 있다. 여기서도 연구의 고유한 대상으로서의 언어는 여전히 주어지고 있지 않다. 그러나 우리는 이미 현실의 세 가지 영역—물리적, 생리적, 심리적인 영역—을 망라해 왔고 꽤 정성들여 만든 다층적인 복합도 얻었다. 이러한 복합에서 빠진 것이 '영혼'이다. 이 복합의 구성 부분은 분리된 실재의 집합인데, 이러한 집합은 그 복합을 정확하게 언어현상으로 변형시키는 내적이고 광범위한 통제에 의해 통일성을 형성하도록 서로 결합되어 있지는 않다.

그러면 이미 정성들여 만든 복합에 무엇을 덧붙이면 좋겠는가? 우선 이 복합을 더 넓고 더욱 포괄적인 복합, 곧 사회적으로 조직된 상호과정의 단일한 영역에 포함시킬 필요가 있다. 연소의 과정을 관찰하기 위해서는 물체가 공기가 있는 장소에 놓여져야만 된다. 이와 마찬가지로, 언어현상을 관찰하기 위해서는 음성의 산출자와 청취자 및 음성 그 자체가 사회적인 분위기(의사소통) 속에 놓여질 필요가 있다. 결국 화자와 청자는 동일한 언어공동체—일정한 방침에 의해 조직된 사회—에 소속해야만 한다. 게다가 양자는 인접한 공통의 사회적 상황의 통일성에 의하여 둘러싸여져야만 한다. 그들은 인간 대 인간으로서의 고유한 기반 위에서 접촉해야만 되는 것이다. 고유한 기반을 공유하는 것만이 언어교환을 가능하게 한다. 공통의 기반이 될 수 있는 경우가 아무리 비개인적일지라도, 또 아무리 그 경우에 국한된다 할지라도 언어교환은 이 기반 위에서만 가능하다.

따라서, **사회적 환경의 통일성과 의사소통이 행해지는 인접한 사회적 사건의 통일성**은 앞에서 본 물리적, 생리적, 심리적인 복합이 언어나 발화에 관련되게 하는데 있어서 필수불가결한 절대적 조건이 되고, 마침내 그것은 언어활동의 사상(事象)이 될 수 있는 것이다. 두 개의 생물학적인 유기체가 순수한 자연환경 속에 있는 한, 어떠한 언어사상(言語事象)도 산출될 수 없을 것이다.

그러나 우리의 분석결과는 우리가 처음에 의도했던 것과는 달리, 연구대상을 단순화하는 대신에 그것을 이상하게 확대시켜 한층 복잡한 것으로 만들어 버렸다. 사실 이것은 복합을 포함하는 사회적으로 조직된 환경과 인접한 사회적인 의사소통적 상황 그 자체가 이미 대단히 복잡하기 때문이며, 극히 다양한 관계에 의하여 다면적으로 결합되어 있기 때문이다. 더구나 그것들의 관계는 언어사상(言語事象)을 이해하는 데 똑같이 중요한 것도 아니고 그 전부가 언어의 구성성분도 아니기 때문이다. 끝으로 이러한 다양한 현상과 다양한 관계, 다양한 과정과 다양한 가공물의 체계 전체는 하나의 공통분모에 수렴될 필요가 있다. 즉, 모든 선(線)들은 하나의 중심점인 언어과정이라는 초점으로 수렴되어야만 한다.

2. 언어철학 사상의 첫 번째 경향 : 개인주의적 주관주의

위에서 우리는 무엇이 언어의 문제인가를 설명했다. 그 문제 자체를 풀어 헤쳤고, 그 안에 내재되어 있는 난점들을 밝혔다. 그러면 이들 문제를 해결하기 위해 언어철학과 일반언어학에서 시도해 온 것은 무엇인가? 그리고 그 해결의 도정에서 우리가 스스로의 방향을 결정할 수 있도록 놓여져 있는 도표는 무엇인가?

언어철학과 일반언어학의 역사에 대한 상세한 개관이나 그것들의 현재의 상태에 대한 개관이 본서의 목적은 아니다. 그러므로, 우리는 여기서 단지 현대의 언어철학과 일반언어학의 중요한 동향에 대한 일반적인 분석에만 한정하고자 한다.[2]

언어철학과 일반언어학의 방법론적인 측면과 관련해서 우리의 문제, 즉 **고유한 연구대상으로서의 언어를 확인하고 한정하는 문제**를

---

[2] 현재까지 전문적으로 언어철학에 바쳐진 논문들은 없다. 기초적인 연구로 단지 고대의 언어철학의 주제, 예를 들면 슈타인달의 *Geschichte der Sparchwissenschaft bei den Griechen und Römern*(1890) 같은 것을 이용할 수 있다.
  유럽어의 역사에 대해서, 우리는 개개의 사상가나 언어학자(훔볼트, 분트, 마르티 등)에 대한 전공논문만을 가지고 있다. 우리는 적당한 곳에서 그들에 대해 언급할 것이다. 독자는 현재까지 유일하게 신뢰할 만한 카시러의 *Philosophie der Symbolischen Forem: Die Sprache*(1923)에서 언어철학의 역사와 언어학에 대한 개관을 발견할 것이다. 제Ⅰ장 "Das Sprachproblem in der Geschichte der philosophie" pp.55~121 참조.
  언어철학, 언어학의 현재의 상황에 관한, 짧지만 신뢰할 수 있는 러시아어에 의한 개설은 소르(R. Šor)의 논문 「현대 언어학의 위기(Krizis Sovremennoj lingvistiki)」, *jafetičeskij sbornik*, Ⅴ(1927), pp.32~71가 있고, 완전하지는 않지만, 언어학의 사회학적인 연구들에 대한 일반적인 조망에는 M. N. Peterson의 논문 「사회현상으로서의 언어(jazyk kak social'noe javicnic)」, *Učenye zapiski instituta jazyka i literatury*, (Moscow, 1927), pp.3~21가 있다. 언어학의 역사에 관한 것에 대해서는 여기서는 다루지 않고 있다.

해결하는 데 있어서 우리는 **두 가지 기본 경향**에 주목하고 있다. 이 문제에 대한 차이는 물론 언어연구에 관계된 다른 모든 문제들에 대한 이 두 경향 사이의 근본적인 차이를 의미한다.

첫 번째 경향은 언어연구에 있어서 **개인주의적 주관주의**라고 부를 수 있고, 두 번째 경향은 **추상적 객관주의**라고 부를 수 있다.[3]

첫 번째 경향은 개인의 발화 산출행위를(언어현상의 총체라는 의미에서의) 언어의 근본으로 간주한다. 특히 개인심리가 언어현상의 원천으로 간주된다. 이에 의하면 언어창조의 법칙들—언어현상은 계속 생성되고, 계속 창조되는 행위라고 간주될 때의 그 생성·창조의 법칙—은 곧 개인심리의 법칙들이다. 따라서 이런 법칙들은 언어학자나 언어철학자들이 연구해야 할 것으로 간주된다. 하나의 언어현상을 설명한다는 것은 의미 있는(종종 추론적일 수조차 있는) 개인의 창조적 행위로 환원되는 것을 의미한다. 언어학자가 하는 일은 단지 사실을 검증한다든지, 기술한다든지, 분류한다든지 하는 예비적인 성격을 지니는 것에 지나지 않는다. 그것은 개인의 창조적 행위라는 관점에서, 언어현상에 대한 진정한 설명을 하기 위한 기초를 준비하는 데 불과하고, 언어교육의 실용적인 목적에 도움을 줄 수 있을 뿐이다. 이러한 관점에서 보면, 언어란 다른 이데올로기적 현상 특히 예술—예술적 활동과 유사하다.

언어에 대한 첫 번째 경향의 기본적인 관점은 다음 4가지 기본원칙으로 요약된다.

1. 언어란 활동이다. 즉 개인의 발화행위 속에서 실현된 창조의

---

[3] 이런 종류의 용어에서 항상 발생하듯이, 어떤 용어도 완전히 두 가지 경향의 폭과 복잡함을 망라하지는 못한다. 앞으로 보게 되겠지만, 첫 번째 경향의 명칭은 특히 적절하지 않다. 그렇다고 더 좋은 명칭을 생각해 낼 수도 없다.

부단한 과정(energeia)이다.
2. 언어창조의 법칙은 개인심리의 법칙이다.
3. 언어 창조행위는 의미 있는 창조행위이다. 이 점은 창조적인 예술과 유사하다.
4. 이미 만들어진 작품(ergon)으로서의 언어, 고정된 체계(어휘, 문법, 음성학)로서의 언어는, 말하자면 언어창조의 퇴적층, 즉 응결된 용암과 같은 것이다. 그것은 언어를 이미 만들어진 도구로서 실용적으로 가르치려는 목적 아래 언어학이 추상적으로 재구성한 것에 지나지 않는다.

3. 첫 번째 경향의 대표자들

첫 번째 경향의 가장 중요한 대표자는 그 토대를 닦은 훔볼트(Wilhelm Von Humboldt)이다.[4]

훔볼트의 강력한 사상은 우리가 방금 성격을 규정한 경향의 범위를 훨씬 능가하는 영향력을 행사해 왔다. 훔볼트 이후의 언어학은 지금까지 모두 그의 강력한 영향 하에 있다 해도 과언이 아니다. 훔볼트의 사상 전체는 말할 필요도 없이 우리가 도출해 낸 위의 4가지 원칙의 테두리에 한정되지는 않는다. 그것은 위의 테두리보다 훨씬 넓고, 훨씬 복잡하고, 또 모순으로 가득 차 있다. 그래서 서로 판이하게 다른 경향들과 운동들이 훔볼트를 자기의 선배로 간주하고 있다.[5] 그

---

4) 첫 번째 경향에서 훔볼트의 스승으로서는 Hamann과 Herder가 있다.
5) 훔볼트는 자신의 논문 Ueber die Verschiedenheiten der menschlichen Sprachbaues, *Gesammelte Werke*, VI, (Berlin, 1841~1852)에서 언어철학에 대한 자신의 생각을 설명했다. 러시아에서는 오래 전인 1859년 P. Biljarskij에 의해 『인간언어의 조직

러나 훔볼트 사상의 본질은 첫 번째 경향의 모범이 되는 기본방향을 가장 강력하고 심오하게 표현한 것이라고 할 수 있다.

러시아 언어학에서 첫 번째 경향의 가장 중요한 대표자들은 포테브냐(A. A. Potebnja)와 그 추종자들이다.6)

훔볼트의 뒤를 이은 첫 번째 경향의 대표자들은 이미 훔볼트가 도달한 철학적인 통합과 그 깊이에는 이르지 못했다. 첫 번째 경향은 실증주의적이고 표면적인 경험론적 방식을 채택함으로써 결정적으로 왜소화 되었으며, 이미 슈타인달(Steinthal)의 경우에서는 훔볼트의 영역이 사라지고 있다. 그러나 그 대신 커다란 방법론적인 정확함과 체계화가 부각되었다. 슈타인달 역시 개인심리를 언어의 원천으로 보았고, 언어발전의 법칙을 심리학적인 법칙으로 생각했다.7)

속에서의 차이에 대하여(*O različi organizmov čelovečeskogo jazyka*)』라는 제목으로 번역되었다. 훔볼트에 관해서는 방대한 문헌이 있다. 우리는 러시아어로도 번역되어 있는 R. Haym의 *Wilhelm Von Humboldt*라는 책도 언급했고, 비교적 최근의 연구들 속에서 Edward Spranger의 *Wilhelm Von Humboldt*(Berlin, 1909)라는 책도 언급했다. 러시아 언어사상에서의 훔볼트와 그의 역할에 관한 러시아적인 논평은 B.M. Engel'gart의 *A. N. Veselovskij*(Petrograd, 1922)에서 찾을 수 있다. 최근에 G. Špett는 『언어의 내부 형식』(훔볼트의 주제에 의한 연습곡과 변주, *Vnutrennjaja forma slova (etjudy i variacii na temu Gumbol'dta)*)라는 표제의 매우 예리하고 흥미있는 책을 출판했다. 그 책 속에서 G. Špett는 전통적인 해석의 연속적인 축적 하에서 독창적이고 믿을 만한 훔볼트적인 방식을 부활시키려고 시도한다. 훔볼트에 대한 G. Špett의 매우 주관적인 개념은 다시 훔볼트가 얼마나 복잡하고 모순적인가를 드러낸다. 즉 그 '변주'는 실로 매우 자유롭게 되어버린다.

6) 포테브냐의 기본적인 철학상의 노작은 『사고와 언어*Mysl' i jazyk*』이다. 소위 Xar'kov 학파(Ovsjaniko-kulikovsij, Lezin, Xarciev, et al)라는 그의 추종자들은 부정기 논집 *Voprosy teorlii i psixologii tvorčestva*를 발행했는데, 여기서는 포테브냐 자신의 사후 발표된 작품들과 그의 제자들에 의한 포테브냐론도 포함되어 있다. 포테브냐의 기본적인 저작물 속에서도 훔볼트의 사상이 기술되어 있다.

7) 슈타인달의 개념 뒤에는 Herbart의 심리학이 있다. Herbart는 인간심리라는 건축물 전체를 결합에 의해 서로 밀착되어 있는 표상의 요소들로부터 구성하려고 시도한다.

첫 번째 경향의 기본원칙들은 분트(Wundt)와 그 추종자들의 경험론적 심리주의에 의해 철저하게 비소한 것으로 전락되었다.[8] 분트의 견해는 다음과 같이 요약될 수 있다. 그것은 바로 언어사상(言語事象)은 모두 예외없이 주의주의(主意主義)[9]를 기초로 하는 개인심리의 관점으로 설명할 수 있다는 주장이다. 사실 슈타인달이 그랬듯이 분트도 언어를 '민족심리(volkerpsychologie)' 혹은 '민속심리'의 한 사상(事象)으로 간주한 것이다.[10] 그러나 분트의 민족심리는 개인심리로 구성되어 있으며 분트에게는 완전한 실재성을 지니고 있는 것이 개인심리뿐이다.

최종분석에서 언어, 신화, 종교의 활동에 대한 분트의 설명은 모두 순수한 심리적 설명으로 귀착된다. 모든 기호의 속성이며 개인심리의 차원으로 환원될 수 없는 순수하게 사회학적인 규정은 그의 지식 밖에 있는 것이다.

최근에, 실증주의의 굴레에서 벗어난 언어철학의 첫 번째 경향은 보슬러(Vossler) 학파를 통해 다시 강력한 성장을 이루어 그 과제에 대한 개념에 폭넓은 전망을 갖게 되었다.

보슬러 학파(소위 'Idealistische Neuphilologie')는 의심할 바 없이 오늘날 언어철학 사상에 있어서 가장 강력한 운동 중의 하나이다. 그리고 이 학파의 지지자들이 언어학(로만스 언어학과 게르만 언어학)에 보인 적극적이고 특별한 기여는 지극히 커다란 것이었다. 이는 보슬러

---

[8] 여기서는 훔볼트와의 결합이 매우 약하게 된다.
[9] 주의주의는 심리학의 기초에 의지의 요소를 놓는다.
[10] 'ethnic psychology'라는 용어는 독일어 'Volkerpsychologie'의 문자 그대로의 역어를 대신해서 Špett가 제안한 것이나. 사실 본래의 용어는 완전히 불충분하다. Špett의 용어는 우리에게 매우 적절한 것 같다. Špett의 『민속심리학 입문(Vvedenie v ètni českuju psixologiju)』(Moscow, 1927) 참조.

외에 스피처(Leo Spitzer), 로르크(Lorck), 레르크(Lerch) 등 보슬러 추종자들의 이름만을 열거하는 것으로도 충분한 일이다. 이들 학자의 각각에 대해서 우리는 나중에 언급할 기회가 있을 것이다.

보슬러와 보슬러 학파의 일반 언어철학적 개념은 전적으로 우리가 첫 번째 경향에서 도출한 4가지 기본원칙으로 특징지워진다. 보슬러 학파의 특징은 **언어학상의 실증주의**를 근저에서부터 이론적으로 **거부**한다는 점이다. 그들은 언어형태(주로 가장 '실증적인' 종류로서의 음성형태)와 그것을 만들어 내는 심리적·생리적인 행위 이상의 것을 전혀 인정하지 않는 실증주의를 단호히 거부한다.[11] 이와 관련해서 이 학파가 내세운 것이 언어에 있어서의 **의미 있는 이데올로기적인 요인**이다. 언어창조의 기본동인(impetus)으로는 예술적 취향의 특별한 종류인 '언어취향'을 지적한다. 언어취향은 언어를 생성시키고, 언어학자가 주어진 어떤 언어현상을 진실로 이해하고 설명하기 위해서 모든 언어현상 가운데에서 확인해야만 하는 언어학상의 진실이다. 보슬러는 다음과 같이 말한다.

> 과학적인 성격을 지닐 수 있는 언어의 역사만이, 사물들의 실제의 인과율적인 계열 전체를 검토, 조망할 수 있으며, 그 결과 미적인 계열에 도달할 수 있다. 그리고 그렇게 함으로써 언어사상, 언어진실, 언어취향, 언어감각 또는 훔볼트가 말한 언어의 내적 형식 등은 물리적·심리적·정치적·경제적 조건들이나 보통 문화적으로 총칭할 수 있는 조건들 속에서 명확해지고 이해될 수 있는 것이다.[12]

---

11) 언어학상의 실증주의에 대한 비판을 행하고 있는 것은 보슬러의 최초의 기본적인 논문인 *Positivismus und Idealismus in der Sprachwissenschaft*(Heidelberg, 1904)이다.
12) 「문법과 언어의 역사」, *Logos*, Ⅰ, 1910, p.170.

이와 같이 보슬러에 의하면, 언어현상에 결정적으로 영향을 끼치는 모든 요인들(물리적·정치적·경제적, 그리고 다른 요인들)은 언어학자에게 직접적인 관련이 없다는 것이고, 언어학자에게 중요한 것은 어떤 주어진 언어현상의 미(美)적 의미일 뿐이라는 것이다.

다음과 같은 것이 보슬러가 갖는 언어에 대한 순수한 미적 개념의 본질이다. 그 자신의 말을 빌리면, "언어사상(思想)이라는 것은 본질적으로 시(詩)적인 사상이다. 언어진실은 예술적인 진실이고, 의미 있는 아름다움이다."[13]

그러므로 보슬러가 언어의 기본적인 현상, 기본적인 실재를, 전승되어 와서 직접 이용할 수 있는 형태—음성형태·문법형태 및 기타 다른 형태—의 총체라는 의미에서 이미 만들어져 있는 체계로서의 언어가 아니라 **발화에 대한 개인적인 창조행위**(Sprache als Rede)로서의 언어로 보고 있는 점은 충분히 납득할 만하다. 여기서 다음과 같은 주장이 나온다. 즉 언어의 생성과정이라고 하는 관점에서 보면, 모든 언어행위의 중요한 특징은 주어진 언어의 다른 모든 발화 가운데서 공유되어 있고, 안정적이며 직접적으로 유용한 문법적인 형식들 속에 있는 것이 아니라, 이러한 추상적인 형식들을 문체상으로 구체화하고 의미를 변화시키는 것—이것은 어떤 주어진 발화를 개성화하고 독특하게 성격 규정한다— 속에 있다.

구체적인 발화에 있어서 이처럼 언어를 문체적으로 개성화하는 것만이 역사적이고 창조적인 생산성을 갖는다. 언어가 생성되고 후에 문법상의 형식들로 결정화되는 곳은 바로 여기이다. **문법의 사실로 되는 모든 것이 이전에는 문체의 사실**이었다. 이것이 **문법에 대해 문**

---

13) Ibid., p.167.

체가 선행한다는 보슬러의 생각이다.14) 보슬러 학파에 의해 공표된 언어학 연구의 대부분은 언어학(좁은 의미에서의)과 문체론의 경계영역에 위치해 있다. 보슬러 학파는 각각의 언어형태에서 의미있는 이데올로기적 원천을 찾으려는 방향으로 끊임없이 노력을 경주해 왔다.

이것이 보슬러와 그의 학파에 의해 개진된 언어철학의 기본적인 관점이다.15)

언어철학에 있어서 첫 번째 경향에 대한 현시대의 대표자들 가운데 하나인 이탈리아의 철학자이자 인문학자인 크로체(Benedetto Croce)는 언어철학과 문예학에 있어서 오늘날 유럽의 사상에 커다란 영향을 끼쳤다는 점에서 그의 이름이 언급되어야만 하겠다.

크로체의 생각은 여러 가지 면에서 보슬러의 그것에 가깝다. 그에게 있어서도 언어는 미적인 현상이다. 그의 개념에서 기본적인 중요한 용어는 **표현**이라고 할 수 있다. 모든 종류의 표현은 그 원천이 예술적이라고 한다. 그래서 뛰어난 표현의 학문인 언어학(언어도 표현

---

14) 우리는 나중에 이 생각에 대한 비판으로 돌아올 것이다.
15) *Positivismus und Idealismus* 이후에 간행된 보슬러의 언어철학상의 기본적인 연구논문들은 *Philosophie der Sprache*(1926)에 수록되어 있다. 이 책은 보슬러의 철학적이고 일반 언어학적인 관점에 대한 완전한 모습을 제공한다. 보슬러의 방법이 전형적으로 나타나 있는 언어학 연구논문 중의 하나로 우리는 그의 *Frankreich Kultur im Spiegel seiner Sprachentwicklung*(1913)을 인용할 수 있다. 보슬러의 완전한 저서목록(1920년 현재)은 *Idealistische Neuphilologie Festschrift für K. Vossler*(1922)에서 발견된다. 러시아어로 번역되어 있는 보슬러의 두 논문은 「문법과 언어의 역사(Grammatika i istorija jazyka)」, *Logos*, Ⅰ, (1910)와 「문학의 역사와 언어의 역사와의 관계(Otnošenie istorii jazykov k isorii literatury)」, *Logos*, Ⅰ—Ⅱ, (1912~1913)이다. 이 두 논문으로 보슬러 관점의 기본은 이해할 수 있다. 러시아의 언어학 관계의 문헌에서는 보슬러와 그의 추종자들의 견해는 완전히 검토되지 않았다. V. M. Žirmunskij의 현재의 독일문예학에 관한 논문(in Poètika, sb, Ⅲ, "Academia," 1927)에서 약간 다루고 있을 뿐이다. 앞에서 언급한 소르의 조망에서 보슬러 학파는 각주에서만 언급된다. 철학적이고 방법론적인 의의를 지닌 보슬러의 추종자들의 작품에 대해서는 각각 해당부분에서 언급할 예정이다.

으로 간주된다)은 미학과 동일한 것으로 된다는 것이다. 그리고 이러한 것은 크로체에게 있어서도 또한 언어표현이라는 개인적인 행위가 언어의 기본적인 현상임을 의미한다.16)

4. 언어철학 사상의 두 번째 경향 : 추상적 객관주의

이제 언어철학 사상의 두 번째 경향의 특성으로 넘어가도록 하자. 두 번째 경향에서 모든 언어현상들을 조직화하는 중심—이것은 모든 언어현상들을 어떤 특별한 언어과학의 고유한 대상이 되게 한다—은 첫 번째 경향과는 완전히 다른 요소, 즉 **언어의 음성적, 문법적, 어휘적인 형식들의 체계로서의 언어체계**로 옮아가게 된다.

첫 번째 경향에서 언어가 고정된다거나 자기 동일적인 것이 전혀 없는 언어행위의 영원한 흐름이라면, 두 번째 경향에서의 언어는 그 발화의 흐름 위에서 아치를 이루고 있는 고정된 무지개라고 할 수 있다.

개개의 창조행위, 개개의 발화는 색다르고 독특하다. 그러나 개개의 발화 속에는 주어진 언어공동체 내의 다른 여러 가지 발화요소들과 동일한 요소들이 존재한다. 그래서 주어진 언어의 통일성이 보증되고, 주어진 공동체 내의 모든 사람들에 의해 언어의 이해가 보장되는 것은 명확히 이런 요소들—모든 발화들에 **동일하고** 따라서 **규범적인** 음성적, 문법적, 어휘적 요소들—에 의해서이다.

---

16) 크로체의 『표현의 학문과 일반 언어학으로서의 미학(*Aesthetics as a science of Expression and General Linguistics*)』의 제Ⅰ부기 러시아어로 번역되었다(Moscow, 1920). 이 러시아어로 번역된 제Ⅰ부에서도 이미 크로체의 언어와 언어학에 관한 일반적인 견해는 서술되어 있다.

예를 들어 '무지개(rainbow)'라는 단어에서 음소 /b/와 같이 우리가 하나의 언어에서 어떤 음성을 취할 경우, 그때 개개 유기체의 생리적인 발성기관에 의해서 산출되는 이러한 음성은 각각의 화자마다 색다르고 독특하다. 'rainbow'에서의 /b/음은 그 단어를 발음하는 사람의 수만큼이나 많은 상이한 발음을 가지고 있는 것이다(비록 우리의 귀가 이런 차이점들에 영향받지 않거나 이런 차이점들을 구별할 수 없다 할지라도). 생리적인 음성(즉 개개의 생리적인 발성기관에 의해서 산출되는 음성)은 결국 인간의 지문처럼 독특하고 또 개개인의 피(과학은 아직까지 개개인의 피의 조성에 대하여 정식을 제공하지 못하고 있다)에 대한 화학적 조성만큼이나 독특하다. 그러나 문제는 언어학의 관점에서 /b/음을 발음할 때의 이러한 모든 색다른 특색들—우리는 개개인의 입술과 구개의 모양이 그 특색들을 결정짓는다는 가설을 세울 수 있다(이러한 모든 특색들을 구별하고 정확히 지적할 수 있다는 가정 하에)—이 얼마나 중요한가이다. 대답은 물론 그러한 것들이 전혀 중요하지 않다는 것이다. 중요한 것은 정확히 'rainbow'라는 단어가 발음되는 모든 경우에 있어서 그 음성(/b/)*의 **규범적인 동일성**이다. 바로 이 규범적인 동일성(사실상의 동일성이란 결국 존재하지 않는다)이 주어진 언어의 음성체계(언어생명의 어떤 시기)에 대한 통일성을 구성하고, 주어진 말이 언어공동체에 속해 있는 모든 사람들에 의해 이해되는 것을 보증한다. 이렇게 규범적으로 동일한 음소 /b/가 언어적인 사실이고 언어과학에서 고유한 연구대상이 된다.

언어의 다른 모든 요소들에 대해서도 이와 똑같이 말할 수 있다. 여기서(다른 요소들)도 역시, 우리는 똑같은 언어형식의 규범적인 동일성(예를 들면 통사론적인 정형)을 발견하게 되며, 개개의 언어행위 속에서 주어진 형식이 개인적이며 고유한(반복되지 않는)* 현상으로 실현되고 충만하게 되는 것을 발견하게 된다. 전자는 언어체계에 속하는 것이고 후자는 개개인의 발화과정에 속하는 하나의 사상(事象)인데, 그것은 생리적·개인심리적 요인 및 그 외의 정확히 확정할 수 없는 우연적(언어체계의 관점에서 보면) 요인들에 의해 조건지워진다.

위에서 성격규정한 의미에서의 언어체계가 개인적인 창조행위, 의도, 동기 등과는 완전히 독립되어 있음은 명확하다. 두 번째 경향의 관점에서 보면, 말하는 주체 편에 선 의미 있는 언어창조라는 것은 전연 문제가 되지 않는다.17) 언어는 개인이 그로서는 받아들일 수밖에 없는, 침범할 수 없는 명백한 규범으로서 개인 앞에 존재한다. 만약 개인이 언어형식을 논의할 여지가 전혀 없는 규범으로 인식하지 못한다면, 그것은 그에게 있어 하나의 언어형식으로 존재하는 것이 아니라 그 자신의 개인적이고 정신물리적인 기관이 표현할 수 있는, 자연이 부여한 하나의 가능성으로서만 존재할 따름이다. 개인은 전적으로 이미 만들어져 있는 자신의 언어공동체로부터 언어체계를 습득한다. 그 체계 내에 있는 모든 변화는 개인의식의 한계를 초월해서 행해진다. 음성을 분절화하는 개개인의 행위가 언어활동으로 될 수 있는 것은 그것이 (어떤 주어진 시기에 있어서) 고정되어 있고 (개인으로서는) 저항할 수 없는 언어체계에 순응하는 정도에 의해서만 결정되는 것이다.

그러면 언어체계의 내부에서 영향력을 행사하는 일련의 법칙들의 본질은 무엇인가?

---

17) 앞으로 보겠지만 합리수의를 근서토 하는 언어철학 사상이 두 번째 경향의 기초들과 인공적으로 만들어낸 합리적이고 보편적인 언어라는 생각은 양립할 수 있는 것이다.

이 법칙은 어떤 다른 법칙—이데올로기적이거나 예술적인 또는, 그 이외의 것—으로 환원될 수 없는 순수하게 **내재적이고 고유한** 본질을 가지고 있다. 주어진 시점에서의 언어형식들, 즉 **공시적인** 언어형식들은 서로 불가결한 상보적 처지에 놓여 있다. 그것에 의해서 언어는 언어상의 고유한 본질의 법칙들이 관통하는 정돈된 체계로 변형되는 것이다. **이데올로기의 체계성**—인식, 예술창조, 윤리학—**과는 구별되는 이와 같은 언어의 고유한 체계성이 개인의식을 설명하기 위한 동기가 될 수는 없다.** 개인은 이러한 체계를 전적으로 있는 그대로 받아들여야만 하고 또 그것에 동화되어야만 한다. 이 체계 내부에는 어떤 것이 더 좋다든지, 더 나쁘다든지, 아름답다든지, 추하다든지 하는 그런 따위를 평가할 만한 이데올로기적인 구별이 들어올 여지가 없다. 사실 거기에는 하나의 언어학적인 표준—(문법적으로)* 옳다든가, 옳지 않다든가 하는—만이 있을 뿐이다. 그 안에서 **언어학적으로 옳다**고 이해되는 것은 단지 **주어진 형태가 언어의 규범체계에 일치**하는 경우만을 의미할 뿐이다. 따라서 어떠한 언어취향이나 언어진실에 대해서 운운할 필요가 없는 것이다. 개인적인 관점에서 보면 언어적 체계성이란 자의적이다. 즉 자연적이거나 이데올로기적인(예를 들면, 예술적인) 이해력 혹은 동기를 완전히 결여하고 있다. 따라서 말의 음성 형태와 그 의미 사이에는 어떤 자연스러운 관계나 어떤 예술적인 조응(일치)*이 있을 수 없다.

형식들의 체계로서의 언어가 개인의 어떠한 창조적인 충동이나 창조적인 행위로부터 독립되어 있다고 한다면, 그것은 당연히 공동체가 만들어 낸 소산이 되는 것이다. 언어는 사회적인 실재이고, 따라서 모든 사회적인 제도와 마찬가지로 언어도 개개인의 구성원에게 규범으로서 존재한다.

그러나 어떤 주어진 시점, 즉 공시적으로는 불변의 단일성을 지니는 언어의 이러한 체계도 언어공동체의 역사적인 전개과정 속에서는 변화하고 발전한다. 결국 우리가 앞에서 확립한 음소의 규범적인 동일성은 주어진 언어의 다른 발전단계에서는 다르게 될 것이다. 간단히 말해서 언어는 그 자신의 역사를 갖는다. 그러면 이러한 역사가 두 번째 경향의 관점에서는 어떻게 이해되고 있는가?

언어철학 사상의 두 번째 경향의 가장 큰 특징은 **언어의 역사와 언어의 체계 사이**에 일종의 독특한 단절성을 가정한다는 것이다(즉 비역사적이고 공시적인 차원의 언어). 두 번째 경향을 그 기본적 원리의 관점에서 보면, 이러한 이원론적인 단절성은 극복하기가 매우 어렵다. 어떤 주어진 시기에서 언어형식들의 체계를 지배하는 논리와 이러한 형식들의 역사적인 변화와 논리(보다 정확히 말하면, '비논리') 사이에는 아무런 공통점도 있을 수 없다. 그 논리는 서로 다른 두 종류의 논리이다. 보다 정확히 말하면 우리가 단지 둘 중의 하나를 논리적인 것으로 인식한다면, 다른 하나는 비논리적인 것—용인된 논리를 완전히 위배하는 것—이 되어 버린다.

사실 언어체계를 구성하는 언어의 형식들은 수학적인 정식의 항(項)들이 존재하는 방식과 마찬가지로 서로가 서로에게 불가결하고 상보적이다. 수학의 정식에서 하나의 항의 변화가 새로운 정식을 만들어내듯 언어체계에서 한 부분의 변화는 새로운 체계를 만들어낸다. 주어진 정식의 항들 사이의 관계를 지배하는(공시적인)* 법칙과 상호관계는 주어진 정식 및 체계와 그것에 후속하는 다른 체계나 정식 사이의(통시적인)* 관계에까지는, 물론 확대되지도 않고 확대될 수도 없다.

 여기서 언어철학 사상의 두 번째 경향이 언어의 역사에 대해 갖는 태도를 적절하게 그려낼, 약간 조야한 비유를 원용해 볼 수 있다. 이항식을 풀기 위한 뉴우톤의 정식을 언어의 체계에 비유해 보도록 하자. 이 정식 내에서는 일련의 엄격한 법칙이 지배하고 있고, 그 법칙 아래 있는 정식의 각 항에는 고정된 기능이 적용되고 있으며 또 주어지고 있다. 이제 이 정식을 사용한 어떤 학생이 그것을 잘못 해석했다(예를 들면, 지수나 '+' '-' 부호를 혼동했다)고 가정해 보자. 이런 식으로 해서 그 자신만의 내적인 법칙을 갖는 새로운 정식 하나가 얻어진다(물론 새로운 정식은 이항식을 푸는 데 부적당하다. 그러나 이 비유에서 이 점은 문제되지 않는다). 첫 번째와 두 번째 정식들 사이에는 각 정식 내의 항들을 지배하는 것과 유사한 수학적인 관계란 없는 것이다.

 언어에 있어서도 사정은 마찬가지이다. (어떤 주어진 시점의) 언어 체계 내에서 두 개의 언어형식을 서로 연결하는 체계적인(공시적인)* 관계들은 그 언어의 역사적인 전개에 있어서 그 후속하는 단계에 있는, 변형된 측면을 지니고 있는 이러한 형식들 중의 하나를 연결하는 (통시적인)* 관계들과는 아무런 공통점도 없다. 독일인은 16세기까지는 'to be'라는 말의 과거시제를 ich was; wir waren으로 만들어 썼다. 오늘날 독일인은 ich war; wir waren을 사용한다. 결국 'ich was'가 'ich war'로 변한 것이다. 'ich was'와 'wir waren'의 형식 사이에, 그리고 'ich war'와 'wir waren'의 형식 사이에는 체계적인 언어학상의 연계와 상보 관계가 존재한다. 정확하게 그것들은 동일한 동사변화의 일인칭 단수와 복수로서 서로를 연결하고 보충한다. 'ich was'와 'ich war' 사이, 그리고 (현대의) 'ich war'와 (15, 6세기의) 'wir waren' 사이에는 위의 체계 내의 관계와 아무런 공통점이 없는, 별개의 완전히 분리된 관계가 존재한다. 'ich war'라는 형식은 'wir waren'으로부터 유추되어 나온 것이다. 'wir waren'의 영향 하에서 사람들(서로 떨어져 있는 개인들)이 'ich was' 대신에 'ich war'를 산출해내기 시작했다.[18] 이 현상은 널리 퍼지게 되었고, 그 결과 개인적인 실수가 언어규범으로 변한 것이다. 그러므로 다음의 두 계열 사이에는 심오하고도 근본적인 차이점이 존재한다.

   Ⅰ. ich was─wir waren(15세기의 공시적인 횡단면이라고 하자) 혹은
       ich war─wir waren(19세기의 공시적인 횡단면이라고 하자) 그리고
   Ⅱ. ich was─ich war
       └─────┘
        wir waren(유추를 촉진하는 요인으로서)

첫 번째─공시적인─계열은 상호불가결하고 상보적인 요소로 이루어진, 체계적인 언어학적 관련성이 지배한다. 이 계열은 침범할 수 없는 언어규범으로서 개인의 능력이라는 것은 별 문제가 되지 않는다. 두 번째─역사적인 또는 통시적인─계열은 그 자신의 일련의 특유한 원칙─엄밀히 말하면, 유추에 의한 착오같은 것─이 지배한다.

언어역사의 논리─개인적인 오용이나 일탈의('ich was'를 'ich war'로 이행시키는) 논리─는 개인의식의 범위를 넘어 작용한다. 그 이행은 비의도적이고 무의식적인 것인데, 그럴 경우에만 그러한 발생이 가능하다. 어떤 시대에 처하든간에 단지 하나의 언어규범만이 존재할 수

---

18) 영어의 'I was'와 비교해 보라.

있다. 'ich was'라든가 'ich war'라든가처럼. 규범이 공존할 수 있는 경우는 그것이 일탈하는 경우뿐이다. 모순되는 규범은 서로 공존할 수 없는 것이다(이러한 이유로 언어에는 '비극'이 있을 수 없다). 만약 일탈 자체가 느껴지지 못하고 따라서 정정되지 않는다면, 게다가 이러한 독특한 일탈이 널리 보급된 하나의 사실이 될 만한 기반이 있다면—우리가 들고 있는 예에서의 유추는 그와 같은 기반으로서의 자격을 갖추고 있다—그런 일탈은 그 다음의 언어규범으로 될 것이다.

이렇게 해서 형식들의 체계로서의 언어의 논리와 그 역사적 전개의 논리 사이에는 아무런 공통점이나 관련도 없음이 드러난다. 이 두 개의 영역의 각각은 완전히 다른 원칙과 요소들이 지배하고 있다. 공시적인 차원에서 언어에 의미와 통일성을 부여하는 것이 통시적 차원에서는 유린되고 무시된다. **언어의 현재상태와 언어의 역사는 서로 이해되지도 않고 이해될 수도 없다.**

이 점에서 우리는 언어철학에 대한 첫 번째와 두 번째 경향 사이의 기본적인 차이점에 이르게 된다. 사실 첫 번째 경향에 있어서 언어의 본질 그 자체는 정확히 언어의 역사 속에서 드러난다. 여기서의 언어의 논리는 규범적으로 동일한 형식을 반복하는 문제가 아니라 문체상으로 반복할 수 없는 발화에 의해 그 형식을 끊임없이 혁신하고 개인화하는 문제이다. **사실 언어의 현실은 언어의 생성과정이다.** 이 경우에 어떤 주어진 시기에서 언어의 존재양식과 그 역사 사이에는 완전한 상호이해가 성립한다. 똑같은 이데올로기적인 동기가 전자와 후자를 지배하고 있다. 보슬러의 용어로 말하면, **언어취향이 어떤 주어진 시점에서의 언어의 통일성을 만들어낸다. 그리고 언어에 대한 역사적 발전의 통일성을 만들어 내고 보증하는 것도 똑같이 언어취향**

이다라는 것이 된다. 하나의 역사적인 형식으로부터 다른 형식으로의 이행은 기본적으로 개인의식 내에서 발생한다. 왜냐하면, 주지하다시피 보슬러에게 있어서 개개의 문법적 형식은 본래 문체상의 자유로운 형식이었기 때문이다.

첫 번째와 두 번째 경향 사이의 차이는 다음의 대조에서 더 확실히 드러난다. 언어에 대한 부동의 체계(ergon)를 구성하는 자기동일적인 형식들은 그것이 언어의 실제적인 과정, 즉 반복할 수 없는 개인적인 창조행위를 통해서 수행되는 언어의 진정한 본질의 퇴적층일 때만 첫 번째 경향을 대표한다. 한편 두 번째 경향에서는 정확히 이러한 자기동일적인 형식들의 체계야말로 언어의 본질이 된다. 언어형식들에 대해서 개인의 창조적인 굴절과 변화가 언어 생활의 부스러기, 보다 정확히 말하면 언어의 기념비적인 불변성의 부스러기일 때만, 그리고 언어형식들의 근본적이고 고정된 기조(基調)에 수반되는 외부의 배음(倍音)일 때만 두 번째 경향이 가능하다.

전체적으로 두 번째 경향의 관점은 다음의 몇 가지 원칙으로 요약된다.

1. **언어는 개인의식에 앞서 존재하고 개인의식으로 논의할 여지가 없는 규범적으로 동일한 언어형식들의 안정된 불변의 체계이다.**
2. **언어의 법칙들은 주어진, 폐쇄된 언어체계 내부에서 언어기호들 사이를 연계하는 특유한 언어학적 법칙들이다.** 이러한 법칙들은 모든 주관적인 의식에 대해서 객관적으로 존재한다.
3. **고유한 언어학적 관련은 이데올로기적인 가치들(예술적인, 인식적인, 또는 그 외의 다른 가치)과는 아무런 공통점을 갖지**

않는다. 언어현상은 이데올로기적인 동기에 기초하지 않는다. 언어와 그 의미 사이에는 의식에 조응하는 종류의 관계도 없고, 예술적인 종류의 관계도 없다.

4. **언어체계의 관점에서 보면, 개인적인 언어행위는 단지 우연적인 굴절과 변화이거나 규범적으로 동일한 형식들의 단순한 왜곡이다.** 그러나 이들 개인적인 담론행위는 언어형식들의 역사적인 변화 가능성—이것은 언어체계의 관점에서 보면, 본질적으로 비합리적이고 의미없는 것이지만—을 설명한다. **언어체계와 언어의 역사 사이에는 아무런 관계도 없고, 공통의 동기도 없다. 그들은 서로 조화되지 않는다.**

독자는 언어철학 사상에 대한 두 번째 경향의 성격을 정식화한 4가지 기본원칙이 첫 번째 경향의 4가지 기본원칙과 조응하는 안티테제를 표시하고 있음을 알아차릴 것이다.

5. 두 번째 경향의 역사적인 원천

두 번째 경향의 역사적 발전과정을 소급해가는 것은 (첫 번째 경향에 비하여)* 훨씬 더 어려운 일이다. 이 경우 훔볼트에 필적할 만한 대표적인 창시자가 근대의 초기에는 보이지 않는다. 이 경향의 원천은 17세기와 18세기의 합리주의에서 찾아야 한다. 이 원천은 데카르트적인 사고방식의 기초에까지 소급된다.19)

---

19) 두 번째 경향이 데카르트적인 사고와 자율적이고 합리적이며 고정된 형식을 숭배하는 신고전주의의 일반적인 세계관과 내적 관련이 있다는 것은 의심할 여지가 없다. 데카르트 자신에게는 언어철학에 관한 저작이 없지만, 편지들 속에 그의 특징적인 발언이 있다. 카시러의 *philosophie der symbolischen Formen*, pp.67~68. 참

두 번째 경향에서 그 최초이자 지극히 명확한 표현을 취한 것은 라이프니쯔의 보편문법의 개념으로부터 나왔다.

언어가 갖는 관례존중 및 자의성에 대한 생각은 합리주의 전체에 있어서 전형적인 개념이다. 또한 **언어와 수학적인 기호체계간의 비교**도 그것에 못지 않게 중요한 전형적인 개념이다. 수학적인 정신을 갖고 있는 합리주의자들에게 있어서 그 관심의 대상은 기호와 기호가 반영하고 있는 실제 현실과의 관계, 혹은 기호와 기호를 산출하는 주체와의 관계라기보다는 기호가 이미 용인되어 그 권위가 인정된 **폐쇄체계 내에서의 기호와 기호가 갖는 관계**에 대한 것이었다. 다시 말해서 그들의 관심은 **오직 기호체계 자체의 내적 논리**에 대한 것이었으며, 그러한 내적 논리는 마치 대수학에서처럼 기호에 그 내용을 부여하는 의미와는 전혀 무관하게 취급되었다. 합리주의자들은 이해자(수신자)*의 관점은 고려하려 하지만, 그 자신의 내적 생활을 표현하는 말하는 주체(발신자)*의 관점은 조금도 고려하지 않으려고 한다. 왜냐하면 수학적인 기호는 개인심리의 표현으로서 해석하기가 매우 까다롭기 때문이다. 게다가 합리주의자들은 수학적인 기호야말로 언어기호를 포함한 모든 기호의 이상이라고 여겼다. 이러한 점에서 보면 보편 문법에 대한 라이프니쯔의 생각이 생생하게 드러난다.[20]

여기서 말하는 주체의 관점에 대한 이해자 관점의 선행이 두 번째 경향이 갖는 불변의 특징임이 지적되어야 한다. 이러한 특징 때문에 두 번째 경향을 기초로 하는 한은 표현의 문제에도 접근하지 못할 뿐만 아니라, (첫 번째 경향에서 기본적인 문제의 하나인) 주관적 심리

조.
20) 독자는 카시러의 저서 *Leibniz' System in seinen wissenschaftlichen Grundlagen*, (Marburg, 1902)을 참조함으로써 여기에 적합한 Leibeiz의 관점을 알 수 있다.

와 사상을 언어에 의해 표현하는 문제에도 접근할 수 없게 된다.

기본적으로 합리적인 속성을 갖는 기호체계로서의 관례적이고 자의적인 언어에 대한 관념은 보다 단순화된 형태로 18세기 계몽기의 대표자들에 의해서 제창되었다.

프랑스라는 풍토에서 생겨난 추상적 객관주의의 관념은 여전히 프랑스에서 광범위하게 지배적인 영향력을 행사하고 있다.21) 이제 발전의 중간단계는 건너 뛰고 두 번째 경향에 대한 그 현대적 특징으로 직접 넘어가도록 하자.

6. 추상적 객관주의의 대표자들

추상적 객관주의를 현재 가장 선명하게 표현하고 있는 것은 소쉬르로 대표되는 소위 제네바(Geneva)학파이다.22) 이 학파의 대표자들, 특히 발리(Charles Bally)는 오늘날 가장 탁월한 언어학자 중의 하나이다. 두 번째 경향의 관념은 모두 소쉬르에 의해서 매우 명석하고 정확하게 부여되어 왔다. 언어학의 기본개념에 대한 그의 공식은 그런 종류에 있어서 이미 고전적이라고 간주해도 좋을만한 것이다. 더욱이

---

21) 두 번째 경향과는 대조적으로 첫 번째 경향은 묘하게도 주로 독일이라는 풍토 위에서 발전해 왔고 계속 발전하고 있다.
22) 제네바학파의 정신에 입각해서 쓰여진 것으로는 소르의 『언어와 사회(*Jazyk i obščestvo*)』, (Moscow, 1926)가 있다. 그녀는 이미 언급한 자신의 논문 "Krizis sovremennoj lingvistiki"에서 소쉬르의 기본적인 생각에 대한 열렬한 옹호자로서의 역할을 다하고 있다. 언어학자 V. V. Vinogradov도 제네바학파의 추종자로서 간주될 수 있다. 러시아의 두 가지 언어학상의 학파—Fortunatov 학파와 소위 Kazan 학파(Kruševskij and Baudouin de Courtenay)—는 언어학상의 형식주의를 선명하게 표현하고 있는 학파이므로 우리가 언어철학 사상의 두 번째 경향으로써 그려낸 틀 내에 완전히 적합하다.

소쉬르는 모든 추상적 객관주의의 기본노선에 탁월할 만큼 선명하고 엄밀한 정의를 제공하면서 대담하게 자신의 생각을 결론짓는다.

보슬러 학파와는 달리 소쉬르학파는 러시아에서 대단한 인기와 영향력이 있다. 언어학에 있어서 러시아 사상가의 대부분은 소쉬르와 그의 제자들인 발리와 세쥬에(Sèchehaye)로부터 결정적인 영향을 받았다고 할 수 있다. 그러므로 우리는 두 번째 경향 전체에 대한, 그리고 특히 러시아 언어사상에 미친 소쉬르의 관점에 대한 기본적인 중요성을 고려하여 약간 상세하게 그의 견해를 고찰할 것이다. 그렇지만 다른 곳에서와 마찬가지로 우리는 단지 언어철학의 기본적인 입장만으로 우리의 논의를 한정할 것이다.[23]

소쉬르는 언어를 세 가지 양상으로 구별하면서 출발한다. 즉 **언어활동(langage), 형식들의 체계로서의 언어(langue), 개인의 언어행위—발화(parole)**이다. 여기에서 언어(langue의 의미 : 형태들의 체계)와 발화(parole)는 언어활동(langage)의 성분들이고, 후자는 언어행위를 실현하는 데 포함되는 모든 현상—물리적, 생리적, 심리적인—의 총체를 의미하는 것으로 이해된다.

그렇다면 소쉬르에 있어서 언어활동(랑가쥐)과 언어(랑그)의 차이는 무엇인가? 그에 의하면 언어활동(랑가쥐)은 언어학의 연구대상이 될 수 없다는 것이다. 왜냐하면 그것은 본래 자립적인 실재로서의 내적인 통일성과 타당성을 결여하기 때문이라고 한다. 그것은 이질적인

---

[23] 소쉬르의 기본적인 이론적 저작들은 *Cours de linguistique générale*(1916)으로 그의 사후 제자들에 의해 출판되었다. 우리는 1922년도의 제 2판을 인용할 것이다. 소쉬르의 책이 매우 커다란 영향을 끼쳤음에도 불구하고 아직까지 러시아어로 번역되지 않은 것은 놀랄 만하나. 소쉬르의 견해에 대한 간략한 요약은 위에서 인용한 소르의 논문과 Peterson의 논문「일반 언어학(Obščaja lingvistika)」, *Pečat' i Revoljucija*, 6, 1923. 참조.

혼합물이며, 그 모순되는 구성을 분석하기란 아주 어렵다고 보는 것이다. 따라서 언어사상(事象)의 정확한 정의는 언어활동을 근거로 해서는 불가능하게 된다. 그래서 언어활동은 언어학적 분석의 출발점이 될 수 없다는 것이다.

그러면, 소쉬르가 제안하는 언어학의 고유한 대상을 확인하기 위한 올바른 방법론적인 절차는 어떤 것일까? 아래의 그 자신의 말이 이에 대한 해답을 주고 있다.

> 우리의 생각으로는 이들 모든 어려움〔즉 언어활동(랑가쥐)을 분석의 출발점으로 택했기 때문에 수반되었던 어려움—볼로쉬노프〕을 해결하는 데는 단지 하나의 길밖에 없다. 곧 **우리는 무엇보다도 먼저 언어(랑그)의 기반 위에 서야만 하고, 언어(랑그)를 언어활동(랑가쥐)의 다른 모든 현상의 규범으로서 받아들여야만 한다.** 사실, 그렇게 많은 이중성 속에서 언어(랑그)만이 자율적인 정의를 내릴 수 있고, 또 그것만이 그런 생각에 만족스런 작용의 기초를 제공할 수 있다.[24]

그러면 소쉬르는 언어활동(랑가쥐)과 언어(랑그)의 기본적인 차이를 어디에서 찾는가?

> 전체로서 받아들이면, 언어활동(랑가쥐)은 다양하고 변칙적이다. 그것은 몇 개의 영역에 서로 걸쳐 있어서 물리적인 현상이고 동시에 생리적, 심리적인 현상이기도 하다. 그렇기 때문에 언어활동(랑가쥐)은 개인의 영역과 사회의 영역 모두에 속한다. 언어의 통일성을 어떻게 유도해낼지를 모르기 때문에 그것은 문화현상의 어떤 범주 하에서도 분류될 수 없다.

---

24) Saussure, *cours de linguistique* p.24.

그와 반대로 언어(랑그)는 그 자체로 하나의 전체를 이루고 있고, 하나의 분류의 원리이다. 일단 우리가 언어활동(랑가쥐)의 사상(事象)들 가운데 언어(랑그)를 첫 번째의 위치에 놓으면, 다른 분류를 거부하는 잡다한 혼합 속에 자연스런 질서를 도입할 수가 있다.25)

그러므로 소쉬르의 논점은 규범적으로 동일한 형식들의 체계인 언어(랑그)가 출발점으로 택해져야만 한다는 것이고, 언어활동(랑가쥐)의 모든 현상은 이러한 확고하고 자율적인 형식들의 각도에서 조명되어야만 한다는 것이다.

언어(랑그)를 언어활동(언어활동은 언어능력의 모든 현상들의 총계를 의미한다. 즉 langage이다)으로부터 구별한 후에 소쉬르는 언어를 개인의 언어행위인 발화(빠롤)와 구별하는 데로 나아간다.

> 언어(랑그)와 발화(빠롤)를 구별함으로써, 동시에 (1) 개인적인 것으로부터 사회적인 것 (2) 부수적인 것 혹은 다소 우연적인 것으로부터 본질적인 것을 구별한다.
> 언어(랑그)는 말하는 주체의 기능이 아니다. 그것은 개인이 수동적으로 받아들이는 이미 만들어진 산물이다. 언어는 미리 계획될 수 없고, 주관적인 반성은 구별과 분류의 단계에 이르러서 비로소 개입하는 것이다(이것에 대해서는 후술). 그와 반대로 발화(빠롤)는 의지와 지력의 개인적인 행위이다. 그 속에서 우리는 (1) 말하는 주체가 자신의 개인적인 생각을 표현하기 위한 언어약호를 사용할 때의 결합과 (2) 그러한 결합들을 소리로 발성하게 하는 것을 가능케 하는 정신물리적인 메커니즘을 구별해야만 한다.26)

소쉬르의 생각에 의하면 언어학은 그 연구대상으로서 발화(빠롤)를

---

25) Ibid., p.25.
26) Ibid., p.30.

가질 수 없다는 것이다.27) 발화 내에서 언어의 요소를 구성하는 것은 발화 내에 나타나는 규범적으로 동일한 언어형식들이다. 그 밖의 다른 모든 것은 '부수적이고 우연적'인 것이다.

소쉬르의 주요한 논제를 강조해 보자. **사회적인 것이 개인적인 것에 대립하고 있는 것과 마찬가지로 언어(랑그)*는 발화(빠롤)*에 대립하고 있다.** 그러므로 발화는 전적으로 개인적인 실재로 간주된다. 우리가 나중에 살펴보겠지만, 소쉬르의 관점을 포함한 모든 추상적 객관주의는 이 점에서 **근본적인 오해**(proton pseudos)를 하고 있다.

개인의 언어행위인 발화(빠롤)는 언어학의 대상으로부터는 완전히 제외되지만, 언어의 역사에는 본질적인 요인으로서 재검토되어야 한다.28) 두 번째 경향의 정신에 따라서 소쉬르는 언어의 역사를 공시적 체계로서의 언어에 날카롭게 대립시킨다. (언어의)* 역사는 개인성과 우연성을 지닌 '발화'에 의해서 지배된다. 따라서 언어의 역사를 지배하는 원칙은 언어의 체계보다 훨씬 다양하게 구성된 것들이다. 소쉬르는 다음과 같이 주장한다.

---

27) 확실히 Saussure도 고유한 발화언어학(linguistique de la parole)의 가능성을 인식하지만, 어떤 종류의 언어학이 되는가는 말하지 않고 있다. 이 점에 대해서는 그는 이렇게 말한다.
"동시에 도달 불가능한 두 길은 어떤 것을 선택해야만 한다. 결국 이 두 길은 별개로 도달하지 않으면 안 된다. 부득이한 경우에는 이 두 길의 어느 것에도 언어학이라는 이름을 주어 발화언어학으로 말해도 좋을 것이다. 그러나 이것과 언어(langue)만이 유일한 대상인 본래의 언어학을 혼동해서는 안 된다"(Ibid., p.39).
28) 소쉬르는 다음과 같이 말한다. '언어(랑그)에 있어서 통시적인 것은 모두 발화(빠롤)를 매개로 해서 통시적인 것으로 된다. 모든 변화의 싹이 보이는 것은 발화(빠롤)에서이다(Ibid., p.138). 원문은 다음과 같다. "Tout ce qui est diachronique dans la langue ne l'est que par la parole. C'est dans la parole que se trouve le germe de tout les changements."

이런 까닭에 공시적인 '현상'은 통시적인 것과 공통점을 가질 수 없다. …**공시언어학**은 상보적으로 함께 존재하는 항들을 묶고, 하나의 체계를 형성하는 논리적인 관계 및 심리적인 관계―이들 관계는 동일한 집단의식에 의해 인지된다―와 관련이 있을 것이다.

통시언어학은 이와 반대로 연속하는 항들을 함께 묶는 계기적 관계들을 연구해야만 하는데, 그 관계들은 집단의식에 의해 인지되지 않으며 하나의 체계를 형성하는 일 없이 서로 대체된다.29)

(언어의)* 역사에 관한 소쉬르의 견해들은 합리주의의 정신에 비추어 볼 때 대단히 특징적이다. 합리주의의 정신은 언어철학 사상의 두 번째 경향을 계속 지배하고 있는데, 이것은 (언어의)* 역사를 언어체계의 논리적인 순수성을 왜곡하는 비합리적인 힘으로 보고 있다.

소쉬르와 소쉬르학파가 우리 시대의 추상적 객관주의의 유일한 정점은 아니다. 소쉬르학파와 나란히 선 또 하나의 학파, 즉 뒤르껭(Durkheim)의 사회학적인 학파가 있는데, 언어학 분야에서는 메이에(Meillet)같은 인물에 의해서 대표된다. 우리는 메이에의 관점이 지닌 특성에 대해 길게 논하지는 않을 것이다.30) 그들은 두 번째 경향의 기본원칙의 틀과 완전히 일치한다. 메이에의 경우도 역시 언어는 사회적인 현상이다. 그러나 다만 언어는 (언어)* 과정으로서의 사회적인 현상이 아니라 언어규범들의 확고한 체계로서의 사회적인 현상인 것이다. 메이에는 언어가 개인의식의 외부에 있다는 사실과 그와 같은 것으로서의 언어가 강제력을 가지고 있다는 점이야말로 언어의 근본적인 사회적 특징이라고 한다.

---

29) Ibid., p.129와 p.140
30) 메이에의 견해를 뒤르껭의 사회학상의 방법의 기초와 관련하여 서술하고 있는 것은 이미 언급한 M. N. Peterson, Jazyk kak social'noe javlenie가 있다. 아울러 그 논문에는 저서목록도 들어 있다.

7. 결론

이상이 언어철학에 대한 두 번째 경향인 추상적 객관주의가 주장하고 있는 견해이다.

말할 필요도 없이, 우리가 서술한 두 가지 경향들의 틀에 맞지 않는 무수한 학파와 운동—때때로 매우 의미 있는 것들도 있다—이 있다. 우리의 목적은 단지 주요한 맥을 추적하는 데 그쳤다. 언어철학사상의 다른 모든 현상은 검토된 경향들과 혼성적이거나 타협적인 성격을 갖든가, 또는 전반적으로 어떤 인식가능한 이론적인 방향결정을 결하고 있다.

19세기 후반의 언어학에서 중요한 현상인 신문법학파운동의 예를 들어보자. 신문법학파운동은 그 기본원칙들의 일부분에 있어서 생리학적 극단에까지 도달하려고 하는 첫 번째 경향과 관련이 있다. 그들에게 있어서 언어를 창조하는 개인은 본질적으로 심리적인 존재이다. 다른 한편 신문법학파는 정신생리학을 기초로 하여, 말하는 주체의 개인적 의지로서 기술할 수 있는 어떤 것으로부터 완전하게 독립한, 불변의 자연과학적인 언어법칙을 세우려고 시도했다. 여기서 신문법학파의 음성법칙(Lautgesetze)에 대한 개념이 나왔다.[31]

다른 모든 학문분야와 마찬가지로, 언어학에서도 책임있고 이론적

---

[31] 신문법학파의 기본적인 저서들은 다음과 같다.
Osthoff, *Das physiologische und psychologische Moment in der Sprachlichen Formenbildung* (Berlin, 1879)
Brugmann und Delbrück, *Grundriss der vergleichenden Grammatik der indogermanischen Sprachen*, 5 Volumes(Vol. Ⅰ, 1st edition, 1886).
신문법학파의 프로그램은 Osthoff와 Brugmann의 *Morphologische Untersuchungen*, Vol. Ⅰ (Leipzig, 1878)의 서문에 서술되어 있다.

인 사고, 따라서 철학적이라고 불러도 좋은 사고에 부과되는 의무와 노고를 피하기 위한 두 개의 기본적인 방책이 있다. 그 첫 번째 방법은 모든 이론상의 관점을 대강 받아들이는 것이고(아카데믹한 절충주의), 두 번째 방법은 이론적인 본질에 대한 단일한 관점을 받아들이지 않고 '사실'을 모든 종류의 지식에 대한 궁극적인 기반과 표준으로 선언하는 것이다(아카데믹한 실증주의).

철학을 피하기 위한 이런 두 가지 방책의 철학적 효과는 동일한 것이다. 왜냐하면 두 번째 경우에서도 역시 모든 가능한 이론적 관점이 '사실'이라는 의장을 걸치고 연구에 잠입하기 때문이다. 이 두 가지 방책 가운데 어떤 것을 선택할 것인가는 전적으로 연구자의 기질에 달려 있다. 절충주의자는 비교적 쾌활한 편이고, 실증주의자는 비교적 내밀한 편이다.

언어학에 있어서는 언어철학상의 일정한 방향을 선택·결정하는 노고에서 벗어날 수 있는 다양한 현상이 인정된다. 학파(여기서는 학문적·기술적인 훈련이라는 의미에서의 학파) 전체가 그러한 경우도 있다. 물론 이러한 현상에 대한 검토가 (본서의)* 당면한 문제에 대한 고찰에는 들어가지 않는다.

우리는 언어적인 상호작용과 의미의 문제에 대한 분석과 관련하여 여기서 언급되지 않은 약간의 언어학자와 언어철학자—예를 들면, 디트리히(Otto Deitrich)와 마르티(Anton Marty)—에 대해서는 나중에 별도로 언급할 기회를 가질 것이다.

이 장(章)의 서두에서 우리는 **고유한 연구대상으로서의 언어를 동일화하고 한정하는 문제**를 제시했었다. 우리는 앞에서, 선행한 언어철학 사상의 경향들이 문제를 해결하는 도정에서 놓여진 도표를 명확히 해보려고 노력했다. 그 결과 우리는 서로 대립하는 방향을 가리키는 두 가지 계통의 도표와 맞서게 되었던 것이다. 그것은 **개인주의적 주관주의의 테제와 추상적 객관주의의 안티테제이다.**

    그러면 언어현상의 진정한 중심은 무엇인가? 개개의 언어행위—발화—인가, 혹은 언어체계인가? 그리고 언어의 진정한 존재양식은 어떤 것인가? 끊임없는 창조적 생성인가, 혹은 자기동일적인 규범들의 부동의 불변성인가?

제 2 장 언어, 말 그리고 발화

1. 언어가 객관적 사실로 간주될 수 있는가?

앞 장에서 우리는 언어철학 사상의 두 가지 중심적인 경향에 대해서 가능한 한 객관적으로 기술하려고 노력했다. 이제 우리는 이 두 가지 경향에 대해서 철저한 비판적 분석을 가하려 한다. 그렇게 함으로써만 우리가 앞장 끝에서 제기한 문제들에 답할 수 있기 때문이다.

두 번째 경향, 곧 추상적 객관주의에 대한 비판적 분석부터 시도하기로 하자.

우선 자기동일적인 언어규범의 체계(즉, 두 번째 경향의 대표자들이 이해하는 언어체계)가 어느 정도까지 실재성을 지니고 있는가 하는 문제부터 생각해 보기로 하자.

물론, 추상적 객관주의의 어떠한 대표자들도 언어체계가 구체적인 질료로서의 실재성을 지니고 있다고 생각하시는 않는다. 시실 언어체계도 질료적인 것, 곧 기호로 표현되지만, 규범적으로 동일한 형식들의 체계로서의 언어체계는 오로지 사회적인 규범으로서만 실재할 수 있을 뿐이다.

추상적 객관주의의 대표자들이 끊임없이 강조하는 것은—이것은 그들의 기본원칙들 중의 하나이기도 하다—언어체계라는 것이 **모든** 개인의식으로부터 독립해 있고 그 의식의 외부에 존재하는 객관적인 사상(事象)이라고 하는 점이다. 그러나 실제로 언어체계가 자기 동일적인 불변의 규범체계라고 하는 것을 드러내는 곳은 오직 개인의식에 대해서이고 개인의식의 관점으로부터 보는 경우일 뿐이다.

사실 우리가 언어체계와 그에 대응하고 있는 주관적인 개인의식을 무시한다면, 규범체계는 그 의식에 대해 논의할 여지가 없게 된다. 또한 언어를 진정으로 객관적인 방법, 곧 언어 옆에서 바로 언어를 보는 방법, 보다 정확하게 말하면 언어 위에 서서(메타레벨의 시점)* 언어를 보면 우리는 자기동일적인 규범의 어떠한 부동의 체계도 발견하지 못할 것이며, 대신에 언어규범들의 끊임없는 생성과정을 목격하게 될 것이다.

진실로 객관적인 관점—언어를 어느 주어진 시기에 어느 주어진 개인에게 나타나는 방법으로부터 완전히 분리해서 바라보는—에서 살펴보면, 언어는 끊임없는 생성과정의 흐름이라는 모습으로 나타난다. 위의 방식과 같이 언어를 객관적으로 관찰하려는 관점에 있어서는 언어의 공시적 체계가 형성될 수 있는 역사상의 어떠한 시기도 실제로 존재하지 않는다.

따라서 **객관적인 관점에서 본다면, 공시적 체계는 역사적인 생성과정의 어떠한 현실의 시기와도 상응하지 않는다.** 사실 통시적인 견해를 가진 언어사가(史家)에게 공시적 체계라는 것은 실재하지 않는다.

공시적 체계는 시간상으로 각각의 시기에 발생하는 일탈들을 기록하는 단순히 통상적인 척도의 역할만을 하는 것이다.

그러므로 공시적 체계는 주어진 역사적 시기의 특정한 언어집단에 소속된 어떤 말하는 주체의 주관적 의식의 관점에서만 존재하는 것이라고 말할 수 있다. 객관적인 관점에서 볼 때, 그러한 체계는 역사상의 어떠한 시기에도 실제로는 존재하지 않는다. 예를 들어 시이저(Caesar)가 집필에 몰두하는 동안 라틴어가 그에게는 고정되고 자기동일적인 규범들의 명백한 체계로 보였을 것이지만, 라틴어의 사가(史家)들에게는 언어변화의 계속된 과정이 시이저가 집필하고 있던 바로 그 순간에도 진행되고 있었던 것이다(라틴어의 사가들이 그러한 변화를 구체적으로 지적할 수 있든 없든 간에).

모든 사회규범들의 체계도 이와 유사한 입장에 처해 있다. 그것은 규범들에 의해 지배되고 있는 특정한 공동체에 속하는 개인들의 주관적 의식을 바탕으로 해서만 존재한다. 도덕규범, 법규범, 심미적 취향의 규범(사실 이런 규범들이 존재한다) 등의 체계가 지니고 있는 본질도 마찬가지다. 물론 이런 규범들은 다양하다. 그것들의 (사회에 대해 갖는)* 의무적인 본질도 다양하고, 그것들이 속한 사회적 지평의 넓이도 다양하며, 토대에의 거리에 의해서 결정되는 사회적인 중요성의 정도도 다양하다. 그러나 규범으로서 존재하고 있다고 하는 점에서는 모두 일치하며, 이들 규범은 주어진 공동체의 구성원의 주관적 의식에 대해서만 존재하고 있다는 점에서도 일치한다.

그렇다면 주관적 의식과 객관적이고 명백한 규범들의 체계로서의 언어 사이의 관계는 모든 개관성을 상실하고 있다는 것으로 귀결되는가? 물론 그렇지는 않다. 올바로 이해된다면 이 관계는 객관적 사실로 간주될 수 있다.

만약 우리가 언어는 논의의 여지가 없는, 불변하는 규범들의 체계로서 객관적으로 존재한다고 주장한다면 대단히 큰 실수를 범하는 것이다. 그러나, 개인의식에 대해서 언어는 불변하는 규범들의 체계로서 존재하고, 어떤 주어진 언어 공동체의 각각의 구성원에 대해서도 그와 같은 것으로서 존재한다고 주장한다면, 그것은 실재하는 객관적 관계를 표현하고 있는 것이다. 이와 같이 주장한다면, 우리는 더욱이 (언어 현상에 관한) 사실 그 자체가 그런 주장에 의해 올바르게 제시되고 있는지 아닌지 그리고 말하는 주체의 의식에 대해서 언어가 단지 고정된 부동의 규범체계로서만 존재하고 있는지 아닌지 하는 문제에 직면하게 된다. 그러나 그것은 또한 별개의 문제이다. 잠시 이 문제는 접어두자. 그러나 어떠한 경우에도 어느 정도의 객관적 관계가 확립될 수 있는가가 문제이다.

그렇다면 추상적 객관주의의 대표자들 자신은 이 문제를 어떻게 보고 있는가? 그들은 언어가 객관적이고 논쟁의 여지가 없는 자기동일적인 규범들의 체계로서 존재한다고 주장하는 것인가? 그렇지 않으면 주어진 언어를 말하는 주체의 의식에 대해서만 언어가 그와 같은 존재방식을 보이고 있다고 주장하는 것인가?

다음과 같은 말보다 더 좋은 대답은 없을 것이다. 즉, 추상적 객관주의의 대부분의 대표자들은 **규범적이고 자기동일적인 형태들의 체계로서의 언어가 지니는 무매개적(無媒介的 : 언어는 말하는 주체의 의식과 관련없이 직접적으로 실재한다)* 실재성, 무매개적 객관성**을 강조한다는 점이다. 두 번째 경향의 대표자들에게 있어서 추상적 객관주의는 곧바로 **(랑그를)* 실체화(實體化)하는 추상적 객관주의**로 전화한다. 이 경향의 다른 대표자들(예를 들면, 메이에)은 (이러한 실체화에 대해서는)* 꽤 비판적이고, 언어체계가 지니는 추상적이고 전통적인 속성을 고려하려고 한다. 그러나 추상적 객관주의의 어느 대표자도 객관적 체계로서의 언어(랑그)가 갖는 실재의 명백하고도 분명한 개념에 도달하지는 못했다. 대부분의 경우 이들 대표자들은 언어체계에 적용된 '객관적'이라는 단어를 이해하는 데 있어서 두 가지 입장 사이에서 균형을 취하고 있다. 즉, '객관적'이라는 단어를 괄호를 쳐서 이해하는가(말하는 주체의 주관적 의식의 관점에서 이해하는가), 혹은 괄호 없이(문자 그대로 객관적으로) 이해하는가 하는 이 두 가지 관점 사이에서 균형을 취하려고 한다. 소쉬르가 특히 그런 입장을 취하고 있으나 그 역시 우리들이 제기한 문제들에 시원한 해결책을 제시하지는 못하고 있다.

2. 언어에 관한 실제적 관점

이제 우리가 제기할 문제는 다음과 같다. 언어(랑그)는 말하는 주체의 주관적 의식에 대해서 의심할 여지없이 규범적으로 자기동일적인 형식을 만드는 객관적 체계로서 실재하고 있는가? 추상적 객관주의는 말하는 주체의 주관적 의식의 관점을 정말로 바르게 이해하고 있는가? 혹은 다른 방식으로 표현하면 말하는 주체의 주관적 의식 속에서의 언어의 존재양식은 정말로 추상적 객관주의가 말하는 바와 같은 것인가?

우리는 이 질문에 대한 답으로 '그렇지 않다'라고 말해야 한다. 말하는 주체의 주관적 의식은 규범적으로 동일한 형식들의 체계로서의 언어에 조금도 작용하지 않는다. 그러한 체계는 추상에 불과하다. 그러한 체계는 많은 노고(추상화라는 지적인 조작)*를 통해서 얻어진 것이며, 명확히 인식적이며 실용적인 의도에 초점을 맞춤으로써 얻어진 것이다. 언어의 체계는 언어에 대한 반성의 산물인데, 그러한 반성은 주어진 언어를 이용하는 말하는 주체의 의식에 의해 수행되는 것은 결코 아니며, 말한다라는 직접적인 행위 그 자체를 목적으로 해서 수행되는 것도 결코 아니다.

사실상 말하는 주체의 의도의 초점은 자신이 만들고 있는 어떤 주어진 구체적인 발화 속에서 생겨난다. 그에게 중요한 것은 규범적으로 동일한 형식(당분간 그런 형식이 있다고 가정하자)을 어떤 주어진 구체적인 맥락에 사용하는 것이다. 그의 관심의 중심은 형식의 자기동일성에 있는 것이 아니라, 그것이 특정한 맥락에서 획득하는 새롭고 구체적인 의미에 있다. 말하는 주체에게 가치 있는 것은 모든 경우에 예외없이 동일하다라는 형식들의 자기동일성의 측면이 아니라 어떤 언어형식이 주어진 구체적인 맥락(상황의 맥락과 언어화된 맥락) 속에 등장하는 것을 허용하는 측면이다.

우리는 그것을 이런 식으로 표현할 수 있다. **언어형식에서 말하는 주체에게 중요한 것은 항상 자기동일적인 불변의 신호가 아니라 언제나 변화하고 적응할 수 있는 기호인 것이다.** 바로 이것이 화자의 관점이다.

그러나 화자에게는 청자와 이해자의 관점을 고려하는 것 또한 필요하지 않을까? 바로 이 점으로 해서 언어형식의 규범적인 동일성이 유효하게 된다고 할 수 있지 않겠는가?

이것 역시 그렇다고 할 수는 없다. 이해의 기본적인 과제는 화자가 사용하는 언어형태—예를 들어 우리가 잘 알지 못하는 언어형태(외국어)*라든가 혹은 아주 익숙치 못한 기호—를 낯익은 '동일한' 형태로서 인지하는 것이 아니다. 발화를 이해한다는 과제는 기본적으로 (화자에 의해)*사용된 형태를 그대로 인지하는 것이 아니라, 그 형태를 주어진 구체적인 맥락 속에 두고서 이해하는 것, 특정의 발화 속에서 해당 형태가 가진 의미를 이해하는 것이다. 즉 그 형태가 사용되는 방식의 새로움을 이해하는 것이지 그 동일성을 인지하는 것은 아니다.

바꾸어 말하면 동일한 언어공동체에 속한 이해자는 고정된 자기동일적인 신호가 아닌 변화 가능하고 적응할 수 있는 기호로서의 언어형태에 맞추어져 있다.

이해의 과정이 결코 인지의 과정과 혼동되는 것은 아니다. 그것들은 완전히 다른 과정들이다. 단지 하나의 기호만이 이해되어질 수 있다. 인지되는 것은 신호인 것이다. 신호는 내적으로 고정되어 있는 단일체로서, 사실상 자신 이외의 다른 것을 대신하지도 않으며 어느 것을 반영하거나 굴절시키지도 않는다. 신호는 여러 가지 대상(일정하게 고정된 대상) 혹은 여러가지 행동(역시 일정하게 고정된)을 표시하기 위한 기술적인 수단에 불과하다.32) 어떤 상황에서도 신호는 이데올로기의 영역과 연결될 수 없다. 그것은 기술적인 고안품들의 세계나 넓은 의미에서의 생산도구의 세계에 연결되어 있다. 조건반사학에

---

32) 하나의 신호나 신호들의 조합(예를 들면, 해상에서 사용하는 신호들)과 하나의 언어형태나 언어형태들의 조합에 내한 사이를 통사론의 문제와 관련시켜서 재미있고 기발하게 다룬 것으로는 K. Bühler의 "Vom Wesen der Syntax"(*Festschrift für Karl Vossler*, pp. 61~69) 참조.

관계되는 신호들은 이데올로기로부터 훨씬 더 분리되어 있다. 이러한 신호들이 동물적 실험의 유기체에 관련된다면, 그 실험에 대한 신호들은 생산기술과는 아무런 연관도 갖지 못할 것이다. 여기서는 신호들이라기보다는 특정한 종류의 자극들이라고 할 수 있다. 그것들은 단지 실험자의 손에서만 생산도구가 된다. 이러한 '신호들'을 언어와 인간심리(내적 발화)를 이해하는 열쇠로 삼으려고 하게 되는 것은 통탄할 만한 오해와 기계론적인 사고의 뿌리 깊은 습성 탓이다(파블로프의 조건반사학에 대한 비판)*.

언어형태가 단지 신호로서 남아 있고, 이해자에게 그와 같은 신호로서 인지된다면, 그에게 있어서 그것은 언어형태로서 존재하는 것이 아니다. 순수한 신호성은 언어학습의 초기과정에서조차 보이지 않는다. 이 경우도 언어형태는 어떤 맥락 속에서 일정하게 방향지워지고 있다. 즉, 언어형태는 비록 신호성의 요인과 그에 대응되는 인지의 요인들이 작용을 하고 있지만 이미 기호인 것이다.

따라서 기호로서의 언어형태에 대한 구성요인으로 되는 것은 신호와 같은 자기동일성이 아니라 특유의 가변성이다. 그리고 언어형태를 이해하기 위한 구성요인은 '동일한 실재'를 인지하는 것이 아니라 그 말의 적절한 의미에서, 즉 특별히 주어진 맥락과 특별히 주어진 상황 속에서의 지향을 이해하는 것이다. 이 지향은 형성되어가는 동적인 과정에서의 지향이지 정태적인 상황에서의 '지향'은 아니다.33)

---

33) 우리는 정확하게 그 말의 본래 의미대로의 이해, 즉 생성과정 중에 있는 것에 대한 이러한 종류의 이해가 반응의 기초—언어적인 상호작용의 기초—에 놓여 있음을 나중에 알게 될 것이다. 어떤 예리한 분리선도 이해와 반응 사이에 그어질 수 없다. 모든 이해행위는 하나의 반응이다. 그것은 이해되고 있는 것을 하나의 반응이 형성될 수 있는 새로운 맥락으로 변환시키는 것이다.

물론 위에서 언급된 모든 것으로부터 (기호에 대한)* 신호화의 요인들과 그것에 대응하는 인지라는 요인이 언어(현상)*에는 부재한다는 결론을 끌어낼 수는 없다. 그것들은 분명히 존재한다. 존재하기는 하지만 그것들이 언어의 구성요인은 아니다. 그것들은 기호(언어 그 자체)의 새로운 특질에 의해서 변증법적으로 제거된다. 말하는 주체의 모국어에서는, 즉 특정한 언어공동체에 있어서 한 구성원의 언어의식에서는 신호-인지가 확실히 변증법적으로 제거된다. 하지만 외국어를 습득하는 과정에서는, 말하자면 신호성과 인지의 요인이 느껴지지 않은 채 또한 극복되지 않은 채 잔존하게 된다. 언어(신호)*가 끝까지 언어(기호)*로 되지 않는다는 것이다. 언어를 습득하는 데 있어서 이상적인 것은 신호성을 순수한 기호성으로 흡수하고 인지를 순수한 이해로서 흡수하는 일이다.34)

　일상적인 생활언어에서 말하는 주체와 청자—이해자의 언어의식은 규범적으로 동일한 언어형태의 추상적인 체계에는 별다른 주의를 기

---

34) 여기서 제시된 원칙은 살아 있는 외국어를 교육하는 것에 대해 느낄 수 있는 모든 방법들을 실천(비록 적절한 이론적 인식이 결여될 수도 있지만)하는 데 그 기초를 이룬다. 이러한 모든 방법들에 대해 중심적인 것은 학생들이 구체적인 맥락과 상황 속에서만 각각의 언어형태에 익숙하게 된다는 점이다. 거기서 예컨대 학생들이 어떤 말에 익숙하게 된다라는 것은 그 말이 등장하는 다양한 맥락을 제시하는 것을 통해서일 뿐이다. 이러한 절차 덕택에 자기동일적인 말을 인지하는 요인은 그 말을 맥락에 의해서 변화가능케 하고, 다양하게 하고, 새로운 의미들을 수용케 하는 요인과 변증법적으로 결합되고 그 요인 아래 흡수된다. 맥락에서 도출되어 연습장에 쓰여지고, 바로 그때 러시아어 번역과 함께 기억되는 하나의 말은, 말하자면 신호화를 경험한다. 하나의 말은 특별히 확정된 것으로 되어 버리고, 자기 동일적인 말을 인지하는 요인은 그것을 이해하는 과정 속에서 더욱 강렬해진다. 간단하게 말하면, 음성과 실제적인 교육을 분별할 수 있는 방법 아래에서 하나의 형태는 자기동일적인 형태로서의 언어의 추상적인 체계에 대한 관계 속에서가 아니라 가변적이고 부드러운 기호로서의 발화에 대한 구체적 구조 속에서 동화되어야 한다.

울이지 않고, 주어진 언어형태를 사용할 수 있는 모든 맥락의 총체라는 의미에서의 언어활동에 신경을 쓴다. 모국어를 말하는 사람에게는 하나의 단어가 사전 속에 있는 어휘로서 나타나는 것이 아니라 함께 대화하는 A, B, C 등과 같은 사람에 의한 광범위한 발화 속에서 사용되고, 말하는 주체 자신의 발화 속에서도 다양하게 사용되는 단어로서 나타난다. 만약 혹자가 거기서부터 문제가 되고 있는 언어의 어휘적 체계 속의 자기동일적인 단어, 즉 사전 속의 단어에 도달하려면, 매우 독특하고 특정한 종류의 지향이 필요하다. 바로 이런 까닭으로 해서 하나의 언어공동체에 속한 구성원은 보통 자신이 명백한 언어규범들의 압력 하에 있다는 것을 깨닫지 못한다. 언어형태가 그 규범으로서의 역할을 실제로 행하는 것은 극히 드문 분쟁의 경우(예컨대, 대화를 교환하는 사람이 서로 상대가 쓰고 있는 말에 대한 이해를 달리하고, 어느 편이 옳은가를 결정하지 않으면 안 되는 경우)* 뿐이다. 그러한 경우들이 언어생활의 전형적인 모습들은 아니다(그리고 그것은 현대인의 경우 거의 전적으로 글을 쓸 때만 나타난다).

3. 언어의 실재성은 무엇인가?

이와 관련해서 한 가지 중요한 점을 부가할 필요가 있다. 말하는 주체의 언어의식은 대체로 언어형식이나 언어와는 아무런 관계도 없다는 점이다.

사실상 우리가 방금 보여준 언어형식은 말하는 주체에게 있어서 단지 특정한 발화의 맥락에서만 존재한다. 따라서 특정한 이데올로기적인 맥락에서만 존재하는 것이다. 실제로 우리는 **말을** 한다든가 듣거나 하지 않는다. 우리들이 말하고 듣는 것은 진실인가 거짓인가, 좋은 것인가 나쁜 것인가, 중요한 것인가 중요하지 않은 것인가, 즐거운 것인가 즐겁지 않은 것인가 하는 것 등이다. **말은 항상 생활과 이데올로기에서 추출된 내용과 의미로 가득 차 있다.** 이것이 바로 우리가 말을 이해하는 방법이다. 우리는 우리 자신을 생활이나 이데올로기에 연루시키는 말에 대해서만 반응할 수 있다.

비정상적인(서로 이해할 수 없는)* 특별한(외국어를 습득하는)* 경우에만 언어규범의 옳고 그른 기준을 발화에 적용시킬 수 있다(예를 들어 언어교육에서). 보통의 경우 언어학적으로 옳다는 기준은 순수하게 이데올로기적인 기준에 의해서 흡수되어 버린다. 어떤 발화가 옳다는 기준도 그 발화가 진실한가 거짓스러운가 시적인가 진부한가 하는 기준에 의해 흡수되어 버린다.[35]

언어는 실제적으로 그것이 사용되는 과정에서 이데올로기적인 충만함이나 생활상의 충만함과 불가분의 관계에 있다. 여기에서도 언어가 이데올로기적인 충만함이나 생활상의 충만함과 추상적으로 분리되려면 극히 특별한 종류의 지향—말하는 주체의 의식적인 목적에 의해서 영향을 받지 않는 것—이 필요하다.

만약 우리가 이러한 추상화를 지향하여 분리하는 것을 원리에까지 진전시키면, 그리고 언어형태를, 그것을 충만히 하는 이데올로기로부터 분리된 것으로서 실체화하려고 하면(이 실체화가 두 번째 경향의

---

35) 우리가 나중에 살펴보겠지만, 이러한 기초 위에서 보슬러에 동의하지 않아야만 할 것이다. 왜냐하면, 그는 어느 경우에서나 어떤 특정한 이데올로기적인 '취향—미적, 인식적, 윤리적, 그외 다른 것—으로부터 떨어져 있는, 독립되고 뚜렷한 종류의 언어취향을 지닌 존재를 주장하기 때문이다.

약간의 대표자들이 행하고 있는 것이다)* 우리는 신호를 다루게 되지 언어활동의 기호를 다루게 되지는 않을 것이다.

언어형태를 이데올로기적인 충만함으로부터 분리시키는 것은 추상적 객관주의가 범하는 가장 심한 오류들 중의 하나이다.

요컨대 어떤 언어에 대한 말하는 사람의 의식에 있어서 그 언어의 진실한 존재양식은 규범적으로 동일한 형태들의 체계는 아니다. 말하는 주체의 의식과 그의 사회적 상호작용의 생생한 실천의 관점에서 볼 때 추상적 객관주의가 상정한 언어체계에 직접적으로 접근할 수 있는 길은 없다.

그렇다면 그런 경우에 이 체계는 어떤 것인가?

그 체계는 추상화된 방법에 의해서 획득되었고, 실제의 말의 흐름—발화—을 구성하는 실제적인 단위에서 추상적인 방법으로 추출된 요소들로 구성되어 있다는 것은 처음부터 명백한 일이다. 어떤 추상화든지 그것이 합법적인 것이 되기 위해서는 몇몇의 특정한 이론적, 실제적인 목표에 의해서 정당화되어야만 한다. 어떤 추상화는 생산적일 수도 있고 그렇지 않을 수도 있으며 또한 어떤 목적이나 과제에는 생산적일 수도 있지만 다른 목적에는 그렇지 않을 수도 있는 것이다.

언어의 공시적 체계로 인도하는 언어학적 추상화의 근저에 깔린 목적들은 무엇인가? 그리고 어떤 관점에서 이 체계가 생산적이고 필요한 것인가?

언어를 규범적으로 동일한 형태들의 체계로 보는 가설로 이끄는 언어학적 사고의 근저에는 **쓰여진 문헌 속에 보존된 채 이미 사어(死語)로 된 외국어(혹은 모국어의 古語)*에 대한 연구에 실제적이고 이**

론적인 관심의 초점이 집중되어 있다.

이러한 문헌학적인 지향은 유럽세계에서 언어학적인 사고의 모든 과정을 상당한 정도로 결정해 왔다. 그리고 우리는 가능한 한 끝까지 아주 뚜렷하게 이 점을 강조해야 한다. 유럽의 언어학적 사고는 쓰여진 언어들의 시체들과 관련해서 형성되었고 성장하였다. 거의 모든 기본적인 범주, 접근방법, 테크닉 등은 이러한 시체들을 부활시키는 과정 속에서 고안되었다.

문헌학주의는 언어의 출생과 성장의 역사적인 변천에 의해서 특징지워지는 유럽언어학 전체의 특징이라고 할 수 있다. 언어학에서 쓰이는 범주나 방법에 대한 역사를 추적하는 과정에서 아무리 먼 과거로 거슬러 올라간다 해도 우리는 도처에서 문헌학자들을 발견한다. 알렉산드리아인들 뿐만 아니라, 고대 로마인들도 그리이스인들도(아리스토텔레스는 전형적인 문헌학자였다) 문헌학자들이었고, 고대 힌두족 역시 문헌학자들이었다.

우리는 다음과 같은 점을 주장할 수 있다. **언어학은 문헌학상의 필요가 나타나는 때와 장소에서는 언제 어디서나 출현한다.** 문헌학상의 필요는 언어학을 낳았고, 언어학의 요람이 되었으며, 자신의 문헌학적인 플루우트(flute)를 강보(swadding clothes)에 싼 채로 내버려 두었다. 그 플루우트는 죽은 자를 깨울 수 있도록 되어 있었다. 그러나 끊임없이 생성하고 있는 말을 받아들이기에는 이 플루우트의 음색이 부족하였다.

마르(N. Ja. Marr)는 인도·유럽언어학적 사고의 문헌학상의 속성을 매우 격렬히 지적하고 있다.

인도・유럽언어학은 연구대상으로서 벌써 그 형성과정을 마치고 아주 오래전에 그 형태를 갖춘, 역사 속에서는 이미 떠나 버린 시대의 인도・유럽어를 다루어왔다. 더구나 연구의 출발을 거의 전적으로 쓰여진 언어의 석화(石化)된 형태들—일차적으로 사어—에서만 잡았기 때문에 일반적인 언어의 성립과정과 그 개개 언어의 기원을 밝히는 것이 불가능하게 되었던 것은 당연한 일이다.36)

다른 곳에서는 다음과 같이 말하고 있다.

(원시언어의 연구에 있어서—볼로쉬노프) 가장 큰 장애는 연구 그 자체의 어려움이나 믿을 수 있는 자료의 부족이 아니라 우리 자신의 과학적(관용적이며 언어학적)* 사고이다. 우리의 과학적 사고는 문헌학의 전통적인 통찰이나 문화사에만 얽매여 있어서 무한히 자유롭고 창조적인 물결 속에 있는, 살아 있는 언어를 민족언어학적으로 혹은 언어학적으로 살펴보지 못한 채 영양의 결핍상태에 놓여 있는 것이다.37)

마르의 언급은 모든 현대언어학의 기조를 결정한 인도・유럽어 연구에 대해서 뿐만 아니라, 역사를 통해서 우리가 알고 있는 모든 언어학들에 대해서도 진실인 것이다. 우리가 이미 말한 대로 언어학은 어디서든지 문헌학의 지식이다.

문헌학적인 필요에 의해 인도된 언어학은 항상 완결된 독백적 발화, 즉 고대에 쓰여진 문헌을 궁극적인 실체로 간주하면서 자신의 출발점으로 잡았다. 그것의 모든 방법과 범주들은 이러한 종류의 이미

---

36) N. Ja. Marr의 『야벳이론의 단계들에 대하여(*Po ètapam jafetskoj teorii*)』(1926), p.269. 참조.
37) Ibid., pp.94~95.

죽은 독백적 발화에 대한 연구작업, 보다 정확히 말하면 공통언어에 의해 하나의 사어를 구성하는 일련의 그러한 발화들을 연구하는 작업 속에서 세심하게 만들어져 왔다.

그러나 그 독백적 발화는 결국 하나의 추상이다. 하지만 '자연스런' 추상인 것이다. 쓰여진 문헌들을 포함해서 모든 독백적 발화들은 언어적 의사소통의 불가결한 요소이다. 어떤 발화이든지—완결되게 쓰여진 발화도 예외가 아니다—간에 그것은 어떤 것에 대한 대답이고, 또한 어떤 대답을 예상하고 있는 것이다. 그것은 화행(話行)의 끊임없는 사슬들 중의 한 고리에 불과한 것이다. 각각의 문헌들은 그것의 선임자들의 일을 진행시키고 있으며, 그것들과 논쟁하며, 동적이고 책임 있는 이해를 예측하며, 또한 응답으로 그러한 이해를 고대하고 있다. 사실 실제의 각각의 문헌은 과학, 문학, 정치적 삶을 통합화 하는 한 부분이다.

문헌은 다른 독백적 발화와 마찬가지로 현재 전개되고 있는 과학상의 조류 또는 현재의 문학적 정황이라는 맥락 속에서, 즉 그 자신이 빠져서는 안 되는 하나의 구성요소로 되고 있는 이데올로기 영역의 생성과정 속에 처해져서 인지될 것을 기대하고 있는 것이다.

문헌학자인 언어학자들은 문헌을 실제의 영역으로부터 분리시키고 마치 그것이 자족적이고 독립된 실체인 양 간주한다. 그들은 그것을 능동적이고 이데올로기적으로 이해하지 않고 완전히 수동적인 방법으로 이해한다. (주어질 만한)* 대답을 이미 잠재시키고 있는 진정한 이해와는 다르게 (대답을 잠재시키고 있지 않는) 완전히 수동적인 이해를 하고 있는 것이다. 문헌학자들은 주어진 언어의 기록으로서의 독립된 문헌을 문제가 되는 언어의 공통의 평면 위에서 다른 문헌들과 비교 대조하고 있다. 이처럼 언어학적 사고의 모든 방법과 범주들은 독립된 독백적 발화들을 언어의 평면 위에서 비교하고 상호연관시키는 과정에서 형성된 것이다.

언어학자들이 연구하는 사어는 물론 (시간적으로도 공간적으로도)* 이질적인 언어이다. 그러므로 언어학상의 범주들의 체계는 주어진 언어를 사용하는 말하는 주체의 언어의식의 입장에서 본 인식적 반성의 산물은 결코 아니다. 여기서의 반성은 자신의 언어를 사용하는 말하는 주체가 자신의 언어에 대해 가지는 느낌을 포함하지 않는다. 오히려 이러한 종류의 반성은 이질적인 언어라는 미지의 세계에로의 길을 뛰어들려고 하는 의식이 수행한 반성인 것이다.

따라서 문헌학자인 언어학자의 수동적인 이해는 마치 그 문헌이 실제로 그와 같이 이해되도록 만들어진 것이거나 문헌학자를 위해서 쓰여진 것처럼 필연적으로 언어(랑그)의 관점에서 그가 연구하는 바로 그 문헌 속으로 투사되어 간다.

이 모든 것의 결과로서 나타난 것은 텍스트에 대한 언어학적인 해석의 방법뿐만 아니라 모든 유럽 의미론의 기반이 되고 있는, 근본적으로 잘못된 이해이론이다. 수동적인 이해(즉, 미리 능동적인 답변을 원칙적으로 배제한 뒤, 말을 이해하는 방법)라고 하는 잘못된 관념이 말의 의미와 주제에 대한 입장에 철두철미하게 스며들고 있다.

우리는 답변을 배제한 채 완성된 이와 같은 종류의 이해가 언어활동에 조금도 적합하지 않다는 것을 조금 뒤에 보게 될 것이다. 언어활동을 있는 그대로 이해하는 방식은 말하여진 것, 이해되고 있는 것에 대한 능동적인 태도와 불가분하게 결합되어 있다. 이와 반대로 수동적인 이해방식의 특징적인 측면은 언어기호의 동일성이라는 요인을 지각한다라는 점이다. 즉 언어기호를 신호로 받아들인다는 것이고, 그것과 대응해서(이해라는 요인보다도)* 인지의 요인을 우위에 둔다는 점이다.

따라서 언어학적인 사고가 관심을 가져온 것은 **죽은, 쓰여진, 이질적인 언어**에 대한 올바른 기술이었다.

(다른)* 언어의 맥락이나 상황의 맥락으로부터 분리된 채 문헌학자의 수동적인 이해는 수용하지만 가능한 모든 종류의 능동적인 답변은 수용할 수 없는, **독립된, 완결된, 독백적 발화**가 언어학적 사고의 출발점이자 최종적인 객관적 실재인 것이다.

4. 이질적인 말, 외국어의 문제

언어학적 사고는 죽은, 이질적인 언어를 습득하는 과정에서 과학적인 연구를 위해 생겨났으므로 그것은 또 하나의 목적, 즉 연구의 목적이 아니라 교훈적인 목적으로서의 역할도 수행해 왔다. 그것은 언어를 해독하는 것이 아니라 이미 해독된 언어를 가르치는 것이었다. 문헌들은 해독되어야 하는 기록문서로부터 강의실에서 가르쳐야 하는 언어의 고전적인 모델로 변해 버렸다.

언어학의 이 두 번째 기본적인 과제—해독된 언어를 가르치기 위해, 즉 강의실에서 전달하려는 목적에 부합하도록 해독된 언어를 성문화하기 위해 필수적인 도구를 만들어내는 것—는 언어학적인 사고에 실질적인 흔적을 남겼다. **음성학, 문법, 어휘**—언어체계의 세 부분이자 언어학적 범주의 중심적인 세 요소—는 언어학의 이들 두 가지 중요한 과제, 즉 **해석과 교육**이라는 경로 속에서 형성되었다.

문헌학자는 무엇을 하는 사람인가?

고대 인도의 사제로부터 현대 유럽의 언어학자에 이르기까지 그 문화와 역사적인 모습의 엄청난 차이에도 불구하고 문헌학자들은 항상 어디서든지 이질적인 '비밀스러운' 문자와 말들을 해석해 왔고 이미 해독되었거나 전통적으로 전수되어 온 것들을 가르치고 전파하는 사람들이었다.

최초의 문헌학자들과 최초의 언어학자들은 언제 어디서나 **사제들**이었다. 성스러운 책이나 구전되는 전설은(그 불가해한 정도의 차이는 있어도) 세속적인 사람들에게는 이해될 수 없는, 이질적인 말로 쓰여져 왔다. 그렇지 않은 민족은 역사상 존재하지 않았다. 성스러운 말의 신비를 해독하는 것이 사제이자 문헌학자에 의해서 수행된 과제였다.

바로 이런 기반 위에서 고대의 언어철학이 발생하였다. 말에 대한 베다교의 가르침이나 고대 그리이스 사상가들의 로고스(logos), 성서상의 언어철학 등이 그와 같은 것이다.

이러한 철학소(素)(philosopheme)들을 적절하게 이해하기 위해서는 이것들이 **이질적인 말의 철학소들**이라는 사실을 한시도 잊어서는 안 된다. 만일 어떤 민족이 단지 모국어만을 알고 있었다면, 만약 어떤 말이 그 민족이 일상적으로 사용하는 모국어와 일치해 왔다면, 그리고 신비적이고 이질적인 어떤 말이나 외국어에서 온 말이 그 민족의 시야에 들어오지 않았다면 그때 그러한 민족은 이러한 철학소들과 유사한 어떤 것도 창조할 수 없었을 것이다.[38] 아주 먼 과거에서 오

---

38) 베다교에 의하면, 성스러운 말—그 말은 '영계의 신비를 이해한'(gnostic) 신성

늘날에 이르기까지 말의 철학과 언어학적 사고는 이질적인 말, 외국어에 대한 특별한 감수성에 바탕을 두고 세워져 왔고, 그것들을 해독하는 일과 해독된 것을 가르치는 일이 중요한 과제로 여겨져 왔다는 점은 놀랄 만한 특징이다.

베다교의 사제와 현대의 문헌학자인 언어학자도 언어에 대한 그들의 사고에 있어서 완전히 동일한 현상, 즉 이질적인 말, 외국어에 의해서 마술에 걸려 있고 그것에 사로잡혀 있다.

사람들은 자신들의 모국어를 완전히 다른 방식으로 분별한다. 보다 엄밀하게 말하면 그들은 고대인들의 철학적이고 종교적인 사고 속에서 발생했고, 언어학적 사고 속에서 생겨났던 그러한 모든 범주들 속에 있는 말을 자신들의 모국어로 느끼지 않는 것이 보통이다. 모국어는 그의 친구이자 '지기(知己)'이다. 우리는 우리의 모국어를 의복처럼 느끼거나 심지어는 평소 우리가 그 속에서 살고 호흡하는 공기처럼 여긴다. 거기에는 아무런 신비도 없다. 단지 우리와 계급적으로 다른 사람들의 입에서만 그것은 신비스럽게 된다. 즉 지도자나 사제들의 입을 통해서 표현되는 때이다. 하지만 그 경우에 그것은 다른 종류의 말, 즉 외관상 변화되고 일상적인 삶에서 일탈된 것으로 이미 변해 버린다(일상적인 삶에서 터부시되는 용례나 발화의 고식화 등이 그러한 것이다). 비록 그것이 처음부터 정복자인 지도자의 입을 통해서 말해지는 외국어가 아니었다 할지라도 바로 (입을 통해서 표현되는)*그

한 사제에 의해 사용된다—은 신과 인간 양자를 포함하는 모든 존재에 대해 지고(至高)의 것으로 된다. 영계의 신비를 이해한 사제는 여기서 그 말—그 속에는 그의 보는 권틱이 있다—을 지배하는 사람으로서 정의된다. 이러한 점에 관한 교의는 이미 리그베다(the Rig Veda) 속에 나와 있다. 로고스에 대한 고대 그리이스의 철학소와 알렉산드리안 교의는 잘 알려져 있는 바이다.

순간에 성스러운 '말'이 탄생하는 것이다. 그 순간에 **철학이 시작되고 문헌학이 시작되는**(incipit philosophia, incipit philologia) 것이다.

언어학과 언어철학에 있어서 이질적인 말, 외국어에 대한 지향은 결코 우연적인 사건이나 언어학과 철학 측의 자의가 아니다. 아니 그 지향은 이질적인 말이 역사상의 모든 문화들을 형성하는 데 있어서 수행해 왔던 엄청난 역사적인 역할에 대한 징표이다. 그것은 사회・정치체제에서부터 일상생활의 행동규약에 이르기까지 이데올로기적인 창조행위의 모든 영역에 대해서 예외없이 그 역할을 수행해왔다. 사실상 문명, 문화, 종교, 그리고 정치적 조직을 가져온 것은 이질적인 말, 외국어였다〔예를 들면, 바빌로니아의 셈족에 대한 수메르인들의 역할, 헬레네스에 대한 자피트(Japhites)의 역할, 유럽의 야만민족들에 대한 로마와 기독교의 역할, 동슬라브인들에 대한 비잔티움과 바랑고이족 및 남슬라브 종족들의 역할 등〕. 항상 외국의 군사력이나 조직과 함께 들어온 이질적인 말, 또는 그와 반대로 젊은 정복민족이 정복한 오래되고 보다 강력한 문화—그 문화는 말하자면 무덤에서부터 새로 들어온 정복민족의 이데올로기적 의식을 매료시켰다—의 토양 속에서 만난 이질적인 말, 바로 이러한 이질적인 말이 갖는 거대한 조직화의 역할은 이질적인 말이 여러 민족의 역사적인 의식의 심층 속에서 권위, 권력, 신성, 진리라는 관념과 유착하게 했고, 그 말에 대한 개념을 오로지 이질적인 말의 방향으로 향하게 했다.

하지만 언어철학과 언어학은 오늘날에 이르기까지도 외국어에 의해 수행된 엄청난 역사적인 역할을 객관적으로 의식하지 못하고 있다. 아니 오히려 언어학은 여전히 그것에 의해 노예화되어 있다. 언어학은 말하자면 한때는 융성했던 이질적인 말의 충만함이 우리에게 미치는 최후의 물결, 이질적인 말이 수행한 전제적이고 문화 창조적인 역할의 최후의 잔존물을 나타낸다.

바로 이러한 이유로 해서 그 자체가 외국어의 산물인 언어학은 언어와 언어의식의 역사에 있어서 외국어가 수행한 역할을 결코 공정하게 이해하지 못하고 있다. 오히려 인도·유럽어의 연구들은 이질적인 말의 역할에 대한 정당한 평가를 배제하는 언어역사의 이해를 위한 범주들을 선호해 왔다. 그런 와중에서도 이질적인 말이 수행한 역할은 모든 곳에서 엄청난 것이다.

언어의 진화에 있어서 기본적인 요인인 언어학적인 '혼교(混交)(crossing)' 라는 관념은 마르에 의해서 상당히 진척되었다. 그는 언어의 기원이라는 문제를 해결하는 데 있어서 언어학적인 혼교를 중심적인 요인으로 인식했다.

> 언어의 다양한 종류의 발생과 심지어는 여러 유형의 발생의 경우에서조차도 그 발생의 요인으로 되어 있는 것은 일반적으로 혼교라고 할 수 있다. 혼교는 언어의 새로운 종류가 발생하는 원천으로도 되고 있다. 이러한 점들은 모든 야벳언어 속에서도 관찰되고 추적된다. 더구나 이 인식은 야벳언어학의 가장 중요한 성과의 하나로 간주되어야 한다……중요한 점은 앞으로 보게 되겠지만, 어떠한 원시적인 음성언어도 단일부족의 언어도 존재하지 않았거나 존재할 가능성이 없었다라는 것이다. 언어는 사회성의 산물로서 경제적 필요에 따라 일어난 상호 의사소통의 토대 위에서 발생해 왔으며 그것은 엄밀하게 이러한 종류의 사회성의 축적이고 항상 여러 부족간에 성립한다.[39]

---

39) N. Ja. Marr의 『야벳이론의 발전단계에 관하여』, p.268. 참조.

그의 '언어의 기원에 대해서'라는 항목에서 마르는 우리의 주제에 관해서 다음과 같이 말하고 있다.

> 간단히 말해서 소위 민족문화에 의해서, 즉 주민 모두가 공통으로 말하는 전민족적인 모국어에 의해서 언어에 접근하는 것은 비과학적이고 비현실적이다. 모든 계급에 공통되고 무계급적인 민족언어라는 것은 허구에 불과하다. 하지만 문제는 그것에 그치지 않는다. 계급은 역사발전의 초기단계에 있어서 여러 종족—그것들 자체도 마찬가지로 결코 단일한 종족이 아니고 몇 개 종족으로 이루어져 있다—이 혼교하는 것에 의해서 발생한다. 그것과 마찬가지로 구체적인 종족언어도, 더욱이 민족언어조차도 단순한 요소—모든 언어는 이러한 단순한 요소를 이것 저것 결합시키는 것에 의해서 형성되고 있다—의 혼교로부터 성립하는 여러 종류의 언어의 혼교형이다. 인간언어에 대한 고생물학적 분석도 이러한 종족적 요소들을 정의하는 것 이상으로 진척되지는 않는다. 그러나 야벳이론은 이러한 요소들을 결정적이고 뚜렷한 방식으로 수용한다. 거기에서 언어의 기원이라는 문제는 사실상 종족의 이름들에 지나지 않는 이러한 요소들의 발생의 문제로 된다.40)

여기서 우리는 다만 언어의 기원과 진화에 대한 문제에 있어서 이질적인 말이 갖는 중요성을 주목할 수 있을 뿐이다. 이러한 문제들은 본서가 과제로 하는 범위를 뛰어넘는다. 우리에게 있어서 이질적인 말의 중요성은 그것이 언어철학 사상과 그 사상에서 생겨난 범주들과 접근방법들을 결정하는 요인으로서 역할을 하는 데 있다.

이제 우리는 이질적인 말에 대한 원시적 사상의 특수성들과 위에서 언급된 말에 대한 고대철학소의 범주들을 무시할 것이다.41) 우리

---
40) Ibid., pp.315~316.
41) 상당한 정도로 원시인의 말에 대한 주술적인 지각방식을 결정한 것은 바로 이

는 여기서 말에 관한 사상에 있어서 수세기에 걸쳐 존속해 왔고 현대의 언어학적 사고에 결정적 영향을 끼쳐 왔던 그러한 특별한 특징들만을 지적하고자 한다. 우리는 이것들이 정확히 추상적 객관주의의 교의에서 가장 선명하게, 가장 명확하게 표현된 범주들이라고 말해도 상관없을 듯하다.

5. 추상적 객관주의의 오류

이제 추상적 객관주의의 근저에 깔린 이질적인 말의 인지 특성들을 다음과 같은 일련의 전제들로 재구성하고자 한다. 그렇게 함으로써 앞서 살핀 설명을 요약할 수도 있고 몇몇 중요한 점에 있어서는 보충도 할 수 있을 것이다.[42]

1. **언어형태들에 있어서 고정적인 자기동일성의 요인이 가변성(可變性)의 요인보다 우위에 있다.**
2. **추상적인 것이 구체적인 것보다 우위에 있다.**
3. **추상적 체계화가 역사적 실제성보다 우위에 있다.**

질적인 말이었다. 우리는 '이질적인 말·주술적인 지각방식(toto)'에 관계되는 모든 현상 전체를 염두에 두어야 한다.

42) 이와 관련하여 새롭게 형성되고 있는 것으로서의 추상적 객관주의는 이미 그 권위성과 생산성을 상당 정도 상실했을 때의 이질적인 말이 도달했던 상태를 표현하고 있다는 것을 잊어서는 안 된다. 게다가 이질적인 말에 대한 지각방식의 특수성은 추상적 객관주의에서는 쇠퇴해 왔다. 그것은 사고에 대한 추상적 객관주의의 기본범주들이 살아있는 언어들과 모국어들에 대한 지각방식에까지 확장되어 왔기 때문이다. 언어학은 살아있는 언어를 죽은 언어처럼 연구하고, 모국어를 외국어처럼 연구한다. 그것이 추상적 객관주의의 주장들이 이질적인 말에 대한 고대의 철학소들과는 아주 다른 이유이다.

4. 요인의 형태가 전체의 형태보다 우위에 있다.
5. 언어행위의 역동성을 무시하고 독립한 언어요소를 실체화한다.
6. 말의 의미와 액센트의 생생한 다의성을 무시하고, 단일화시킨다.
7. 언어는 한 세대에서 다른 세대로 전승되는 이미 만들어진 가공물이라는 언어관념을 갖는다.
8. 어떤 언어의 내적인 생성과정을 개념화하는 능력을 갖지 못한다.

이제 이질적인 말에 대해 가지고 있는 사고체계의 위와 같은 특징들 하나하나에 대해서 간략하게 살펴보도록 하자.

1. 첫 번째 특징은 더 이상의 설명을 필요로 하지 않는다. 자신의 모국어를 이해하는 초점은 발화의 자기동일적인 요소들을 인지하는 데 있는 것이 아니고 그들의 새로운 맥락상의 의미를 이해하는 데 있다고 이미 밝힌 바 있다. 그 이후에 자기동일적인 형태들의 체계를 구성하는 것이 이질적 언어를 해독하고 전달하는 과정에 있어서 필수적이고 중요한 단계이다.

2. 두 번째 점도 이미 말한 바대로 아주 명확하다. 완결된 독백적인 발화는 사실상 일종의 추상의 산물이다. 어떤 말을 구체화하는 것은 본래 자기를 실현하고 있던 역사적 현실의 맥락 속에 그 말을 위치시키는 방식에 의해서만 가능하다. 독립된 독백적 발화를 설명하려 하기 때문에 어떤 발화를 역사적인 생성과정의 완전한 구체성에 연결시키고 있는 모든 끈들은 끊어져 버린다.

3. 형식주의와 체계화는 이미 만들어진, 말하자면 포착된 대상에 초점을 맞추는 사고방식의 전형적이고 뚜렷한 특징이다. 이와 같은 사고의 특징은 여러 다양한 표현법을 가진다. 체계화되는 것은 보통 (배타적이지는 않다 하더라도) 다른 사람의 사고라는 점이 특징적이다. 새로운 이데올로기의 경향들을 선도했던 창시자들은 형식주의적인 체계화주의자들은 결코 아니었다. 체계화는 그 자신이 이미 만들어져서 전승되는 권위적 사고의 실체를 지배하고 있다고 느끼는 시대에 등장한다. 그때 창조적인 시대는 이미 지나가 버리고 비로소 형식주의적인 체계화의 작업이 시작된다. 이것은 다른 사람의, 이제는 목소리가 없는 말을 자신이 보존하고 있다고 느끼는 상속자나 후계자에게 전형적인 일이다. 생성과정의 역동적인 흐름 속에서 스스로를 지향하려고 하는 것은 절대로 형식적이거나 체계적인 종류가 될 수 없다. 그러므로 형식적인 체계화를 지향하는 문법적 사고는 이질적인 말과 사어(死語)라는 제재 위에서만 그 힘을 발휘하고 자신을 실현시킬 수 있는 것이다. 그리고 그 언어가 이미 상당 정도 매료시킬 만한 능력, 즉 성스럽고 권위적인 성격을 상실했을 때만 그것이 가능한 것이다. 살아 있는 언어에 대한 체계적이고 문법적인 사고는 필연적으로 보수적인 입장을 취하지 않을 수 없다. 이는 살아 있는 언어를 마치 그것이 이미 자신을 완료시키고 기성품이 되어 버린 것인 양 다루어야만 한다. 따라서 언어의 어떤 새로움 같은 것에 대해서는 적대적인 태도를 취하지 않으면 안 된다. 언어에 대한 형식적이고 체계적인 사고는 언어에 대한 살아 있는, 역사적인 이해와는 양립 불가능하다. 체게이 관점으로 보면, 역사는 늘 우연적인 일탈의 계열일 뿐이다.

4. 위에서 살펴본 바와 같이 언어학은 독립된 독백적 발화를 지향

하고 있다. 언어학적 문헌들은 연구를 위한 자료들이 되었고, 문헌학자들의 수동적인 이해의식은 그 자료들에 집중되고 있다. 따라서 모든 작업들이 주어진 특정한 발화의 한계 내에서만 행해지고 있다. 전체로서의 발화라는 실재를 분리해 내는 그 경계들은 매우 미약하게 지각되거나 전혀 지각되지 않는다. 발화 내의 영역에 있어서 내재적인 연관성에 대한 연구에 모든 탐구작업이 경도되고 있다. 다시 말해서 발화의 외적인 사건들에 대한 고려는 연구의 장을 초월하는 것으로 남아 있다. 그러므로 하나의 독백적 전체로서의 발화(the utterance as a monologic whole)의 범위를 뛰어넘는 부분들은 외면당하고 있다. 혹자는 발화 전체라는 것과 그 전체가 지니는 형태의 본질 그 자체가 언어학적 사고 밖에 존재한다고 생각할 수 있을지 모른다. 사실상 언어학적 사고는 독백적 발화를 구성하는 요소들을 벗어나지 못하고 있다. (어떤 시기의) 복문을 구성한다는 것, 바로 이것이 언어학이 다가설 수 있는 최대의 한계이다. 언어학은 발화 전체를 구성한다라는 문제를 인접분야인 수사학이나 시학의 영역으로 양보했다. 언어학은 (발화)* 전체의 구성형태에 대한 접근방법을 완전히 결여하고 있다. 따라서 하나의 발화를 이루고 있는 요소의 언어적 형태와 발화의 전체적인(수사학적·시학적)* 형태 사이에는 단절 없는 이행도 확립되어 있지 않고 아무런 연관도 없다!(언어학의 대상인)* 통사론에서 사고를 비약할 때만(수사학·시학의 대상으로서의 발화 전체의)* 구성의 문제에 도달할 수 있다. 발화 전체를 구성하고 있는 형태들이 특정한 이데올로기의 영역에 속하는 다른 발화 전체의 배경 속에서만 지각되고 이해될 수 있다는 점은 필연적인 것이다. 예를 들어 문학적인 발화, 문학작품의 다양한 형식은 다른 종류의 **문학적** 형식들과 연결되어 있는 문학생활 전체 속에서만 이해되는 것이다. 하나의 문학작품을 체계로서의 언어의 역사에다 귀속시키거나 언어로 된 문서로 간주한다면 문학적인 전체의 형식으로서의 문학작품의 형식들에 대한 접근방식은 상실하게 될 것이다. 하나의 작품을 언어체계로 간주하는 것과 문학생활 전체로 간주하는 것 사이에는 엄청난 차이가 있다. 그리고 그 차이는 추상적 객관주의의 토대로서는 극복할 수 없는 것이다.

5. 언어형태는 단지 화행(話行)—발화—의 역동적인 전체 속에서 추상적으로 추출할 수 있는 요소일 뿐이다. 그러한 종류의 추상화는 언어학이 자신에게 부과하고 있는 특정 과제들의 범위 내에서는 완벽하게 옳은 것이다. 그러나 추상적 객관주의는 그러한 언어형태가 실체화되기 위한 토대를 제공한다. 다시 말해 추상적 객관주의에서는 언어형태가 실제 현실에서 추출할 수 있는 요소인 것처럼 취급하고 그 언어형태 자체가 독립된 역사적 존재일 수 있는 것처럼 처리한다. 이것은 충분히 이해할 만하다. 결국 전체로서의 체계는 역사적인 발전을 경험할 수 없는 것이다. 전체로서의 발화라는 실재는 언어학에 존재하지 않는다. 따라서 그 체계의 요소들, 즉 개별적인 언어형태들이 남아 있는 것의 전부이다. **그것들**이야말로 역사적인 변화를 견딜 수 있는 것들이다.

언어의 역사는 전체로서의 체계에 거슬러서 발전하고, 구체적인 발화는 단절된 채로 발전하는 개별적인 언어형태(음성학적·형태론적 형태나 그 이외)의 역사이다.43)

보슬리는 **추상적** 객관주의가 상정한 언어역사에 대해 다음과 같이

---

43) 발화는 단지 언어형태의 변화를 위한 중립적인 매개일 따름이다.

말하는데, 이는 완전히 옳은 견해이다.

 개략적으로 말해서, 사적 문법(史的 文法)에 의해 우리에게 주어진 언어의 역사는 일종의 의복의 역사와 같은 것이다. 의복의 역사는 패션의 개념이나 패션이 출발하던 시대의 취향을 반영하지 않고 단지 연대순·지리별로 배열된 단추, 버클, 스타킹, 모자, 리본 등의 알람표를 제공한다. (사적 문법이 그러한 의복의 역사와 다른 점은)* 사적 문법에서는 그러한 단추와 리본들을 연모음 e 라든가 경모음 e, 무성음 t, 유성음 d 등으로 부른다는 점이다.44)

 6. 말의 의미는 그 말이 쓰이는 맥락에 의해서 결정된다. 사실, 주어진 말이 사용되는 맥락의 수만큼 그것의 의미가 다양하다.45) 하지만 그와 동시에 말은 그 자체로서 단일한 실재이다. 주어진 말이 사용되는 맥락의 수만큼의 말로 분해되어 버리지는 않는다. 말의 통일성은 그 자신의 음성학적 구성방식의 통일성에 의해서 뿐만 아니라 그 말이 지닐 수 있는 의미 전체에 대한 공통된 통일성의 요소에 의해서도 보증된다. 그러면 그 말의 원칙적인 다의성이 어떻게 그것의 통일성과 조화를 이룰 수 있는가? 의미론의 근본문제는 대충 초보적으로 말하면, 위와 같은 질문으로 정식화될 수 있는 것이다. 그런데 이것은 변증법적으로만 해결될 수 있는 문제이다. 추상적 객관주의는 이 문제에 대해서 어떤 입장을 취하고 있는가? 추상적 객관주의에서는 말의 자기동일성이라는 특성이 말하자면 응고된 채로 말의 원칙적인 다의성으로부터 단절되어 버린다. 이 다양성은 확고하게 단일한

---

44) 보슬러의 'Grammatika i istorija jazyka,' *Logos*, I(1910), p.170.를 보라.
45) 당분간 우리는 다음 장에서(제 4장) 언급할 의미와 주제의 구별을 고려치 않을 것이다.

의미를 지니는 일상적인 배음(倍音)으로서 인지된다. 언어학자의 관심의 초점은 특정한 말의 흐름에 관여하고 있는 화자의 생생한 이해의 방향과는 완전히 상반하고 있다. 문헌학자인 언어학자는 주어진 말이 쓰이는 상이한 맥락들을 비교하면서, 그 사용에 있어서 동일성이라는 요인에 관심을 기울인다. 왜냐하면 그에게 중요한 것은 그 말을 비교된 맥락에서 끌어내어 맥락의 바깥에서 그것을 정의하는 것, 즉 그것으로부터 사전적인 말을 창출하는 것이기 때문이다. 말을 독립시키고 그것의 의미를 개별적인 맥락으로부터 단절시켜 고정화시키는 과정은 다른 언어들을 비교하는 것에 의해서 강화된다. 즉 주어진 말이 속해 있는 것과는 별개의 언어 속에서 그 주어진 말과 병행하는 의미를 찾으려고 하는 것에 의해서 더욱 강화되는 것이다. 언어학적 처리에 있어서 의미는 최소한 두 개의 언어들의 경계 위에서 구성된다. 언어학자의 이러한 노력들은 주어진 말에 대응하는 유일한 실제 대상—사실 그것은 허구이다—을 수립하려는 것에 의해 한층 복잡해졌다. 이렇게 완성된 대상은 단일하고 자기동일적인 것이기 때문에 언어학자는 그것을 기반으로 해서 의미의 통일성을 보증하려 한다. (이와 같이 해서 구성된)* 말의 현실에 대한 허구가 말의 의미를 실체화하는 방향으로 더욱 박차를 가한다. 따라서 이러한 토대 아래에서는 의미의 통(단)일성과 다양성 사이의 변증법적인 결합이 불가능하다.

추상적 객관주의가 범한 또 다른 큰 오류는 다음과 같은 것이다. 어떤 하나의 단어가 쓰여진 다양한 맥락이, 이 입장에서는 마치 하나의 평면에 위치하는 것 같이 생각된다는 점이다. 이 경우 몇 개의 상이한 맥락이 마치 다만 하나의 방향을 정해서 폐쇄된 자기완결적인 일련의 발화를 형성하는 것처럼 보인다. 사실상 이것은 진실과 거리가 멀다. 동일한 말이 사용되는 맥락들은 종종 서로 대조되는 경우가 있다. 동일한 말이 사용될 때 대조되는 맥락에 대한 고전적인 예는 대화에서 발견된다. 대화의 교환에서는 동일한 말이 두 개의 서로 부딪히는 맥락 속에 등장한다. 물론 대화는 다지향적(多指向的) 맥락의 가장 명백하고 선명한 경우일 뿐이다. 실제로 현실의 모든 발화는 정도나 방식의 차가 있더라도 어떤 것에 동의나 부정을 말해야 하는 것이다. 맥락들은 마치 서로를 모르는 것처럼 나란히 서 있는 것이 아니다. 맥락은 끊임없는 긴장, 혹은 쉴 새 없는 상호작용과 갈등의 상태에 있다. 말이 다른 맥락 속에 처해지면 가치평가적 액센트도 변한다. 그러나 언어학은 이 사실을 고려하지 않았으며, 또 의미의 단일성을 설명하는 교의 속에서도 이 사실을 전혀 반영하지 않았다. 이러한 가치평가적 액센트는 가장 실체화하기 어려운 대상이기 때문이다. 그러나 말이 지닌 액센트의 복수성이야말로 말을 생기 있게 만든다. 액센트의 복수성의 문제는 의미의 복수성의 문제와 밀접한 관계에 있으며 그것들이 서로 밀접한 관계에 있을 때에만 쌍방의 문제는 해결될 수 있다. 그러나 추상적 객관주의의 기본원칙들은 이들의 관계를 완전히 배제하고 있다. 가치평가적 액센트는 개개의 발화(빠롤)와 함께 언어학의 영역 밖으로 추방되어 버린 것이다.46)

    7. 추상적 객관주의의 가르침에 따르면, 언어는 완성된 작품으로서 한 세대에서 다른 세대로 전승된다. 물론, 두 번째 경향의 대표자들도 언어유산의 전수, 즉 가공물로서의 언어에 대한 전수를 은유적으로 이해한다. 그러나 여전히 그들 수중에서는 그런 비유가 단지 은유로 끝나지 않는다. 언어체계를 실체화하고 살아 있는 언어를 마치 죽어

---

46) 우리는 여기서 언급된 점들을 제 4장에서 부연 설명할 것이다.

있고 이질적인 것처럼 간주함으로써 추상적 객관주의는 언어를 언어적 의사소통의 흐름 밖에 있는 것으로 만들어 버린다. 이러한 흐름은 계속되지만, 언어는 공처럼 한 세대에서 다른 세대로 던져진다는 것이다. 그러나 실제로는 언어는 그 흐름과 함께 움직이며 그 흐름과 떼어놓을 수 없다. 언어가 전승된다는 것은 적절한 표현이 아니다. 그것은 연속하고 있는 것이다. 개인들은 이미 만들어진 언어를 결코 받아들이지 않는다. 오히려 그들은 언어적 의사소통의 흐름 속으로 들어간다. 사실 이러한 흐름 속에서 그들의 의식은 처음으로 작동하기 시작한다. 외국어를 배울 때에만 완전히 준비되어 있는 의식—즉, 모국어 덕택에 이미 준비되어 있는 의식—은 마찬가지로 완전히 준비되어 있는 언어와 만나게 되고 이 경우에는 단지 이미 만들어져 있는 그 언어를 (주어진 것으로서)* 받아들일 수밖에 없다. 그러나 사람들은 모국어를 그처럼 '받아들이지' 않는다. 스스로가 그 속에 들어가고 그러한 것에 의해서 비로소 사람들은 자각하는 것이다.

8. 이미 우리가 본 바와 같이 추상적 객관주의는 추상적, 공시적 차원에서의 언어의 존재를 언어의 진화에 결합시키지 못한다. 언어는 말하는 주체의 의식에 대해서는 규범적으로 자기동일적인 형태들의 체계로서 존재하지만(공시적인 측면)* 언어의 생성과정은 단지 언어사가에 대해서만 존재하는 것으로 되어 버린다(통시적인 측면)*. 이러한 점은 화자의 의식이 역사적인 진화의 과정과 능동적으로 접촉할 수 있는 가능성을 제거시킨다. 자유를 수반하는 필연과 말하자면 언어학적 책임을 수반하는 필연을 변증법적으로 결부시킨다는 것은 이러한 근거들 위에서는 전적으로 불가능하다. 여기서는 언어학적 필연에 대한 완전히 기계론적인 개념이 지배하고 있기 때문이다. 의심할

바 없이 추상적 객관주의의 이러한 특징 역시 죽어 있고 이질적인 언어를 무의식적으로 지향하는 고정관념에 결부되어 있는 것이다.

6. 요약과 결론

이제 우리에게 남은 일은 추상적 객관주의에 대한 비판적 분석을 요약하는 작업이다. 제 1장의 서두에서 제기했던 문제―연구의 고유하고 단일한 대상으로서의 언어현상들의 실제적인 존재양식에 대한 문제―는 추상적 객관주의에 의해서 바르게 해결되지 못했다. 규범적으로 자기동일적인 형태들의 체계로서의 언어라는 것은 죽어 있는, 이질적인 언어를 해독하고 가르치는 관점에서만 이론과 실천상 정당화될 수 있는 추상화이다. 이 체계는 언어사상(言語事象)을 있는 그대로, 그리고 존재하게 된 모습 그대로 이해하고 설명하기 위한 기초로서의 역할을 할 수 없다. 추상적 객관주의의 추종자들이 그들의 관점에서 사회학적인 중요성을 주장함에도 불구하고, 오히려 이 체계는 살아 있고 역동적인 언어실재와 그의 사회적 기능으로부터 우리를 멀어지게 하고 있다. 합리적이고 기계론적인 세계관에 대한 전제가 추상적 객관주의 이론의 근저에 깔려 있는 것이다. 이러한 전제는 역사를 적절하게 이해하는 근거조차 제시할 수 없다. 언어는 결국 완전히 역사적인 현상인 것이다.

이것으로부터 첫 번째 경향인 개인주의적 주관주의의 기본입장들이 올바른 견해라는 것이 도출될 수 있는가? 개인주의적 주관주의가 언어활동의 진정한 실재를 파악하는 데 성공했는가? 그렇지 않으면 진실은 중간 어디쯤에 놓여서 첫 번째 경향과 두 번째 경향 사이의,

즉 개인주의적 주관주의를 테제로 하고 추상적 객관주의를 안티테제로 하는 두 경향 사이의 타협점에 있는 것은 아닌가?

이 경우에 있어서도 그 밖의 다른 경우에서와 마찬가지로 진실은 테제와 안티테제 사이의 절충에 있지 않다. 진실은 그들을 뛰어넘어 그 둘을 부정하는, **변증법적인 진테제**(dialetical synthesis)에 있다. 첫 번째 경향의 테제들 또한 다음 장의 비판적 검토를 견딜 수 없다.

이 점에 대해서는 다음과 같은 점을 주의하도록 하자. 추상적 객관주의는 언어체계를 받아들이고 그것을 언어현상들의 전체적인 핵심으로 간주하고, 개인적 언어행위―발화―를 거부한다. 전술한 바대로 여기에 추상적 객관주의의 **근본적인 오해**가 있다. 개인주의적 주관주의에서 문제되는 전체적인 핵심은 정확히 언어행위―발화―였다. 하지만 개인주의적 주관주의는 이 행위를 개인적인 것으로서 정의하고 그것을 말하는 주체의 개인적인 정신생활의 측면에서 설명하려고 하였다. 바로 여기에 근본적 오해가 있는 것이다.

사실상 언어행위, 보다 정확하게 말하면 언어행위의 산물인 발화는 어떤 상황에서도, 그 말의 정확한 의미에 있어서, 개인적인 현상으로 간주될 수 없고, 말하는 주체의 개인적·심리적 조건이나 정신 물리학적 조건에 의해서 설명될 수도 없다. **발화는 사회적인 현상이다.**

이 테제를 다음 장(章)에서 보다 깊이 있게 다루어 보도록 하자.

제 3 장 언어적인 상호작용

1. 개인주의적 주관주의와 그 표현이론

  언어철학 사상의 두 번째 경향은 우리가 앞 장에서 이미 본 바와 같이 합리주의와 신고전주의에 깊은 연관이 있다. 이에 반해서 첫 번째 경향—개인주의적 주관주의—은 **낭만주의**와 관계를 맺고 있다. 낭만주의는 상당 정도 이질적인 말과 그것에 의해서 야기된 사고의 범주에 대한 반동이었다. 보다 더 정확하고 직접적으로 말한다면 낭만주의는 이질적인 말이 갖는 문화적 힘의 최후의 부활인 르네상스와 신고전주의 시대에 대한 반동이었다. 낭만주의자들은 모국어에 대한 최초의 문헌학자들이었고, 언어학적 사고의 근본적인 재구성을 처음으로 시도한 사람들이었다. 그들의 재구성은 의식과 사고들을 생성하는 매체로서의 모국어의 경험을 기초로 하고 있다. 엄격하게 말하자면 낭만주의자들은 문헌학자들이었다고 할 수 있다. 수세기에 걸쳐 형성되고 지속되어 온 언어에 대한 사고의 유형을 재구성한다는 것이 그들의 능력을 벗어나는 것은 물론 사실이다. 그럼에도 불구하고 새로운 범주들이 그 사고 속으로 소개되어졌고, 이러한 새로운 범주들은 첫 번째 경향에 고유한 특성을 부여하였다. 특징적인 것은 오늘날까지 개인주의적 주관주의의 대표자들은 근대어 특히 로만스어의 전문가들이라고 하는 점이다(보슬러, 스피처, 로르크, 그 외).

그러나 개인주의적 주관주의는 독백적 발화를 언어에 대한 사고가 다룰 수 있는 궁극적인 실재와 출발점으로 삼고 있다. 확실히 개인주의적 주관주의는 문헌학자의 수동적인 이해라는 관점에서 독백적 발화에 접근하지 않고, 자기를 표현하는 말하는 주체의 관점에서 그것에 접근하고 있다.

그렇다면 개인주의적 주관주의의 관점에서 볼 때 독백적 발화는 어떻게 되겠는가? 우리는 독백적 발화가 순전히 개인적인 행동이고 개인의식과 야망, 의도, 창조적 충동, 취향 등의 표현임을 보았다. 개인주의적 주관주의에 있어서 표현이란 범주는 언어행위—발화—가 포함되는 가장 일반적인 범주이다.

그러면 도대체 표현이란 무엇인가?

가장 단순하게 대략 정의하면, 개인의 심리 속에서 형체와 정의를 획득한 어떤 것이 어떤 종류의 외부적인 기호의 도움을 받아 다른 사람들을 위해서 외적으로 객관화되는 것이라고 정의할 수 있다.

따라서 표현에는 두 가지 종류의 요소가 있다. 그 하나가 **표현 가능한** 내적인 어떤 것이고, 다른 하나는 다른 사람들(혹은 그 자신을 위해서도 가능하다)을 위해서 **외적으로 객관화되는 것이다.** 아무리 복잡하고 미묘한 형태를 띠는 표현이론도 반드시 이 두 요소를 전제한다. 표현이라는 모든 사건이 이 요소 사이에서 연출된다. 따라서 모든 표현이론은 필수적으로 표현가능한 어떤 것이 표현 그 자체와는 분리되어 존재할 수도 있고 형체를 지닐 수도 있다는 사실을 전제하며, 또 표현가능한 어떤 것이 처음에는 어떤 한 형태로 존재하다가 다른 형태로 변모해 간다는 것도 전제한다. 그렇지 않고 만약 표현가능한 어떤 것이 애초부터 표현형태로 존재하고 두 요소 사이에는 양적인 이행(보다 명확히 한다든가 보다 분절화시킨다든가 하는 등의 의미와 같은 이행)만이 있다고 한다면, 표현이론 전체는 붕괴될 것이다. 따라서 표현이론은 필연적으로 내적·외적 요소 사이의 이원성과 내적 요소의 명백한 우월성을 전제한다. 왜냐하면 객관화(표현)의 개개의 행위는 내부에서 외부로 표출되는 것이고 그것의 원천은 내부에 있기 때문이다. 관념론과 정신주의의 토대가 일반적으로 개인주의적 주관주의와 표현이론들이 생겨난 토대였다는 사실은 결코 무의미한 것은 아니다. 정말로 중요한 것은 내부에 있다. 외적인 요소는 내적인 요소를 위한 도구가 될 때 그리고 정신을 표현하는 도구가 될 때 비로소 진정한 중요성을 가질 수 있는 것이다.

외적인 것으로 됨으로써, 자신을 외부로 표현함으로써 내적인 요소가 변화를 겪게 된다는 점은 아주 명백한 것이다. 결국 내적 요소는 그것과는 별개로 자신의 고유한 타당성을 갖고 있는 외적인 물질을 지배해야만 한다. 이렇게 외적인 물질을 지배하고 습득하며, 표현의 구성매체로 만드는 과정 속에서 표현가능한 내적 요소 자체도 변화를 겪게 되고, 그런 과정 속에서 일정한 양보를 하게 되는 것이다. 그러므로 모든 표현이론의 바탕인 관념론적 토대는 내적인 요소의 순수성을 변형시키는 것으로 보이는 표현을 근본적으로 부정하는 경향을 또한 야기시켰다.[47]

어쨌든 표현의 창조적이고 조직적인 힘들은 내적인 요소에 있다. 외적인 요소는 내적인 요소에 의해 조종되는 수동적인 물질에 불과하다. 표현은 기본적으로 내부에서 형성되어 외부로 전이된다. 이 주장에 따라 제기된 문제인 이데올로기적 현상에 대한 이해와 해석 그리고 설명이라는 과제도 역시 내부로 방향지워져야 한다. 즉 표현의 경로(내부에서 외부로)*를 역순(외부에서 내부로)*으로 밟아나가야 한다는 것이다. 설명은 반드시 외적인 객관화로부터 시작해서 내적인 조직화의 토대들로 나아가야만 한다. 이것이 바로 개인주의적 주관주의가 표현을 이해하는 방식이다.

2. 표현이론에 대한 비판

언어철학 사상의 첫 번째 경향의 기초가 되는 표현이론은 근본적으로 지탱되기 어려운 이론이다.

우리도 알다시피 경험적인 표현가능한 요소와 그 외적인 객관화는 하나의 동일한 물질로부터 창조된 것이다. 기호들로 구상화 된 것 이외의 경험이란 존재하지 않는다. 따라서 내적·외적 요소간의 근본적인 질적 차이라는 개념 자체는 그 시작에서부터 타당성이 없다. 더욱이 (표현을)* 조직하고 형성하는 중심은 내부(내적인 기호라는 매체 속에서)가 아니라 외부에 존재한다. 경험이 표현을 조직하는 것이 아니라, 그와 반대로 **표현이 경험을 조직한다.** 표현은 경험에 표현의 형태와 방향의 구체성을 제공한다.

---

47) '말해진 사고는 거짓말이다'(Tjutčev) ; '아, 말하지 않고 정신으로 말할 수 있다면'(Fet). 이들 진술은 관념론적인 낭만주의에 매우 전형적이다.

사실 어떤 측면에서 고찰하든지간에 표현-발화는 주어진 발화의 실제적인 상황에 의해서, 무엇보다도 **인접한 사회적 상황**에 의해서 결정된다.

주지하다시피 발화는 사회적으로 조직된 두 사람 사이에서 구성되며, 실제적인 수신자가 없는 경우에는 그 화자가 속한 사회집단의 통상적인 대표자를 수신자로 가정한다. **말은 수신자를 지향한다.** 그 수신자가 **누구**인가 하면, 동료일 수도 있고 같은 사회집단의 구성원이 아닐 수도 있으며, 신분상 높을 수도 낮을 수도 있고(수신자의 계층적 지위), 화자와 밀접한 사회적 관계를 가진 사람들(아버지, 형제, 남편 등)일 수도 그렇지 않을 수도 있다. 그러나 예컨대 인간 자신 등과 같은 추상적인 수신자는 존재하지 않는다. 사실 그런 사람과는 문자 그대로든 비유상으로든 공통의 언어를 가질 수 없기 때문이다. 예를 들어 우리가 종종 Urbi et orbi(거리와 세계)라는 것을 경험하고 말하는 듯한 태도를 취한다 하더라도, 사실은 이러한 '일반적인 세계'라는 것도 우리를 둘러싼 구체적인 사회적 환경의 프리즘을 통해서 떠올리고 있는 것에 지나지 않는다. 대부분의 경우 우리는 우리가 속한 사회집단과 시간의 이데올로기적 창조성이 지향하는 전형적이고 안정된 **사회적 시야**를 전제한다. 즉 우리는 동시대의 우리 문학, 과학 그리고 도덕적, 법적인 약호들을 우리의 수신자로 간주하는 것이다.

각 개인의 내적 세계와 사고는 그 자신의 안정된 **사회적 청중**을 갖고 있는데, 그 청중은 유행하고 있는 결론, 동기, 가치 등을 가진 환경을 구성하고 있다. 개인이 문화화되면 될수록 자신의 내적인 청중은 이데올로기적 창조성의 일반적인 청중과 흡사해진다. 그러나 어느 경우에도 특정한 계급과 특정한 시대라는 것은 수신자의 관념이 뛰어넘을 수 없는 한계들이다.

  수신자를 향한 말의 지향은 매우 큰 의의를 갖고 있다. 사실상 **말은 양면성을 갖는 행위이다.** 그것은 **누가** 하는 말이고, **누구를 위해** 하는 말인가에 따라서 동등하게 결정된다. **말은 화자와 청자, 발신자와 수신자 간의 상호교환적 관계의 산물이다.** 모든 말들은 타자와의 관계 속에 있는 인간을 표현하고 있다. 나는 다른 사람의 관점에서, 궁극적으로는 내가 속한 공동체의 관점에서 나 자신에게 언어형태를 부여하고 있다. 말은 나와 다른 사람 사이에 놓인 다리이다. 그 다리의 한 끝은 나에게 그리고 다른 한 끝은 수신자에게 연결되어 있다. 말은 발신자와 수신자, 화자와 그 상대방 모두가 공유하는 영역이다.

  화자라는 것은 무엇을 의미하는가? 말이 전적으로 그의 것이 아니고 그 자신과 수신자 사이의 경계선을 형성하고 있다해도 부분적으로는 여전히 그에게 속해 있다.

  화자가 그 말의 명백한 소유자이며 그 말에 대한 완전한 권리를 갖고 있는 경우가 있다. 그 말을 사용할 때 수반되는 생리적인 행위가 바로 그것이다. 그러나 순수하게 생리적인 견지에서 그 행위를 볼 것 같으면 소유의 범주가 적용되지는 않는다.

  발성이라고 하는 생리적인 행위 대신 기호로서의 말의 사용을 놓고 보면 점유권의 문제는 극히 복잡해진다. 기호로서의 말은 화자의 측면에서 보면 사회에서 사용가능한 수많은 기호들로부터 차용된 것이다. 그리고 사회적 기호를 구체적인 발화에서 개별적으로 사용하는 것 자체가 전적으로 사회적인 관계들에 의해 결정된다. 보슬러 학파의 주장대로 발화의 문체적인 개성화라는 것은 발화가 형성되는, 주위 분위기를 구성하는 사회적 상호관계들의 반영을 의미한다. **인접한**

사회상황과 광범위한 사회환경이 (말하자면 그 내부로부터) 발화의 구조를 결정한다.

사실 어떤 종류의 발화에서도 지시대상적인 전언을 갖고 있지 않고(좁은 의미에서의 의사소통), 어떤 필요에 대한 언어적 표현—예를 들어 배고픔 따위—과 같은 발화들도 전체적인 관점에서는 사회적인 지향을 띠고 있다고 할 수 있다. 무엇보다도 그것은 발언(發言, speech event)에 참여하고 있는 현상적 참여자와 함축적 참여자 모두에 의해 특정한 상황의 맥락 속에서 즉각적이고 직접적으로 결정된다. 이 상황은 발화의 외형을 결정하고 그것을 다른 방식이 아닌 특정한 방식으로 소리나게 한다. 예를 들어 명령이나 요구, 권리의 주장이나 자비를 구하는 탄원, 현학적이거나 평범한 문체, 자신 있거나 주저하는 태도 등과 같은 방식으로 소리나게 하는 것이다.

인접한 사회상황과 인접한 사회 참여자들이 발화의 '우연적인' 형태와 문체를 결정한다. 발화 구조의 심층은 화자가 접촉하고 있는 보다 더 지속적이고 기본적인 사회적 결합들에 의해서 결정된다.

비록 우리가 발화를 '영혼 속에서' 여전히 생성과정에 있는 것이라고 간주하려 해도 그 사실은 사물의 본질을 변화시키지 않을 것이다. 왜냐하면 경험의 구조는 외적인 객관화의 구조만큼이나 사회적이기 때문이다. 하나의 경험이 인식될 수 있고 분명하게 정식화될 수 있는 정도는 그것이 사회적으로 지향하고 있는 정도와 직접적인 연관이 있다.

사실상 가장 단순하고 희미한 감정의 의식—말하자면 바깥으로 표현되지 않은 허기의 느낌—조차 어느 정도의 이데올로기적인 형태 없이는 존재할 수 없다. 모든 의식은 내적 발화, 내적 억양, 내적 문체의 흔적들을 반드시 갖는다. 누구든지 자신의 배고픔을 유감스럽고, 짜증스럽고, 화가 나고, 모욕적인 것으로 느낄 수 있다. 우리는 내적인 억양이 취할 수 있는 매우 커다랗고 명확한 방향들만을 지적해 왔다. 실제로는 경험에 억양을 주는 것으로는 일련의 극도로 섬세하고 복잡한 가능성들이 있다. 외부적인 표현은 대부분의 경우 단지 내적 발화에 의해 취해진 방향과 이미 내적 발화 속에 간직된 억양을 계속 유지하고 그것들을 보다 더 선명하게 할 뿐이다.

내적인 허기감에 어떠한 방향에서의 억양을 부여할 것인가는 배고픈 경험의 가장 인접한 상황뿐만 아니라 배고픈 사람의 일반적인 사회적 지위에도 달려 있다. 왜냐하면 이 두 종류의 조건이, 배고픈 경험이 어떠한 가치의 맥락 속에서 자각되고 어떠한 사회적 시야 속에서 의식되는가를 결정하는 것이기 때문이다. 인접한 사회적 맥락 속에서 배고픔의 의식과 경험이 지향하게 될 잠재적인 수신자—수신자가 적이든 친구이든—를 결정한다. 그것이 일정한 사회적 맥락 속에서 냉혹한 자연이나 자신 및 사회, 혹은 사회 내의 특정집단에 대한 불만족 등이 어떠한 방향을 취하는가도 결정한다. 물론 경험을 이처럼 방향짓는 것이 어느 정도로 자각적이고 어느 정도로 명확한 모습을 띠며, 어느 정도로 분화되어 있는가 하는 점에는 정도의 차이가 있다. 그러나 가치평가적인 특정한 종류의 사회적 지향 없이는 어떤 경험도 있을 수 없다. 유아의 울음소리조차 그의 어머니에게로 '향해져 있다.' 배고픔의 경험이 정치적인 색조를 띨 가능성도 있다. 그런 경우 그 경험은 잠재적인 정치적 요구의 방향, 정치적 선동에 이르는 방향을 취해서 형성되고 항의나 그 밖의 다른 형태로 자각되는 것이다.

잠재적인(그리고 때로는 명확히 그것으로 감지될 수 있는) 수신자에 관해서는 두 개의 극단, 두 개의 한계를 구별하는 것이 가능하다. 경험은 이 양 극단, 양쪽의 한계 사이에서 어느 편으로든가 한쪽에 보다 더 경사됨으로써 자신을 자각하고 이데올로기상의 특징을 얻을 수 있는 것이다. 이 양극단의 명칭을 '**나의 경험**(i-experience)'과 '**우리들의 경험**(we-experience)'이라고 부르도록 하자.

'나의 경험'은 사실상 소멸해 가는 경향을 보인다. 나의 경험이 그 극단적인 한계에 가까이 가면 갈수록 이데올로기적인 구조를 더욱 더 많이 잃어버리게 되고, 그의 이해력은 동물의 생리적인 반응에 가깝게 된다. 이 극단으로 가는 과정에서 경험은 이 한계를 지향함으로써 사회적인 지향을 지닐 수 있는 가능성과 잠재성을 모두 잃게 되고, 결국은 그의 언어적 윤곽조차도 잃어버리게 된다. 개별적인 경험들 혹은 전체적인 집단의 경험들은 이 극단으로 접근할 수 있는데, 그렇게 하면 모두 다 이데올로기적인 선명성과 구조를 상실하고, 의식의 사회적 원천은 뿌리 채 뽑히게 된다.48)

'우리들의 경험'은 결코 군중의 모호한 경험은 아니다. 그것은 분화되어 있다. 더욱이 이데올로기적 분화와 의식의 성장은 사회적 지향의 확고함과 안정성에 정비례하고 있다. 개인이 그 안에서 스스로의 방향을 결정하는 집단이 강고하고, 고도로 조직되고, 보다 잘 분화되어 있을수록 그 정도에 따라서 개인의 내적 세계도 보다 명확하고 보다 복잡한 것으로 될 것이다.

'우리들의 경험'은 다양한 정도의 차이가 있고 그것이 이데올로기

---

48) 인간의 일련의 성적인 체험이 사회적인 맥락에서 탈락할 수도 있다는 것, 그리고 이 탈락과 동반하여 언어적 인식을 상실할 수도 있다는 것에 대해서는 앞에서 말한 『프로이트주의』(1927), pp.135~136. 참조.

적으로 형성되고 있는 경우에도 다양한 유형이 있다.

뿔뿔이 흩어져 있는 배고픈 사람—그의 배고픔은 우연스러운 것(사회적인 낙오자, 거지 등)이다—중의 하나에 의해 의식되는 배고픔의 경우를 가정해 보자. 그러한 비계급자(非階級者)의 경험은 특정한 방향으로 채색될 것이고, 잠재적으로는 매우 광범위한 범위를 가진 특정한 이데올로기적인 형태로 되어갈 것이다. 비굴함, 수치, 투기심, 그리고 다른 가치평가적인 색조들이 그의 경험을 채색할 것이다. 그런 경험이 전개됨에 따라 형성된 이데올로기적인 형태들은 개인주의적인 방랑자의 저항이나 회개하는 신비적 체념이 될 것이다.

이제 또 다른 경우를 상상해보자. 이 경우는 배고픈 사람들—어떤 집단에 소속되어 있는—의 배고픔이 우연이 아니고 집단적인 성격을 띠고 있는 경우이다. 그러나 이런 배고픈 사람들의 집단은 집단자체가 물질적인 유대에 의해 서로 밀접하게 묶여 있지는 않다. 그들의 배고픔의 경험은 개별적인 자기 자신의 것이다. 대부분의 농부들이 이 경우에 속한다. 배고픔은 '보편적'으로 경험되지만, 개개인이 공통의 경제관계에 의해 연결되어 있지 않고 물질적으로 흩어진 상황에 있기 때문에 자신의 개인주의적 경제의 작고 폐쇄된 세계 속에서 배고픔의 고통을 견뎌내고 있다. 이러한 집단에서는 통일된 행동을 취하는 데 필요한 단일한 물질적 구조가 결여되어 있다. 이같은 상황 하에서는 배고픔에 대한 부끄러움과 비하를 수반하지 않는 체념의식이 지배적인 것으로 된다. '모든 사람이 참고 있으므로 당신 또한 참아야 한다'는 것으로 된다. 여기에서 무저항주의자 혹은 운명론자적인 유형의 철학적·종교적 체계가 발전하는 토대가 나타난다(초기 기독교와 톨스토이주의).

배고픔에 대한 완전히 다른 또 하나의 경험은 그 경험이 객관적·물질적 이해 아래 결합되고 통일된 집단의 구성원들에게 적용되는 경우이다(군대, 공장벽 안에 모인 노동자들, 거대한 자본주의적 농장의 소작인들, '대자적 계급'으로까지 성숙한 하나의 계급전체). 배고픔의 경험이 이번에는 비천하고 수동적인 억양을 갖지 않는 능동적이고 자기 확신적인 투쟁으로 점철될 것이다. 경험이 이데올로기적인 명확성과 구조를 획득하기에는 이러한 것들이 가장 바람직한 토대이다.49)

이러한 모든 표현유형들은 나름대로의 고유한 억양들을 갖고 있다. 게다가 그 억양에 적당한 발화의 형태도 풍부하다. 모든 경우에서 배고픔의 경험이 특정한 억양의 방향에서 나와 발화로 표현될 때, 어떤 용어나 은유 그리고 어떤 형태로 전개되어야 하는가를 결정하는 것은 사회적인 상황이다.

개인주의적인 **자기 경험**이라는 것은 특수한 성격을 지니고 있다. 그것은 앞에서 정의된 엄밀한 의미에 있어서의 '나의 경험'에는 속하지 않는다. 개인주의적인 경험은 완전히 분화되어 구성된다. 개인주의는 부르주아 계급의 '우리들의 경험'의 한 특수한 이데올로기 형태이다(봉건귀족계급의 개인주의적인 자기 경험도 이것과 아주 유사한 형태이다). 경험의 개인주의적 유형은 확고하고 확신에 찬 사회적 지향으로부터 도출된다. 자신에 대한 개인주의적인 확신 즉 스스로의 개인적 가치에 대한 의식은 자신의 내부나 자신의 개성의 깊이로부

---

49) 배고픔의 표현들에 관한 재미있는 제재는 스피처의 *Italienische kriegsgefangenenbriefe* 와 *Die Umschreibungen des Begriffes Hunger*에서 볼 수 있다. 이들 연구논문의 기본관심은 예외적인 상황의 조건들에 대한 말과 이미지의 적합성에 대한 문제이다. 하지만 저자는 진정한 사회적 접근방법을 보이고 있지 않다.

터 유래한 것이 아니라 외부세계로부터 온 것이다. 그것은 자신이 사회적으로 인정되고 법에 의해 수호되며 자신의 개인적인 경제활동이 주어진 정치체제 전체에 의해 객관적으로 보호 강화되는 상태의 이데올로기적인 해석이다. 의식적이고 개인적인 인격의 구조는 집단적인 경험의 유형만큼이나 사회적인 구조이다. 그것은 개인의 영혼 속에 투사된, 복잡하고 지속적인 사회·경제상황에 대한 특별한 해석인 것이다. 그러나 이러한 개인주의적인 '우리들의 경험'의 유형에도 그것에 상응하는 질서(사회·정치체제)*와 마찬가지로 내적인 모순이 존재하고 있다. 이 모순은 조만간 그것의 이데올로기적 구조화를 파괴할 것이다.

고독한 자기 경험(고고하게 존재할 수 있는 권리를 지닌다고 느낄 수 있는 능력과 힘)인 유형도 이것과 유사한 구조를 갖고 있다. 이 유형은 로망·롤랑에 의해 개발되었고, 어느 정도는 톨스토이에 의해 개발되기도 했다. 이런 고독감과 관련된 자부심은 '우리들'에 또한 의존하고 있다. 이것은 오늘날 서구의 인텔리겐챠들에게 특징적인 '우리들의 경험'의 변이체이다. 두 가지 종류의 사고—'자신을 위한'과 '공동을 위한'—가 있다는 톨스토이의 진술은 실은 '공공'에 대한 두 가지 다른 개념들을 병렬시켜 놓은 데 불과하다. 톨스토이의 소위 '자신을 위한'은 사실상 자신에게 특이해 보이는 수신자의 또 다른 사회적 개념을 의미하고 있을 뿐이다. 어떤 모습을 취한 표현을 지향하지 않는 사고라고 하는 것은 존재하지 않는다. 따라서 이 표현에 부여된 사회적 지향 없이는 사고도 없는 것이다.

이처럼 말하는 주체의 인격은 내부에서 포착된, 말하자면 전적으로 사회적 상호관계의 산물인 것이다. 그의 외적인 표현뿐만 아니라 내적인 경험 역시 사회적인 영역에 속한다. 그러므로 내적인 경험('표현 가능한 것')과 외적인 객관화('발화')는 전적으로 사회적인 영역 속에 놓여 있다. 경험이 완결된 발화의 모습을 취해서 실현화되는 단계에 이르렀을 때 그것의 사회적 지향은 담론의 인접한 사회적 상황과 특히 실제의 수신자에게 중점을 둠으로써 한층 복잡해진다.

우리의 분석은 이전에 검토했던 의식과 이데올로기의 문제를 새롭게 조명하고 있는 것이다.

일정한 매체(몸짓, 내적인 말, 외침 등)에 의해 객관화되지 않거나 구상화되지 않는 의식이란 허구이다. 그러한 의식은 사회적 표현의 구체적인 사실로부터 추상화를 거쳐서 창조된 것으로서, 적절치 못한 이데올로기적 구성이다. 그러나 조직된 질료적(말, 기호, 그림, 색채, 음악적 소리 등의 이데올로기적 매체에 의한) 표현으로서의 의식은 객관적 사상(事象)이며 엄청나게 큰 사회적인 힘이다. 확실히 이런 종류의 의식은 초존재적인 현상도 아니고 존재의 양식을 결정할 수도 없다. 의식 자체가 존재의 일부이고, 존재가 지닌 힘의 일부이다. 바로 그런 까닭으로 그것은 효용성을 갖고 존재의 무대에서 역할을 수행하는 것이다. 의식이 그것을 지니고 있는 인간의 머릿속에서 표현의 내적인 말의 태아로 머물러 있는 한 그것은 아직은 존재의 너무나 작은 한 부분이고, 그의 행동 범위 역시 아직은 너무나 좁다. 그러나 그것이 일단 사회적 객관화의 모든 과정을 거쳐서 과학, 예술, 윤리, 법 등의 강력한 체계 내로 들어가게 되면, 사회생활의 경제적인 토대에 영향을 미칠 수 있는 진정한 힘이 된다. 확실히 의식의 이러한 힘은 특정한 사회적 조직의 모습을 띠고 구체화되는 것이고 확고한 이데올로기 표현(과학, 예술 등) 속에 정착하는 것이다. 그러나 의식은 순간적으로 떠오른 사고나 경험의 아직 애매한 원초적인 형태에서도 이미 작은 사회적인 사건인 것이지 개인적인 내적 작용인 것은 아니다.

처음부터 경험은 완전히 실현된 외적 표현을 지향하고 있고 그 방향으로 나아가는 경향을 보인다. 어떤 경험에 대한 표현은 실현되는 경우도 있지만, 제지되는 경우도 있다. 후자의 경우에 있어서의 그러한 경험은 금지된 표현인 것이다(금지의 이유와 조건에 대한 매우 복잡한 문제는 여기서는 다루지 않기로 하겠다). 실현된 표현은 역으로 경험에 대하여 강력한 영향을 미친다. 그것은 내적인 생활을 조직하고, 내적인 생활에 보다 선명하고 확고한 표현을 부여한다.

형태를 부여받은 확실한 표현이 이와 같이 경험(내적 표현)에 거꾸로 영향을 미친다고 하는 것은 매우 중요하며 항상 고려되어야 한다. **표현이 우리의 내적 세계에 수용된다기보다는 오히려 우리의 내적 세계가 우리들이 지닌 표현의 가능성과 그 가능한 표현의 방법 및 표현의 방향에 수용된다**는 주장이 나올 수가 있는 것이다.

3. 일상적 이데올로기의 문제

일상적 경험과 그것에 직접적으로 연관된 외적 표현 전체를 이미 확립된 이데올로기적 체계—예술, 윤리, 법 등의 체계—와 구별하기 위해서 **일상적 이데올로기**라는 용어를 사용하도록 하자. 일상적 이데올로기는 우리의 모든 행위와 행동 그리고 의식적 상태에 의미를 부여하는 비체계적이고 비고정적인 내적·외적 발화의 분위기이다. 표현과 경험에 대한 구조의 사회학적 속성을 고려해 볼 때 우리의 소위 일상적 이데올로기라는 개념은 마르크스주의 문헌에서 말하는 '사회심리'와 기본적으로 상응한다고 할 수 있다. 현재의 맥락에서는 '심리'란 용어를 피하는 것이 좋겠다. 왜냐하면 우리는 전적으로 심리와 의식의 내용에 관심을 쏟고 있기 때문이다. 그 내용은 개인적이고 유기체적인(생물·생리적인) 요인들에 의해 결정되는 것이 아니고 순수하게 사회적인 요인들에 의해 결정된다. 개인적이고 유기체적인 요인은 의식내용의 근본적이고 창조적인 생생한 윤곽을 이해하기에는 부적절하다.

사회윤리, 과학, 예술 및 종교 등의 확립된 이데올로기 체계들은 일상적 이데올로기의 결정(結晶)들이다. 이러한 결정들은 역으로 일상적 이데올로기에 강력한 영향력을 행사하여 그것의 기조도 결정한다. 그와 동시에 이와 같이 이미 정식화된 이데올로기적 산물들은 끊임없이 일상적 이데올로기와 지극히 긴밀하게 유기적 접촉을 유지하고 그것으로부터 자양분을 얻고 있는 것이다. 문학작품이나 인식상의 관념이 그것에 대한 생생하고 가치평가적인 지각이 없으면 죽는 것과 마찬가지로 그와 같은 접촉이 없다면 그것들은 모두 죽게 될 것이다. 왜냐하면 어떠한 이데올로기적 작품도 생생한 이데올로기적 지각으로 받아들여지지 않으면 그 스스로 존재할 수 없기 때문이다. 게다가 이데올로기적 작품을 받아들인다는 것은 일상적 이데올로기의 언어를 매개로 행해지는 것이다. 일상적 이데올로기는 작품을 특정한 사회적 상황 안으로 이끈다. 작품은 일상적 이데올로기를 지각하는 사람들이 가진 의식의 내용 전체와 결합하고 바로 그 의식의 맥락 속에서만 인식상의 가치를 추출해 낸다. 작품은 (받아들이는 자의) 의식의 주어진 내용의 정신에 의해서 해석되고 그것에 의해서 새롭게 조명을 받는다. 이러한 과정이야말로 이데올로기적 산물의 생생한 모습인 것이다. 역사적으로 존재하는 각각의 시대마다 작품은 변화하는 일상적 이데올로기와 밀접한 관련을 가져야만 하고, 일상적 이데올로기 속으로 침투되어 그것으로부터 새로운 자양분을 획득하지 않으면 안 된다. 작품이 주어진 시대의 일상적 이데올로기와 끊임없이 유기적인 연결을 만들어 낼 수 있는 정도에 따라서 작품은 그 시대에 (물론 그 해당 집단 안에서) 존립할 수 있는 것이다. 일상적 이데올로기와의 이러한 연결이 없는 작품은 존재하지 않는다. 왜냐하면 그렇게 되면 이데올로기적으로 의미 있는 어떤 것으로서 경험되지 않게 되기 때문이다.

우리는 일상적 이데올로기 내의 다른 여러 층을 구별할 필요가 있다. 이러한 층들은 경험과 표현이 측정되는 사회적 척도와 경험과 표현이 스스로 직접 자신의 방향을 결정하지 않으면 안 되는 사회적 힘들에 의해 규정된다.

주지하다시피 주어진 경험과 표현은 일정한 사회적 시야 속에서 형성되는데, 그 시야의 범위는 현격한 차이가 있다. 어떤 경험의 세계는 좁고 희미할 수도 있으며 그것의 사회적 지향은 우연적이고 순간적일 수도 있고, 소수의 구성원을 가진 몇몇 모험적이거나 느슨한 결합체에서만 특징적인 것일 수도 있다. 물론 이러한 잘못된 경험들조차도 이데올로기적이고 사회적인 것이다. 그러나 그것들의 위상은 일반적인 것과 병리적(病理的)인 것의 경계선상에 놓여 있다. 이와 같은 우연스러운 경험은 그런 경험을 한 사람의 심리적인 생활 속에서 독립된 것으로 남아 있게 될 것이다. 그것은 확고한 뿌리를 내리지 못할 것이고, 분화되어서 완전히 성숙된 표현을 갖지도 못할 것이다. 사실상 그것이 사회적 토대나 안정된 청중을 기반으로 하고 있지 않다면 그것의 분화와 완성의 토대를 찾을 수 있겠는가? 문자에 의한 정착의 가능성도 없고 인쇄에 의한 정착 등은 더 더욱 없게 될 것이다. 그러한 종류의 경험들, 즉 순간적이고 우연히 만들어진 경험들은 사회적 영향이나 효용성을 가질 수가 없다.

일상적 이데올로기의 최하층에 있는 가장 유동적이고 빠르게 변하는 층은 그런 종류의 경험으로 구성된다. 따라서 모호하고 개발되지 않은 경험들, 사고들 및 우리의 마음속에 언뜻 스치고 지나가는 우연적인 말들이 이 층에 속한다. 그것들은 주인공 없는 소설이나 관중 없는 무대와도 같이 사회적 지향을 잘못 이끈 유형들이다. 그것들은 어떠한 종류의 논리나 통일도 결여하고 있다. 그러한 이데올로기적인 짜집기들 속에서 사회적 법칙성을 찾아내기란 극도로 어려운 일이다. 일상적 이데올로기의 최하층에서는 통계상의 법칙성만이 검출될 수 있을 뿐이다. 이러한 종류의 산물들의 방대한 분량이 주어진다면, 사회·경제적 법칙성의 윤곽들이 나타날 수도 있다. 그러나 그러한 우연적인 경험과 표현 속에서 사회·경제적 전제들을 찾아낸다는 것은 사실상 불가능하다.

일상적 이데올로기의 상층부는 직접적으로 이데올로기의 체계들과 연결되어 있는데, 보다 더 생동감이 있고 중대하며 창조적인 특성을 갖고 있다. 이미 확립된 이데올로기와 비교해 볼 때 그것들은 훨씬 더 유동적이고 민감하다. 그것들은 사회·경제적 토대에서의 변화들을 더욱 빠르고 생생하게 전달한다. 이데올로기 체계들의 부분적인 혹은 근본적인 개조를 일으키는 창조적인 에너지가 축적되는 곳도 이들 층에서이다. 새롭게 출현하는 사회적 세력들은 그들이 조직되고 공시적인 이데올로기 장(場)을 지배하는 데 성공하기 전에 먼저 이러한 이데올로기의 상층부에서 이데올로기적인 표현을 발견하고 형태를 갖춘다. 물론 투쟁의 과정 속에서, 이데올로기적인 조직체들(신문, 문학, 학문 등의 영역)의 내부로 점진적으로 침투해가는 과정 속에서 이와 같은 일상적 이데올로기의 새로운 조류들은 아무리 자신이 혁명적이라 해도 기존의 이데올로기 체계의 영향을 받게 되고, 어느 정도까지는 이미 축적되어 있는 형태나 이데올로기적인 관행, 접근방식과 혼합되게 된다.

보통 '창조적인 개성'이라고 불리는 것은 어떤 특정 개인의 기본적이고 확고하게 기초지워진 일관된 사회적 지향의 노선의 표현에 불과하다. 이것은 내적 발화의 최상층에 완전하게 구축된 층(일상적 이데올로기)과 주로 관계를 맺고 있는데 그것의 용어와 억양들 각각은 이미 표현의 단계를 경험했다. 말하자면 표현의 시련을 통과한 것이다. 따라서 여기에 관련된 말들, 억양들, 내적인 말의 몸짓들은 대체로 광범위한 사회적 규모에 걸쳐 외적 표현의 경험을 겪었다. 말하자면 사회의 청중으로부터의 반응과 응답, 지지와 반대에 의해 높은 사회적 세련과 품위를 획득한 것이다. 일상적 이데올로기의 보다 낮은 층에서는 생물적·전기적인 요인(생리적, 생존사적 요인)*이 물론 중요한 역할을 하는 것이 사실이다. 그러나 그것의 중요성은 발화가 이데올로기 체계 속으로 더욱 깊게 침투해 들어감에 따라 점점 더 약화된다. 생물적·전기적인 설명들이 경험과 표현(발화)의 저층에서는 약간의 가치를 갖고 있는데 비하여 상층에서의 그것들의 역할은 아주 미미하다. 바로 이 상층에서는 객관적이고 사회학적인 방법이 전권을 장악하게 된다.

4. 말의 생성과정에 있어서 기본적 통일로서의 발화

그렇다면 개인주의적 주관주의의 근저에 깔려 있는 표현이론은 거부되어야만 한다. 모든 발화나 경험을 조직하는 중심점은 내부가 아니라 외부, 즉 개인을 둘러싼 사회적 환경 속에 있는 것이다. 단지 동물의 비분절적인 울음소리만이 개별적 존재의 내적인 생리적 장치로부터 나올 뿐이다. 그러한 울음은 생리적인 반응에 상응하는 적극적인 이데올로기적 요인을 결여하고 있다. 그러나 개별적인 유기체에 의해서 만들어지는 가장 원시적인 인간의 발화조차도 그것의 내용, 중요성, 의미라는 관점에서 보면 사회적 환경의 비생체적인 조건 속에서, 그 유기체의 외부에서 조직되는 것이다. 그러한 발화는 전적으로 사회적 상호작용의 산물이다. 그것은 담론이 행해지는 상황에 의해서 규정되는 인접한 상호작용의 산물이고 주어진 화자의 공동체가 작용하고 있는 조건들의 총체적인 것에 의해서 규정되는 보다 더 일반적인 종류의 사회적 산물이다.

개인의 발화(빠롤)는 추상적 객관주의의 주장에도 불구하고, 그 개별성 때문에 사회적 분석에는 별로 연관이 없는 그런 개인적인 사실이 결코 아니다. 만약 그러하다면 이러한 개인적인 행위들의 총계도 또한 이러한 개인적인 행위들에 공통적인 모든 추상적인 특징들('규범적으로 동일한 형태도')도 사회적 산물을 만들 수 없었을 것이다.

개인적 주관주의는 개인의 발화들이 언어의 실제적이고 구체적인 현실을 이루고 있다고 하는 점에서, 그리고 그것들이 언어에서 창조적인 의의를 **가지고 있다**고 주장하는 점에서 **옳은** 것이다.

그러나 개인주의적 주관주의는 그 발화의 사회적 속성을 무시하거나 이해하지 못한다는 점에서 그리고 화자의 내적 세계로부터 그 내적 세계의 표현으로서의 발화를 추론해 내려고 시도한다는 점에서 **잘못된** 것이다. 발화의 구조와 표현되는 바로 그 경험의 구조는 **사회적인 구조**이다. 어떤 발화를 문체적으로 구체화한다는 것은 사회적인 종류의 구체화이고, 발화들의 언어적 흐름 그 자체도 사회적인 흐름(언어의 실재성은 결국 이 점에 환원되는 것이다)이다. 그 흐름에서 나온 어떠한 물방울도 사회적인 것이고 발화 생성의 동력학 전체도 역시 사회적인 것이다.

개인주의적 주관주의가 그 언어형태와 그것의 이데올로기적 실행은 **분리되어질 수 없는** 것이라고 주장한 점에서는 또한 완전히 **옳은** 것이다. 모든 말은 이데올로기적인 것이고, 언어의 모든 적용은 이데올로기적인 변화를 수반한다. 그러나 개인주의적 주관주의가 이와 같은 말의 이데올로기적인 실행을 개인 심리의 조건으로부터 이끌어 내려고 한다는 점에서는 **잘못된** 것이다.

개인주의적 주관주의는 추상적 객관주의와 마찬가지로 독백적 발화를 자신의 기본적인 출발점으로 간주하려 한다는 점에서 **잘못된** 것이다. 확실히 보슬러 학파의 몇몇은 대화의 문제를 고려하기 시작했고, 그래서 언어적인 상호작용에 대한 보다 정확한 이해에 접근했다. 이 점과 관련해서 주목되는 것은 우리가 이미 인용했던 스피처의 저서 중의 하나인 『이탈리아어의 일상회화』이다. 그 책에서 그는 이탈리아 구어(口語)의 형태들을 담론의 상황과 접맥해서 그리고 무엇보다도 수신자의 문제와 접맥해서 분석하려고 시도하고 있다.50) 그러나 스피처는 **묘사적이고 심리학적인** 방법을 사용하고 있다. 그는 자신의 분석에서 사회학적인 원칙에 따른 결론들을 이끌어 내지 않는다. 따라서 보슬러 학파에서는 독백적 발화가 여전히 기본적인 실재로 남아 있게 된다.

언어적 상호작용의 문제는 디트리히(Otto Dietrich)에 의해서 명쾌하고 확실하게 제기되어 왔다.51) 그는 표현으로서의 발화이론을 비판하면서 자신의 논리를 전개시킨다. 그에게는 언어의 기본적인 작용이 표현이 아니고 **의사소통**(엄밀한 의미에서)이다. 그리고 이 사실은 그에게 수신자의 역할에 대해서 숙고하도록 하였다. 언어 현상을 위한 최소한의 조건은 디트리히에 따르면 두 **사람**(화자와 청자)이 있어야 한다는 것이다. 그러나 디트리히의 일반 심리학적인 전제는 개인주의적 주관주의의 전제와 공통된 것이다. 따라서 디트리히의 연구는 결정적으로 사회학적 기반을 결여하고 있다.

5. 언어의 실제적인 존재양식에 대한 문제 해결법

이제 우리는 본서 2부 1장의 끝부분에서 제기한 문제에 대한 답을

---

50) 이 점에 관해서 징후적인 것은 그 책의 구성 바로 그것이다. 그 책은 4개의 중요한 장으로 나누어진다. 각각의 제목은 다음과 같다. Ⅰ. *Eröffnungsformen des Gesprächs*. Ⅱ. *Sprecher und Hörer; A. Höflichkeit(Rücksicht anf den Partner). B. Sparsamkeit und Verschwendung im Ausdruck. C. In einandergreifen von Rede und Gegenrede.* Ⅲ. *Sprecher und Situation* Ⅳ. *Der Abschluss des Gesprächs*. 실생활의 담론의 조건들 아래에 있는 대화적인 언어를 연구한다는 점에서 스피처의 선배는 Hermann Wunderlich이다. 그의 저서 *Unsere Umgangssprache*(1894) 참조.

51) *Die Probleme der Sprachpsychologie*(1914). 참조.

제시할 수 있게 되었다.

언어활동의 현실은 언어형태들의 추상적 체계도, 독립된 독백적 발화도, 그것을 수행하는 생리적인 행위도 아니다. 그것은 하나의 발화 혹은 여러 발화들 속에서 수행된 언어적 상호작용의 사회적 사건이다.

따라서 언어적 상호작용이 언어의 기본적인 실재인 것이다.

협의의 대화는 언어적 상호작용의 여러 형태들—확실히 매우 중요한 형태이다—중의 하나이다. 그러나 광의의 대화는 사람들 사이에서 직접적으로 음성화된 언어적 의사소통뿐만 아니라 모든 종류의 언어적 의사소통을 의미할 수 있다. **인쇄된 언어행위**인 책 역시 언어적 의사소통의 한 요소라고 할 수 있다. 그것은 실제의 생생한 대화 속에서 토론되어질 수 있고, 그 외에도 그것은 주의깊은 독서와 내적인 반응들을 포함하는 능동적인 인지를 기대하여 쓰여지며, 문제가 되는 언어적 의사소통의 특정한 부분에 의해서 고안된 여러 가지 형태(서평, 비평적 고찰, 그 뒤의 작품들에 대한 영향을 판단하는 것 등)로 조직되고 **인쇄된** 반응을 기대할 수 있다. 더욱이 이런 종류의 언어행위는 필연적으로 작자 자신의 것들은 물론 다른 작자들의 깊은 영역에서의 이전의 언어행위에 대해서도 일정한 위치를 결정하고 있다. 그것은 필연적으로 그의 출발점을 과학상의 문제나 문학상의 양식을 포함하는 일들에 대한 특별한 상태에서 찾게 된다. 따라서 인쇄된 언어행위는 넓은 범위의 이데올로기적인 회화와 관계를 맺는다(어떤 것에 대답하며 반대하고 긍정하기도 하며 있을 수 있는 대답이나 반대를 기대하기도 하며, 지지를 구하기도 하는 것이다).

아무리 무게 있고 완전한 발화라 하더라도 **언어적 의사소통의 지**

속적인 과정 속에서는 순간에 불과하다. 그러나 그 지속적인 언어적 의사소통 역시 주어진 사회집단의 지속적이고 함축적이며 생성하는 과정 속에서는 순간에 불과한 것이다. 이 점에서 중요한 문제가 발생한다. 그것은 구체적인 언어적 상호작용과 언어외적 상황—인접한 상황과 그것을 매개로 한 보다 넓은 상황 모두—간의 연관성에 관한 문제이다. 이 연관이 취하는 형태들은 다양하고 어떤 상황에서의 다양한 요인들은 여러 가지 형태들과 결부되어 다양한 의미를 취할 수 있는 것이다(예를 들어 이러한 연관들은 문학과 과학의 의사소통이라는 상황에서는 각기 다른 요인들을 취하게 되므로 다르게 된다).

언어적 의사소통은 구체적 상황과 맺는 이 관계를 떠나서는 절대로 이해될 수도 없고 설명될 수도 없다. 언어적 상호작용은 의사소통의 공통적인 기반에서 갈라져 나온 여러 가지 유형의 의사소통에 의해서 복잡하게 얽혀 있다. 말이 이처럼 영속적으로 생성하는 의사소통의 통일된 과정에서 분리될 수 없다는 것은 당연하다. 어떤 상황과 구체적으로 관련된 속에서의 언어적 의사소통은 항상 비언어적인 특징을 갖는 사회적 행위(노동행위, 의식과 의례의 상징적인 행위)를 수반하고, 종종 단지 보족적인 역할을 수행하는, 이러한 행위들에 대한 보조기구로서 사용되기도 한다. **언어가 생명을 얻고 역사적으로 진화하는 곳은 언어형태들의 추상적인 언어학적 체계나 화자의 개인적인 심리 속에서가 아니라 바로 여기, 즉 구체적인 언어적 의사소통 속에서이다.**

이미 확립된 것으로부터 방법론적 기반을 지닌 언어연구의 순서는 다음과 같이 되어야 할 것이다. (1) 구체적 상황들에 연결된 언어적 상호작용의 형태와 유형들. (2) 밀접하게 연관된 상호작용의 요소로서의 개개의 발화와 개개의 화행(話行)의 형태들, 즉 인간의 행위와 이데올로기적 창조성 속에서 언어적 상호작용에 의해 규정되는 화행(話行)의 장르들. (3) 이러한 새로운 기반 위에서 보통 언어학적 현상으로 출현하는 언어형태들에 대한 재검토.

언어의 실제적인 생성과정도 마찬가지 순서를 밟는다. 즉, **사회적 상호관계는 (토대로부터 나와서) 생성되며 그 속에서 언어적 의사소통과 상호작용이 생성된다. 그리고 후자에서 화행(話行)의 형태들이 생성된다. 마지막으로 이 생성과정은 언어형태들의 변화 속에 반영된다.**

6. 전체로서의 발화라는 실재와 그 형태들

위에서 언급한 모든 것으로부터 **전체로서의** 발화의 형태들에 대한 매우 중요한 문제가 제기된다. 현대언어학이 발화 그 자체에 대한 접근을 결여하고 있다는 것은 이미 지적하였다. 그것에 대한 분석은 발화를 구성하는 요소들 이상으로 더 진전되지 않는다. 그런데 발화들은 언어활동의 흐름을 형성하는 실제의 단위들이다. 이 실제단위들을 연구하기 위해서 필요한 것은 그것들이 발화의 역사적 흐름으로부터 독립되지 않는 일이다. 전체로서의 발화라는 실재는 언어적 상호작용의 흐름 속에서만 수행된다. 결국 그 전체는 발화의 경계선들에 의해서 정의되고, 이 경계선들은 주어진 발화와 언어외적 상황·언어적 (다른 발화들로 구성된) 상황 사이의 접선을 지나고 있다.

처음의 말들과 마지막의 것들, 즉 실제 발화의 시작과 나침은 이미 전체의 문제를 구성하고 있는 것이다. 내적·외적 언어생활의 과정으로 광범위하게 이해되는 발화과정은 계속해서 진행된다. 그것은 처음과 끝을 알지 못한다. 외부로 표현된 발화는 내적 발화의 끝없는 바다에서 솟아난 섬이다. 이 섬의 형태와 크기는 발화의 주어진 **상황**과 그 **청중**에 의해서 결정된다. 상황과 청중의 압력으로 내적 발화는 일정한 형태를 지니고 일정한 규모를 가진 외적 표현으로 실현되는 것이다. 외적 표현은 언어화되지 않은 일상적 맥락 속에 포함되어 그 속에서 몸짓이나 행위에 의해 또는 문제의 발화에 관여하는 참여자들의 언어적 응답에 의해 부연되는 것이다. 완전한 형태를 갖춘 질문, 감탄, 명령, 요청들은 일상적 발화들에 있어서 전체적인 형태의 가장 전형적인 것들이다. 그것들 모두(특히 명령과 요청)는 언어 이외의 것의 도움을 필요로 하고 실제로 언어 이외의 것의 기원이 될 필요가 있다. 이러한 작은 일상적 **장르**들이 이룩하는 구조의 유형은 언어와 언어 이외의 환경과의 마찰에 의해서 그리고 문제의 말과 다른 말(타자의 말들)과의 마찰에 의해서 결정된다. 따라서 명령이 취하게 될 형태는 그것이 만날지도 모르는 장애물들과 기대되는 복종심의 정도 등에 따라 결정된다. 이러한 경우들에 있어서의 장르의 구조는 일상적 상황의 우연적이고 독특한 특징들과 일치할 것이다. 일상적인 상호교환에 있어서 사회관습과 상황들이 어느 정도 특정한 형태들을 고정시키고 안정시켰을 때에만 일상적 발화장르에서 구조의 특정한 유형들에 대해 말할 수 있는 것이다. 그래서 예를 들면, 응접실에서 가벼운 마음으로 되는대로 얘기하는 문예한담이란 장르에 맞는, 완전히 고유한 유형의 구조가 형성된다. 거기에선 누구나 '편안함'을 느끼고, 모여 있는 사람(청중)들 사이의 차이라곤 남자와 여자라는 차이

외에는 아무 것도 없다. 우리는 여기에서 특별하게 고안된 형태, 즉 암시, 반어법(半語法 ; 최후까지 말하지 않는 화법)*, 심각하게 의도하지 않는 성격의 짧은 이야기 등을 발견한다. 부부간이나 남매간의 대화에서는 또 다른 유형의 구조가 형성된다. 모르는 사람들이 임의로 모여 있는 경우―줄을 서서 기다리거나 어떤 일을 하면서―에는 진술이나 말의 교환들이 완전히 다른 방식으로 구성되어 시작되고 끝난다. 시골의 바느질 모임, 도시의 술잔치와 노동자들의 식사시간의 잡담들은 그들에게 고유한 유형을 가질 것이다. 사회관습에 의해서 고정되고 유지되는 각각의 상황은 각각에 고유한 임무로 조직된 청중들을 지니고 사소한 일상적 장르들의 특별한 레퍼토리들을 갖게 된다. 일상적 장르는 그것에 부과된 사회적 상호작용의 채널을 통해서 모든 곳에 적합하게 되고 그것의 유형, 구조, 목표, 사회조직에 대한 이데올로기적 반영으로서 작용한다. 일상적 장르는 사회적 환경―휴일, 여가, 응접실에서의 접촉, 직장에서의 교제 등―의 일부이다. 그것은 그 상황과 접촉하고 그 내적인 모든 측면이 상황에 의해 한정되고 규정된다.

노동 생산과정과 상업과정은 그 나름대로 발화들을 구성하는 형태가 다르다.

엄밀한 의미에서의 이데올로기적인 상호작용의 형태들―정치적 발언, 정치적 행동, 법률, 규칙, 성명서 등의 형태들―에 있어서는 이러한 것들이 수사학과 시학의 고유한 연구대상이었다. 그러나 우리가 이미 살펴본 것처럼 이러한 연구들은 한편으로는 언어문제와 완전히 분리되어 왔고 다른 한편으로는 사회적 상호관계의 문제로부터도 완전히 분리되어 왔다.52) 발화의 흐름 속에서 실제적인 단위인 전체로서의 발화라는 형태에 관한 생산적인 분석은 개개의 발화들을 순수하게 사회현상으로 간주할 때에만 가능하다. 마르크스주의 언어철학은 언어활동의 실제적인 현상으로서의, 그리고 사회·이데올로기적 구조로서의 발화에 확고히 입각해야만 한다.

7. 요약과 결론

발화의 사회학적 구조를 살펴보았으므로 이제는 언어철학 사상의 두 가지 경향으로 돌아가 최종적인 요약을 해 보자.

모스크바 언어학자이자 언어철학 사상의 두 번째 경향의 지지자인 소르(R. Šor)는 현대언어학에 대한 간략한 스케치를 다음과 같은 말로써 끝맺고 있다.

> '언어는 인위적 가공물(ergon)이 아니라 인류의 타고난 선천적 활동이다'라고 19세기의 낭만주의 계통의 언어학자들이 주장했다. 현대의 이론언어학은 그와 다르게 주장한다. '언어는 개별적인 활동(engrgiea)이 아니라 인류의 문화적—역사적 유산(ergon)이다.'[53]

이 결론은 놀랍게도 한 쪽으로 치우쳐 있다. 사실대로 말하자면 이것은 완전히 잘못된 것이다. 현대의 이론언어학은 현대 언어사상에 있어서 강력한 경향 중의 하나인 독일의 보슬러 학파를 포함한다. 그

---

52) 예술적인 의사소통의 조건들로부터 문학적인 예술작품을 분리시키고 그 때문에 작품의 불활성(不活性)을 초래하는 논저에 대해서는 졸저 『생활 속의 말과 시 속의 말』, *Zvezda*, 6(1926).

53) R. Šor, "krizis sovremennoj linvistiki", *Jafetičeskij sbornik*, V(1927), p.71.

러나 단지 그 경향들 중의 하나만으로 현대언어학을 동일시하는 것은 허용될 수 없는 일이다.

이론적인 관점에서 보면 소르에 의해 만들어진 테제와 안티테제의 둘 모두는 방기되어야만 한다. 왜냐하면 그것들 둘 모두는 언어의 진정한 본질에는 적절하지 않기 때문이다.

다음과 같은 일련의 명제들로 우리의 견해를 요약하면서 이 논의를 종결짓고자 한다.

1. **규범적으로 동일한 형태들의 안정된 체계로서의 언어는 단지 과학적인 추상일 뿐이다.** 그리고 그것은 어떤 특정한 실용적이고 이론적인 목적과의 관련 속에서만 생산적일 수 있다. 이 추상은 언어의 구체적인 실재와는 일치하지 않는다.

2. **언어는 화자들의 사회·언어적 상호작용 속에서 실현되는 지속적인 생성과정이다.**

3. **언어생성과정의 법칙들은 개인심리의 법칙들이 아니다. 그러나 그것들은 화자들의 활동으로부터 분리되어질 수도 없다.** 언어생성의 법칙들은 **사회학적인 법칙**들이다.

4. **언어의 창조성은 예술적 창조성이나 특별화된 이데올로기적 창조성의 유형들과는 일치하지 않는다. 그러나 그와 동시에 언어의 창조성은 그것을 구성하는 이데올로기적인 의미나 가치와 분리되어서는 이해될 수 없다.** 언어의 생성과정은 다른 역사상의 생성과정과 마찬가지로 맹목적인 기계적 필연성으로 인지될 수도 있다. 그러나 그것이 의식적이고 바람직한 필연성의 위치에 도달하기만 하면 그것 역시 '자유로운 필연성'이 될 수 있는 것이다.

5. 발화의 구조는 순수하게 사회학적인 구조이다. 발화는 말하는

주체들(화자와 청자)* 사이에서 획득된다. ('개인적인'이라는 말의 엄밀한 의미에 있어서의) 개인적인 언어행위는 형용모순(形容矛盾 ; contradictio in adjecto)이다.

제 4 장 발화의 주제와 의미

1. 주제와 의미

　의미의 문제는 언어학에서 가장 어려운 문제들 중의 하나이다. 이 문제를 풀기 위한 노력에 의해 언어과학의 일면적인 독백이론이 뚜렷하게 밝혀져 왔다. 수동적인 이해이론은 언어의 의미에 대한 가장 기본적이고 중요한 특징에 다가설 수 있는 가능성을 배제해 버린다.
　현재까지의 연구영역은 이 문제에 대해 우리로 하여금 매우 간략하고 피상적으로 검토하는 것에 머물도록 하고 있다. 우리는 이 문제를 생산적으로 해결하기 위한 기본노선만을 개괄하고자 한다.
　한정적이고 단일한 의미, 단일한 의의는 모든 **전체로서의** 발화에 속하는 특징이다. 발화 전체의 의의를 그 발화의 주제라고 부르도록 하자.[54] 주제는 단일해야 한다. 그렇지 않으면, 우리는 어떤 하나의

---

[54] 물론 이 명칭은 가정적인 것이다. 우리가 의미하는 **주제**는 그것을 실제로 표현하는 것도 포함한다. 따라서 우리들의 소위 주제라는 개념을 예술작품의 주제

발화에 대해 말할 근거를 갖지 못할 것이다. 발화 자체가 개인적인 것이고 반복될 수 없듯이 발화의 주제도 개인적인 것이고 반복될 수 없다. 주제는 발화를 발생케 하는 구체적이고 역사적인 상황의 표현이다. '몇 시입니까'라는 발화는 그것이 사용된 각각의 시간에 따라 다른 의미를 갖는다. 그러므로 발화는 발화가 발음되는 동안의, 그리고 본질적으로 문제의 발화가 실제로 그 구성부분으로 포함되는 구체적이고 역사적인(여기서의 '역사적'이란 것은 미시적인 차원에 해당하는 것이다) 상황에 대응해서 각각 다른 의의를 갖는다. 우리들의 용어법으로 말하자면 다른 주제를 갖는다는 것이다.

따라서 발화의 주제는 그 발화를 구성하는 언어형태들—단어, 형태론적·통사론적인 구조, 음성, 그리고 억양—에 의해서 뿐만 아니라 언어 외적 상황의 요인들에 의해서도 결정된다. 우리가 이러한 상황적인 요인들을 간과한다면 마치 발화의 가장 중요한 요인인 단어들을 제거한 것처럼 발화를 거의 이해할 수 없게 될 것이다. 발화의 주제는 그 발화가 속한 역사적 순간만큼이나 구체적이다. **역사적인 현상으로서, 완전하고 구체적인 영역 속에서 받아들인 발화만이 주제를 갖는다.** 발화의 주제란 그와 같은 것이다.

그러나 만약 우리가 우리 자신을 각각의 구체적인 발화와 발화의 주제에 대한 역사적인 반복 불가능성과 단일성에만 한정시킨다면, 우리는 빈약한 변증법론자들이 될 것이다. 주제와 함께, 보다 정확히 말하면 주제 속에는 발화에 속하는 **의미**가 존재한다. 주제와는 구별되는 이 의미에 의하여, 우리는 반복되는 모든 경우에 있어서 **반복 가**

와 혼동해서는 안 된다. '주제상의 통일'이라는 개념이 우리가 말하는 개념에 더 가까울 것이다.

능하면서도 **자기 동일적인** 발화의 모든 측면을 이해하게 된다. 물론 이러한 측면들은 추상적이다. 그것들은 인위적으로 단절된 형태 속에서는 구체적이고 자율적인 존재가 아니다. 그러나 동시에 그것들은 발화의 본질적이고 불가분한 부분을 구성한다. 발화의 주제는 본질적으로 분해할 수 없는 것이다. 그와 반대로 발화의 의미는 발화를 구성하는 각각의 다양한 언어학적인 요소들에 속하는 일련의 의미들로 분해된다. '몇 시입니까?'라는 발화의 반복 불가능한 주제는 구체적이고 역사적인 상황과 연결되어 이해되므로 요소들로 분해될 수 없다. (반면에) '몇 시입니까'라는 발화의 의미—물론, 그것이 말해지는 모든 순간에 동일하게 남아 있는 의미—는 그 발화의 구조를 형성하는 어군의 의미들, 즉 형태론적이고 통사론적인 결합의 형태들, 의문조의 억양 등으로 이루어져 있으므로 분해될 수 있는 것이다.

주제는 생성과정의 주어진 순간에 적합하려고 하는 기호의 복합적이고 역동적인 체계이다. 주제는 존재의 생성과정에 대해 생성과정에 있는 의식이 보이는 반응이며, 의미는 주제를 실현하기 위한 기술적인 장치이다. 물론, 의미와 주제 사이에는 절대적이고 기계적인 경계가 그어질 수는 없다. 의미 없이는 주제도 없고, 주제 없이는 의미도 없다. 게다가(예컨대, 다른 사람에게 외국어를 가르치는 과정에서) 어떤 특별한 말의 의미를 보이려고 하더라도 그 말의 의미를 주제의 구성요소로 하지 않는 한, 바꾸어 말하면 발화를 '실례(實例)'로서 구성해 보이지 않는 한 그 의미를 전달하는 것은 불가능하게 된다. 다른 한편, 주제는 일정 정도 의미의 고정됨에 근거를 두어야만 한다. 그렇지 않으면, 주제는 선행한 것과 후속하는 것과의 연관을 잃게 된다. 즉, 주제는 전적으로 의미를 상실하게 되는 것이다.

원시민족의 언어에 대한 연구와 의미에 관한 현대의 고생물학은 원시적 사고가 이른바 '복합성(다의성)*을 지니고 있다는 결론에 도달하게 되었다. 우리의 현대적인 관점에서 보면 원시인들은 서로 아무 관련이 없는 광범위하게 다양한 현상들을 나타내기 위하여 하나의 말을 사용했다. 더욱이 동일한 말이 공시적으로 정반대의 개념들—꼭대기와 바닥, 땅과 하늘, 선과 악 등—을 나타내기 위하여 사용될 수 있었던 것이다. 마르는 다음과 같이 말한다.

> 언어에 관한 현대의 고생물학은, 언어연구를 통해서, 인간이 의식하는 한에서의 모든 의미를 지시하기 위하여 부족(部族)이 임의적으로 단지 하나의 말만을 가졌던 시대로 소급할 수 있는 가능성을 우리에게 보이고 있다라는 점을 지적하는 것만으로도 충분하다.[55]

'그러나 그와 같이 모든 의미를 가진 말이 과연 말이라고 할 수 있는가?' 우리는 틀림없이 말이라고 대답할 수 있을 것이다. 반대로 만약 어떤 음성복합이 단지 하나의 부동의 불변한 의미를 갖는다고 한다면, 그때 그러한 음성복합은 말이 될 수 없다. 왜냐하면 그것은 기호가 아니라 단순한 신호에 지나지 않기 때문이다.[56] **의미(지시대상)*의 복수성이야말로 말(기호)*의 구성적인 특징이다.** 마르가 언급한 모든 의미를 갖는 말에 대해, 우리는 다음과 같이 말할 수 있을 것이

---

55) N. Ja. Marr, *Japhetic theory*, (1926), p.278.
56) 명확한 것은 Marr가 말하고 있는 최초의 모든 말조차도 전혀 신호(수많은 연구자들이 언어를 바로 그 신호로 환원하려고 노력을 기울인다)와 같은 것은 아니다. 결국, 모든 것을 의미했던 신호는 신호의 기능을 극미하게 수행할 수 있을 따름이다. 어떤 상황의 변화하는 조건들에 적응하기 위한 신호의 능력은 매우 저급하다. 대체로 신호의 변화는 어떤 신호를 다른 신호로 대체하는 것을 의미한다.

다. **그러한 말은 본질적으로 아무런 의미도 갖지 않는다. 말의 전부가 주제이다**라고. 그러한 말의 의미는 **그 말이 실현되는 구체적 상황과 분리될 수 없는 것이다.** 이처럼 의미는 상황이 매번 다르듯이 그렇게 다른 것이다. 그러므로 이런 경우 주제는 의미를 그 아래에 포섭하고 의미가 굳어지기 전에 용해시킨다. 그러나 언어가 더 발전할수록 음성복합들의 축적이 확장될수록 다양한 의미는 응고하기 시작한다. 즉, 다양한 의미는 개개의 말을 주제에 따라서 적용하는 기본노선, 공동체의 생활 속에서 가장 빈번하게 반복되는 기본노선에 따라서 응고되기 시작한다.

우리가 말한 바와 같이, 주제는 발화 전체에만 속하는 것이다. 개개의 말이 발화 전체와 같은 자격으로 쓰이는 때에 그리고 그때에 한해서만 주제는 개개의 말에도 속할 수 있게 된다. 여기서 예를 들면 마르가 언급한, 모든 것을 의미(지시)* 할 수 있는 말이란 발화 전체로서 사용되고 있는 것이라 할 수 있다(그리고 바로 그 이유 때문에 고정된 의미(지시대상)*를 갖지 않는다). 다른 한편 의미는 발화 전체에 대한 관계 속에서 요소 또는 요소들의 총체에 속하고 있다. 물론, 우리가 전체에 대한(발화에 대한) 이러한 관계를 모두 무시한다면, 우리는 의미를 전부 상실하게 될 것이다. 이렇기 때문에 주제와 의미를 정확하게 구분할 수 없는 것이다.

주제와 의미의 상호관계를 정식화하는 정확한 방법은 다음과 같다. 주제는 **언어학적 의의의 상위의 실제적 한계**이다. 본질적으로 주제만이 명확한 어떤 것을 의미한다. 의미는 언어학적 의의의 **하위의 한계**이다. 의미는 본질적으로 아무것도 의미하지 않는다. 의미는 단지 잠재성—구체적인 주제 속에서 의미를 가질 수 있는 가능성—을 지닐 뿐이다. 우리가 정의한 바에 따르면, 여러 가지 언어학적 요소의 의미에 대한 연구는 두 방향 중 한 방향으로 나갈 수 있게 된다. 하나는 상위의 한계, 즉 주제에 이르는 방향이다. 이 경우에는 하나의 구체적인 발화의 조건들 속에서 주어진 말의 문맥상의 의미를 연구하는 것이다. 또 하나는 의미의 하위의 한계이다. 이 경우에는 언어체계 속에서 말을 연구하는, 달리 말하면 사전의 어휘의 하나로서 말을 연구하는 것이다.

주제와 의미를 구별하는 것과 양자의 상호관계를 올바르게 이해하는 것은 의미를 진정한 과학으로 구축하는 데 매우 중요하다. 그것들의 중요성을 완전하게 이해하지 못하는 실수가 오늘날까지 계속되어 왔다. 말의 **항상적인** 의미와 **우연적인** 의미, 중심적 의미와 부차적 의미, 외연과 내포 등의 구별은 근본적으로 불만족스럽다. 그런 모든 구별의 기저에 놓여 있는 기본적 경향—그 경향은 중심적·항상적인 의미의 측면에 더 큰 가치를 부여하고 중심적 항상적인 의미의 측면이 실재로 존재하고 고정적인 것이라고 가정한다—은 전적으로 오류이다. 게다가 주제는 말의 우연적이거나 부차적인 의미의 위치로 결코 환원될 수 없기 때문에 당연히 설명되지 않은 채 남아 있게 된다.

주제와 의미의 구별은 **이해의 문제**와 관련해서 특히 명확히 할 필요가 있는데, 이것에 대해서 이제 우리는 간략히 살펴볼 것이다.

2. 능동적인 지각의 문제

우리는 이미 대답을 배제하는 수동적 이해의 문헌학적 유형에 관해 이미 언급했다. 모든 진정한 이해는 능동적인 것이어야 하고 응답의 맹아를 구성해야 한다. 능동적인 이해만이 주제를 포착할 수 있다. 즉, 생성과정은 또 다른 생성과정의 도움에 의해서만 포착될 수 있는 것이다.

타자의 발화를 이해한다는 것은 스스로를 그것에로 방향지우고, 그에 상응하는 맥락 속에서 발화의 적절한 위치를 발견하는 것을 의미한다. 우리가 이해하고 있는 발화라는 개개의 말에 대해서 우리는 말하자면 우리 자신이 대답할 일련의 말들을 겹쌓고 있는 것이다. 대답할 말이 많을수록, 그것들이 중요할수록 우리의 이해도 더 깊어지고 보다 본질적인 것으로 된다.

이와 같이 해서 발화 개개의 구별 가능하고 의미 있는 요소들과 전체로서의 발화라는 완전한 실재는 우리 마음속에서 다른 능동적이고 반응적인 맥락으로 변형된다. **모든 진정한 이해는 본질적으로 대화적이다.** 발화와 이해는 대화에 있어서의 한 쪽의 말과 그것에 대한 다른 쪽의 응답과 마찬가지의 관계에 있다. 이해는 화자의 말을 **대항의 말**(상대편의 말에 대해서 응답하는 말)*과 조화시키려고 한다. 외국어를 이해하는 경우에만 그것을 모국어의 '동일한' 말과 어울리게 하려는 시도가 행해진다.

따라서 말 그 자체에 의미가 속해 있다고 말할 이유는 없다. 본질적으로 의미는 화자 상호간에 존재하는 말에 속한다. 즉, 의미는 능동적이고 반응적인 이해의 과정 속에서만 실현되는 것이다. 의미는 말 속이라든지 화자의 영혼이라든지 청자의 영혼이라든지 하는 것에 존재하지 않는다. **의미는 주어진 음성복합을 매체로 해서 산출된, 화자와 청자간의 상호작용의 효과이다.** 의미는 양극과 음극이 부딪힐 때 발생하는 전기 불꽃과 같다. 주제(능동적이고 반응적인 이해를 할 때에만 접근할 수 있는)를 무시하는 사람들과 말의 의미를 정의하려고 시도하면서 말의 하위의, 안정되고 자기동일적인 한계에 접근하려는 사람들은 전류를 끊은 다음 전구를 켜려고 하는 사람들과 다를 바가 없다. 언어적 상호작용의 흐름만이 말에 의미의 빛을 부여한다.

3. 가치평가와 의미

이제 의미의 과학에서 가장 중요한 문제들 중의 하나인 **의미와 가치평가 사이의 상호관계**로 우리의 관심을 돌려보자.

어떠한 말도 그것이 실제로 사용되는 경우에 지시대장 혹은 내용이라는 의미에서의 주제와 의미뿐만 아니라 가치평가도 갖는다. 즉, 생생한 발화 속에서 산출된 모든 지시대상적 내용은 고유한 **가치평가적인 액센트**와 관련하여 말해지거나 쓰여진다. 가치평가적인 액센트가 없는 말은 존재하지 않는다. 그러면 이 액센트의 본질은 무엇이고 어떻게 그것이 의미의 지시대상적인 측면과 관계하는가?

말 속에 포함된 사회적인 가치평가의, 가장 명백하나 동시에 가장 피상적인 측면은 **표현적 억양**의 도움으로 그것이 전달된다는 것이다. 대부분의 경우 억양은 인접한 상황에 의해 결정되며 종종 상황의 지극히 일시적인 사정에 의해서도 결정된다. 확실히 훨씬 실질적인 종류의 억양도 또한 있을 수 있다. 여기 일상 발화에서 그런 억양을 사용한 고전적인 예를 들어보자. 도스토예프스키는 『작가의 일기』에서 다음과 같이 말한다.

어느 일요일 밤 이미 자정이 넘었을 때, 열두 걸음 정도의 거리를 두고 술취한 6명의 직공들과 나란히 지나게 되었다. 그때 돌연 나는 모든 사상, 감정, 전체 논의의 절차조차도 단지 어떤 하나의 명사(名詞), 더구나 가장 단순한 명사에 의해 표현될 수 있다는 확신에 도달하게 되었다(도스토예프스키는 여기서 널리 통용되는 외설적 표현을 염두에 두고 있다—볼로쉬노프). 여기서 다음과 같은 일이 일어났다. 이들 동료 중의 한 사람인 첫 번째 사람이 앞서 공통의 논쟁 중이었던 어떤 점을 완전히, 경멸적으로 부정한다는 것을 표현하기 위하여 이 명사를 날카롭고 뚜렷하게 말한다. 두 번째 친구가 첫 번째 친구에 대응해서 바로 이 똑같은 명사를 반복하지만 지금은 전연 다른 어조와 의미, 즉 첫 번째 친구의 부정에 대한 진실성을 완전히 의심했다는 의미에서의 기지(wit)를 지니고 있는 것이다. 세 번째 친구가 대화에 끼어들어 날카롭고 격앙스럽게 첫 번째 친구에게 성을 내고 바로 그 똑같은 명사를 소리 지른다. 그러나 지금 쓰인 그 명사는 경멸적이고 매도하는 의미를 가진 것이다. 공격적이었기 때문에 세 번째 친구에 대해 화를 내면서 두 번째 친구는 다시 대화에 끼어들고 세 번째 친구의 말을 다음과 같은 취지로 가로막는다. '도대체 그와 같이 간섭해서 어쩌려는 생각이야? 플리카(Fil'ka)와 차분히 말하고 있는데 왜 따라와서 그에게 욕을 해대는 거야?' 사실 그는 바로 똑같은 예전의 말, 즉 어떤 항목에 대해 매우 똑같이 의미 깊고 간결한 명칭을 말함으로써 이러한 사고의 모든 절차를 전달했고, 그의 손을 들어 두 번째 친구의 어깨를 붙잡을 뿐 그 이외의 아무런 행동도 더 이상 하지 않았다. 그러자 갑자기 여태까지 잠자코 있었던, 그 무리 중의 가장 젊은 네 번째 친구가 처음에 그 논쟁을 불러 일으켰던 문제를 막 해결했다는 듯이 한 손을 반쯤 치켜든 채 무엇엔가 사로잡힌 목소리로 외친다.—당신은 무엇을 생각하는가? 'Eureka!'라고 외쳤다고 생각하는가 아니면 '발견했다, 발견했어!'라고 외쳤다고 생각하는가? 아니다. 'Eureka!'와 같은 것도, '발견했어, 발견했어!'와 같은 것도 전연 아니다. 그는 여기에 쓰기에는 적절치 않으나 바로 그 똑같은 사전에는 실려 있지 않은 명사, 즉 하나뿐인 말을 되풀이할 따름이다. 그러나 무엇엔가 사로잡혀 황홀한 비명을 지르는 것은 약간 지나쳤다. 때문에 그들 중의 가장 나이 들고 무뚝뚝한 성격을 지닌 여섯 번째 사람은 그것이 어울리지 않는다고 생각했다. 그래서 곧 무엇엔가 사로잡혀 있는 젊은 친구를 제지하고 굵고 훈계조의 낮은 목소리를 반복한다.—그렇다. 바로 똑같은 그 명사를 사용하는 것이 숙녀들 사이에서는 금지되었던 것이다. 그러나, 이 경우 그것은 명확하고 엄밀하게 '도대체 왜 소리를 지르고 야단이야, 혈관을 터뜨려 버리겠어!'라는 것을 의미했다. 따라서 다른 말을 쓰지 않고 그들은 단지 이 말만을 반복했다. 그러나 그들은 매우 사랑스럽고 자그마한 이 말을 소란을 떨면서 여섯 번 썼고 서로를 완벽하게 이해했다.57)

직공들에 의한 여섯 가지의 모든 '화행(話行)들'은 그것들 모두가 완전히 같은 말로 구성되었음에도 불구하고 다른 것이다. 이 경우 그 말은 본질적으로 억양을 전달하는 매개물일 뿐이다. 여기서는 회화가 화자들의 가치판단을 표현하는 억양에 의해서 행해졌다. 이들 가치판단과 그것에 상응하는 억양들은 전적으로 회화의 인접한 사회적 상황에 의해 결정되고, 따라서 어떠한 지시대상에 의한 도움도 필요로 하지 않는다. 일상 발화에서 억양은 종종 발화의 의미론적 구성과는 완전히 독립된 의미를 가진다. 우리 내부에 내재된 억양이라는 것(intonational materail)은 관련된 특별한 종류의 억양과는 전혀 부적당한 언어학적 구성 속에서 자주 출구를 찾는다. 그러한 경우 억양은 그 구성의 지적(知的), 구체적, 지시적 의미에까지 침투되지는 않는다. 우리는 우연히 우리 마음속에서 발생되는 어떤 말, 즉 종종 내용 없는 감탄사나 부사에 표현적이고 의미 있는 억양을 부여함으로써 감정을 나타내곤 한다. 거의 모든 사람은 일상적인 생활에서 일어나는, 어떤

---

57) F. M. Dostoevskij의 전집(*Polnoe Sobranie sočinerij F. M. Dostoevskogo*) Vol. IX, pp.274~275, 1906.

사소한(때로는 그렇게 사소하지도 않은) 상황과 기분을 순전히 억양으로 해결하기 위해 관습적으로 사용하는 감탄사나 부사 또는 심지어 때때로 의미론적으로 충분함을 갖춘 말조차도 선호하는 경향이 있다. '그래—그래', '그럼—그럼', '자—자', '좋아—좋아' 등과 같은 표현들은 그런 종류의 '배출구'로서 보통 사용된다. 특징적인 것은 이들 표현이 보통 동일한 음절이 두 번 반복되어 있다는 점이다. 즉, 그것은 내재된 억양을 완전히 소멸시키려는 목적으로 음성이미지를 인위적으로 연장시키고 있는 것이다. 완전히 동일한 표현이 일상 생활에서 일어나는 상황과 기분이 다양한 것에 대응해서 지극히 다양한 억양을 포함하여 발음된다.

이러한 모든 경우에 개개 발화의 속성(6명의 직공들의 각각의 발화들은 하나의 속성에 적합한 하나의 주제를 가지고 있다)인 주제는 말의 의미 또는 문법적 협조 없이도 표현적인 억양의 힘에 의해 완전히 그리고 배타적으로 실현된다. 이러한 가치판단과 그것에 상응하는 억양은 인접한 상황과 그것을 발생시키는 작고 친밀한 사회적 세계의 협소한 경계를 뛰어넘을 수 없다. 이러한 종류의 언어학적 평가는 당연히 언어의 의미에 부수물, 즉 부차적 현상으로 말할 수 있다.

그러나 모든 언어학적 가치판단이 그와 같은 것은 아니다. 우리는 있을 수 있는 가장 광범위한 의미론적 스펙트럼을 망라하고 가능한 한 가장 폭넓은 사회적 청중을 가정하는 것은 무엇이든지 발화로 취할 수 있으며 거기에 포함된 가치평가에는 거대한 의의가 부여되고 있음을 알게 될 것이다. 당연히 이 경우에 가치판단은 억양에 의한 최소한의 적합한 표현조차도 허용하지 않겠지만 그것은 발화의 의미를 포함하는 기본적 요소의 선택과 배열에 있어서는 결정적 요인이 될 것이다. 어떠한 발화도 가치판단 없이 구성될 수는 없다. 모든 발화는 무엇보다 우선 **가치평가 지향적**이다. 그러므로 일상 발화의 개개 요소는 의미뿐만 아니라 가치도 갖는다. 언어체계 속에서는 인지되고 발화의 구조 내에서는 인지되지 않는 추상적 요소만이 가치평가를 결여하고 있다. 대부분의 언어학자들은 언어의 추상적 체계에 주의를 집중함으로써 의미로부터 가치판단을 분리하게 되고 가치판단을 의미의 부차적 요인으로, 즉 화자가 그의 담론의 대상에 대해 취하는 개인적인 태도의 표현에 지나지 않는 것으로 생각하게 되는 것이다.58)

4. 의미의 변증법

러시아 학계에서는 쉬페트(G. Špett)가 가치평가를 말의 **내포**(말의 의미에 수반되는 것)*라고 했다. 특징적인 것은 그가 지시대상적 외연과 가치평가적 내포를 엄밀히 분리하여 현실의 다양한 영역들 속에서 이러한 분리를 찾아내려고 한다는 점이다. 양자 사이의 이러한 종류의 분리는 전체적으로 받아들이기 어렵다. 그것은 발화에서 가치평가의 보다 심오한 기능을 주목하지 못한 데에서 발생하는 실수이다. 지시대상적 의미는 가치평가에 의해 형성된다. 결국 가치평가야말로 주어진 지시대상적 의미가 화자의 시야—특별한 사회적 집단의 인접한 사회적 시야와 보다 넓은 사회적 시야—로 들어오는 것을 결

---

58) 그것이 Anton Marty가 가치평가를 정의하는 방식이다. 그리고 바로 Marty가 말의 의미에 대해 가장 날카롭고 세부적인 분석을 했다. *Untersuchungen zur Grundlegung der allgemeinen Grammatik und Sprachphilosophie* (Halle, 1908) 참조.

정한다. 게다가 의미의 변화에 대해서 창조적인 역할을 하는 것은 정확히 가치평가이다. 의미의 변화는 본질적으로 항상 **재(再)가치평가**이다. 즉 주어진 말이 하나의 가치평가적 맥락에서 다른 가치평가적 맥락으로 이행하는 것이다. 이것에 의해 말은 보다 높은 위치로 상승하거나 보다 낮은 위치로 하락한다. 가치평가로부터 말의 의미를 분리하게 되면 필연적으로 의미로부터 생동하는 사회적 과정 속에서의 그의 위치를 박탈하게 된다. 그리고 의미는 존재론적 대상으로 변하고 역사의 생성과정으로부터 분리된 관념적인 존재로 변형된다.

따라서 주제와 그것을 실현하는 의미들의 역사적인 생성과정을 정확히 이해하기 위해서는 사회적인 가치평가를 고려하는 것이 필수적이다. 언어에 있어서의 의미의 생성과정은 항상 어떤 특별한 사회적 집단의 가치평가적인 시야의 발생과 관련되어 있다. 그리고 가치평가적인 시야의 발생―특별한 집단에게 의미와 중요성을 지니는 모든 것들의 총체성이라는 의미에서―은 전적으로 경제적 토대의 확장에 의해 결정된다. 경제적 토대가 확장됨에 따라 인간에게 중요하고 이해될 수 있으며 도달될 수 있는 존재의 영역도 실제로 확장되어 간다. 원시시대의 수렵인들은 사실상 아무것에도 관심이 없었고 어떠한 것도 그들에게 관계가 없었다. 그러나 후기 자본주의 시대에 살고 있는 인간은 직접적으로 모든 것에 관계되고 그의 관심은 지구의 오지를 거쳐 가장 먼 별에까지 이르고 있다. 이러한 가치평가적 시야의 확장은 변증법적으로 발생한다. 존재의 새로운 측면이 사회적 관심 속에 들어오게 되면, 그리고 인간의 말과 감정에 접촉하게 되면 먼저 들어와 있던 요소들과 평화적으로 공존할 수 없게 되어 그것들과 투쟁하고, 그것들은 재가치 평가하고, 가치평가적인 시야의 단일성 내에서 그것들의 위치를 변화시킨다. 이러한 변증법적 생성과정은 언어에 있어서 의미론적 속성들의 생성에 반영된다. 새로운 의미가 낡은 것으로부터, 낡은 것의 도움으로 발생하지만, 이러한 것은 새로운 의미가 낡은 것과 투쟁에 들어갈 수 있고, 낡은 것을 재구성할 수 있는 경우에 일어난다.

존재의 개개 의미론적 부분에 있어서 액센트들의 끊임없는 투쟁도 위와 같은 것에 유래한다. 생성과정을 초월하는 것, 사회적 시야의 변증법적 확장으로부터 독립되어 있는 것은 의미작용의 구성 속에는 존재하지 않는다. 생성과정에 있는 사회는 존재의 생성과정에 대한 사회적 지각을 확장한다. 여기서 절대적으로 고정되어 있는 것은 존재하지 않는다. 그것이 바로 추상적이고 자기동일적 요소인 의미가 주제 아래 포함되는 방식이며 전에도 그랬던 것처럼 잠시 동안만의 고정성과 자기동일성을 가지는 새로운 의미의 형태로 환원되기 위해 주제의 생생한 대립들에 의해서 분리되는 방식이다.

제Ⅲ부

언어구조에 있어서 발화유형의 역사
■ 통사론의 여러 문제에 대한 사회학적 방법의 적용 연구

제 1 장 발화의 이론과 통사론의 문제들

1. 통사론의 문제들이 갖는 의의

언어학의 전통적인 원리와 전통적인 방법 속에는 통사론(화법)*의 문제들에 생산적으로 접근할 수 있는 방법이 없다. 이러한 것은 전통적인 원리와 전통적인 방법이 가장 명료하고 수미일관된 형태로 나타나고 있는 추상적 객관주의에 특히 들어맞는 사실이다. 오늘날의 언어학적 사고가 다루는 기본적인 범주들은 모두 인도·유럽의 비교언어학을 기반으로 완성되었기 때문에 철두철미하게 **음성학적**이고 **형태론적**인 범주들이다. 비교 음성학과 비교 형태론의 산물인 그러한 사고는 언어의 다른 현상까지도 한결같이 음성학적 형태와 형태론적 형태의 눈을 통해 보는 능력을 갖게 한다. 따라서 그러한 사고는 통사론을 그와 같은 방식으로 검토하려고 시도하게 되어 통사론의 문제를 형태론적인 문제로 바뀌게 하였다.[1] 그 결과 인도·유럽어 학파의 대다수 대표자들조차도 솔직하게 인정하고 있듯이 통사론의 연구가 매우 저열한 상태에 놓여 있다.

이러한 점은 사어와 외국어에 대한 인식, 즉 사어와 외국어를 해독하여 다른 사람에게 가르친다고 하는 최우선적인 필요에 의해 지배되는 인식이 갖는 근본적인 특성을 생각해 내는 것만으로도 충분히 이해할 수 있다.[2]

한편, 통사론의 문제는 언어와 그 생성과정을 적절하게 이해하는 데 커다란 중요성을 지닌다. 왜냐하면 언어의 모든 형태들 가운데 **통사론의 형태들이 발화의 구체적인 형태들**, 구체적인 화행(話行)의 형태들에 가장 가깝기 때문이다. 발화를 통사론적으로 분절한다는 것은 발화의 생체를 해부한다는 것이다. 그렇기 때문에 언어를 추상적인 체계에 귀속시키는 것은 아주 어려운 일이 된다. 통사론적인 형태들은 형태론적인 형태들이나 음성학적인 형태들보다 더 구체적이고, 발화의 실제적인 조건들과도 훨씬 더 밀접하게 결합되어 있다. 그래서 생생한 언어현상을 우리들이 고찰할 때에는 형태론적인 형태들이나 음성학적인 형태들보다도 통사론적인 형태들을 중요시해야 한다. 그러나 우리가 이미 지적했듯이 통사론적인 형태들에 대한 생산적인

---

1) 통사론적 형태를 형태론화하는 이러한 은밀한 경향 때문에, 통사론에 대한 연구는 언어학의 어떤 다른 영역에도 비길 데 없을 정도의 스콜라 철학적인 사고가 지배하는 결과를 가져왔다.
2) 여기에는 비교언어학의 특수한 목적도 결합되어 있다. 즉 언어들의 계통과 발생론적인 계열 및 조어를 확립하려는 목적이다. 이러한 목적이 언어학적 사고에 있어서 음성학이 지배적인 위치를 점하고 있는 점을 한층 강화한다. 비교언어학의 문제, 즉 근대언어학에서 차지하였던 커다란 위치 때문에 현대언어철학에 있어서 매우 중요한 비교언어학의 문제는 불행히도 다른 연구의 분야 내에 착수되지 않은 채 놓여져 있다. 이것은 대단히 복잡한 문제이고, 이것을 표면적으로 언급한다 해도 본서를 상당히 확정하지 않으면 안 된다.

연구는 오직 발화에 대한 충분히 정제된 이론을 기반으로 시작해야만 가능하다. 전반적으로 발화가 언어학자에게 미지의 영역(terra incognita)으로 남아 있는 한 통사론적인 형태들을 스콜라적이 아니라 현실적이고 구체적으로 이해한다는 것은 불가능하다.

2. 통사론의 범주들과 전체로서의 발화

이미 지적한 것처럼 발화 전체라는 문제는 언어학에서 거의 해명되지 않은 채 남아 있다. 이제 언어학적 사고는 **어찌할 도리없이 언어 전체에 대한 모든 감각을 잃어 버렸다**고 조차 말하는 것도 가능하다. 언어학자가 가장 자신에 차 있는 것은 하나의 구절단위(aphrase unit)의 범위 안에서 뿐이다. (구절을 초월한)* 발화의 한계, 그러니까 전체로서의 발화의 문제에 접근하면 접근할수록 언어학자는 더욱 자신감을 상실하게 된다. 그에게는 전체라고 하는 것에 대처하는 방법이 전혀 없다. 언어학의 범주 가운데 전체로서의 언어학적 실재를 정의하기에 타당한 것은 단 하나도 없다.

사실, 언어학의 모든 범주는 원래 발화의 내부 영역(보다 작은 단위)*에만 적용할 수 있는 것이다. 예를 들면 모든 형태론적인 범주는 발화의 성분(보다 작은 단위)*에 대해서는 완전히 유효하지만 전체를 정의하게 될 때에는 쓸모가 없게 된다. 통사론적인 범주들도 마찬가지이다. 예를 들면 '문장(sentence)'이라는 범주는 발화 내의 하나의 단위 요소로서의 문장을 정의할 뿐이지 결코 전체적인 실재로서의 문장을 정의하지는 못한다.

모든 언어학의 범주들이 원리적으로 갖는 이러한 '요소주의 (elementariness)'를 입증하기 위해서는 단지 한마디(a single word)로 이루어진 완결된 발화(finished utterance)라는 것을 만들어 보면 충분하다. 물론 '완결된'이라고 하더라도 상대적인 의미로 말하는 것이다. 왜냐하면 어떠한 발화도 언어과정의 일부이므로 이 한마디를 여러 언어학에서 사용되는 범주에 적용해 보면 언어학의 범주는 모두 이 한마디를 발화의 잠재적인 한 요소로밖에 규정하지 못한다는 점이 명백해질 것이다. 즉 발화 전체로는 규정하지 못한다는 점이 명백해질 것이다. 즉 발화 전체로는 규정하지 못하는 것이다. 이 한마디를 발화 전체로 변환시키는 특별한 그 어떤 것은 모든 언어학의 범주와 정의의 외부에 놓여 있다. 우리가 이 한마디를('진술되는 것이 아니라 이해되는 것이다'라는 처방전에 따라) 기본적인 모든 성분들로 채움으로써 완결된 문장이라는 것으로까지 발전시켜도 얻을 수 있는 것은 단문(a simple sentence)이지 결코 발화는 아니다. 우리가 이 문장에 어떠한 언어학의 범주를 적용시킨다 해도 그것을 발화 전체로 변환시켜 주는 것이 무엇인지는 결코 발견하지 못할 것이다. 따라서 현대언어학이 우리에게 제공해 주는 문법적 범주들의 한계 내에 머물러 있게 되면, 언어 전체는 영원히 포착할 수도 없고 이해할 수도 없게 될 것이다. 이러한 언어학의 범주에 따르는 한, 우리들은 발화와 그 구체적인 구조에서 벗어나 추상적인 언어체계로 끊임없이 끌려 들어가게 되는 것이다.

3. 단락의 문제

이처럼 언어학적 정의를 내리는 데 실패하게 되는 것은 전체로서의 발화라는 실재의 경우뿐만 아니라 완결된 단위들로 간주되는, 독백적 발화를 구성하고 있는 단위들의 경우에서도 마찬가지이다. 적당한 예를 들자면, 작문을 할 때 첫 줄의 한 칸을 띄움으로써 서로를 분리시키는 단위들, 즉 단락(paragraphs)이라고 불리는 것이 그 한 예이다. 단락의 통사론적 구성은 매우 다양하다. 단락에는 단 한마디로 이루어진 것에서부터 복문을 여러 개로 배열한 것에 이르기까지 모든 것이 포함될 수 있다. 그런데 하나의 단락은 하나의 완결된 생각으로 이루어진다고 말하는 것은 실제로는 거의 아무것도 말하지 않고 있는 것이다. 왜냐하면 언어 그 자체의 관점에서 단락이 무엇인지를 규정하지 않으면 안 되기 때문이다. '완결된 생각'이라는 개념을 하나의 언어학적 정의로 결코 간주할 수 없다. 우리가 생각하는 것처럼, 언어학적인 정의들이 완전히 이데올로기적인 정의들로부터 분리될 수 없는 것이 사실이라면, 한쪽을 다른 한쪽으로 대체할 수 없다는 것도 또한 사실이다.

우리가 단락의 언어학적인 본질을 세밀히 조사해 보면, 몇 가지 중요한 점에서 단락들이 대화의 교환과 유사하다는 점을 분명히 발견할 수 있을 것이다. 단락은 **하나의 독백적 발화라는 실체 속에서 작용하는 하나의 생생한 대화**와 같다. 단위들—그 단위들은 문어적(文語的) 형태 속에서는 단락으로 불려진다—속에서 발화를 분절하려는 장치의 이면에는 청자나 독자에 대한 지향이 놓여 있으니, 그들의 예상되는 반응이 계산되어 있다. 그들에 대한 지향과 계산이 약해지면 약해질수록, 발화가 단락으로 분절되는 정도도 낮아진다. 단락의 고전적인 유형들에는 다음과 같은 것들이 있다. 질문과 대답(저자가 스스로 질문을 하고 스스로 이것에 대답하는 경우), 보충설명, 예상되는 반론에 대한 기대, 자신의 주장 속에서 일견 모순처럼 보이거나 비논리적으로 보이는 것들에 대한 폭로 등이 그것이다.3) 우리는 대개 자기자신의 말이나 혹은 그 일부(예를 들면 선행하는 단락)를 논술의 대상으로 삼는다. 여기에서 화자의 관심은 말의 지시대상에서 말 그 자체로 이행하게 된다(그 자신의 말에 대한 반성). 그러나 언어적 의도 속에서의 이러한 이행조차도 수신자의 흥미에 의해 조건지워진다. 우리가 수신자를 완전히 무시하는 말(물론 그런 종류의 말은 불가능하다)을 상정할 수 있다면, 말의 유기적인 분절은 최저한도에 이르게 될 것이다. 우리가 여기서 고려할 것은 말할 필요도 없이 특정한 이데올로기 영역 특유의 과제나 목적에서 생겨난 그런 분절 유형들—예를 들면 시에서 발화를 시의 절로 분리하거나, 전제와 결론, 테제와 안티테제 등과 같은 유형의 발화를 순수하게 논리적으로 분절하는 것들—은 아니다.

---

3) 우리는 물론 여기서 단락의 문제에 대해 개요를 설명한 것에 불과하다. 우리들의 주장은 증거나 적절한 보충자료 없이 제기되었기 때문에 독단적으로 들릴 것이다. 게다가 우리는 문제를 단순화시켰다. 독백적인 발화를 분절화하는 매우 다양한 방식이 단락의 기록된 형태에 의해 전달될 수 있다. 여기에서 우리는 단지 그러한 유형중 가장 중요한 것의 하나—청자와 그의 적극적인 이해를 고려하는 분절화의 유형—을 언급하였을 뿐이다.

4. 타자의 말의 형태

언어적 의사소통에 대한 형태들과 그것에 대응하는 발화 전체의 형태들을 연구함으로써 단락의 체계와 그와 유사한 모든 문제들을 해명할 수 있다. 언어학이 독립된 독백적 발화에 대한 지향을 계속하는 한, 이러한 모든 문제들에 대한 어떠한 유기적인 접근도 결여된 채 남아 있게 될 것이다. 통사론의 아주 기초적인 문제들을 처리하는 것조차도 언어적 의사소통의 기반 위에서만 가능하다. 언어학의 모든 근본적인 범주들은 이러한 방향에서 면밀히 재검토되어야만 한다. 최근 통사론적 연구나 그 시도 속에서 일어났던 억양에 대한 관심, 그러한 관심과 관련하여 억양을 보다 자세히 구분하고 고려함으로써 통사론 전체에 대한 정의들을 재검토하려고 하는 것은 우리들에게 그다지 생산적이라고 생각되지는 않는다. 그러한 것은 언어적 의사소통에 대한 기반을 옳게 이해하는 것과 결합되어야만 생산적인 것이 될 수 있다.

이제 우리는 다음 장(章)에서 통사론의 특수한 문제들 중의 하나를 다루려고 한다.

어느 정도 알려져 있고 외관상 이미 잘 연구된 현상을 다시 문제시함으로써 새로운 빛을 받게 하는 것, 즉 일정한 방향성을 갖는 일련의 문제들에 의해 새로운 측면을 조명하는 것은 때로는 매우 중요한 일이다. 지나칠 정도로 세부적이고 세밀하게—그러나 전적으로 부적절하게—기술하고 분류한 자료들에 파묻혀서 연구가 방향성을 잃어버린 영역들에서 그와 같이 하는 것은 특히 중요하다. 어떤 문제를 그와 같이 재형식화하는 과정 속에서 국부적이고 이차적인 현상으로 보였던 것이 실제의 연구영역 전체에 있어서는 근본적으로 중요한 의미를 지닐 수 있다는 것이 증명될 수도 있고, 적절한 문제제기에 의해 검토 중인 현상 속에 내포되어 있던 방법론상의 가능성이 밝혀질 수도 있기 때문이다.

그처럼 (잠재적으로)* 매우 생산적이고 '중추적인' 현상으로 생각되는 것이 소위 **타자의 말**이라는 것(타자의 발화를 이용하는 방식을 지칭함)*이다. 즉, 우리가 타자의 발화를 전달하고 그것을 바로 남의 발화로서 한정된 독백적 맥락 속에 집어 넣을 때 언어운용에서 만나는 (직접화법, 간접화법, 자유간접화법 등의) 통사론상의 정형과, 이런 정형의 변형 및 그 변형의 결과로 생긴 변이체가 타자의 말이라는 것이다. 이러한 현상들이 방법론상 대단히 흥미 있는 면을 지니고 있음에도 불구하고 지금까지는 충분히 평가되지 못했다. 피상적으로 바라보는 시선은 이것을 통사론의 부차적인 문제로 생각했고, 어느 누구도 거기에 일반 언어학적·이론적으로 중대한 의의를 갖는 문제가 잠재되어 있다는 사실을 지적해내지 못했다.4) 언어에 대한 학문적 관심이 사회학적인 방향을 취할 때 비로소 이러한 현상이 지닌 전체적인 의의, 전체적인 해석학적 힘이 드러날 것이다.

타자의 말을 전하는 현상을 사회학의 방향으로 돌려 문제화하는 것, 바로 이것이 우리가 해야 할 나머지 연구과제이다. 이 문제를 매개로 하여 언어학에서 사회학적 방법의 길을 찾아 보려고 한다. 우리

---

4) 예를 들면 '페쉬코프스키(A. M. Peškovskij)의 통사론의 연구'에서는 이러한 현상에 대해 겨우 4페이지를 할애하고 있다. 그의 *Russkij sintaksis v naučnom osveščenii* [Russian Syntax in a Scientific Light](2nd ed., Moscow, 1920), pp.465~468; (3nd ed., 1928, pp.552~555)를 참조.

는 특별히 역사적인 성격을 지닌 중요한 실증적인 결론을 세우려고 기대하는 것은 아니다. 우리가 선택한 재료가 문체를 분명히 밝혀내어 사회학적인 방법의 필연성을 나타내는 데는 충분하지만 광범위한 역사적인 일반화를 끌어내는 데는 불충분한 것이다. 거기서 이루어지는 역사적인 일반화는 단지 일시적이고 가설적인 의미를 갖는 데 지나지 않는다.

제 2 장 타자의 말에 대한 문제

1. 타자의 말에 대한 정의

타자의 말은 **발언 속의 발언**(Speech with speech), **발화 속의 발화** (utterance with utterance)이자 동시에 **발언에 관한 발언, 발화에 관한 발화**이기도 하다.

우리가 무엇인가에 대해서 이야기하더라도 그것은 말의 내용, 즉 말에 대한 주제에 지나지 않는다. 예를 들면 '자연', '인간' 혹은 '종속절'(통사론의 주제들 가운데 하나) 같은 것은 주제가 될 수 있는 것이다(그리고 주제일 따름이다). 그것에 반해 타자의 말은 말의 주제만은 아니다. 그것은 자기의 존재를 유지한 채 말 속에 들어가며, 그것의 특정한 구성단위로서 통사론의 구성 속으로 들어갈 수 있다. 그럴 때 타자의 발화는 자신을 받아들인 맥락의 발화구조를 파괴하는 일 없이 자신이 지닌 구성상, 의미상의 독자성을 계속 보유한다.

게다가 타자의 발화가 단순히 말의 주제로 머물러 있는 한은 기껏

해야 표면상의 특징만을 나타낼 뿐이다. 그것의 내용이 풍부해지려면 그것은 발화구조의 구성부분이 되어야 한다. 확실히 타자의 말을 주제로서 기술하는 것에 한정해도 어떤 사람이 '어떻게' 말하고 '무엇에 관하여' 말했는가라는 물음에는 대답할 수 있다. 그러나 '무엇을' 말했는가는 설령 간접화법의 형식을 이용한다 해도 발언자의 말 그 자체를 전달하는 것에 의해서만 드러날 수 있는 것이다.

그러나 인용자의 말의 구성단위로 된 후에도 타자의 말은 자신 그대로(즉, 자신의 개성을 유지한 채)* 인용자의 말 속에 들어가 있기 때문에 인용자의 말의 주제로도 되는 것이다. 그것은 정확하게 독자적인 주제를 지니면서 타자의 발화로서 인용자의 주제상의 장치 속으로 들어온다. 따라서 독자적인 주제는 주제의 주제가 된다.

화자에게는 타자의 말이 다른 사람의 발화로 간주된다. 본래 완전히 독립되어 있고 구성상 완결된, 더구나 주어진 맥락 밖에 있는 발화로 간주되는 것이다. 그렇게 독립적으로 존재하고 있는 것이기 때문에 타자의 말이 인용자의 맥락 속으로 이입된다 하더라도 그 본래의 지시대상적인 내용을 계속 간직하고, 그 언어상의 보전(保全), 본래의 구성상의 독자성, 그러한 것의 흔적조차도 계속 보존하게 된다. 타자의 발화를 받아들였던 인용자의 발화는 타자의 발화를 부분적으로 동화시켜 타자의 발화를 자신의 통사론상, 구성상, 문체상의 장치에 적합하도록 하게 하고(단지 흔적이라는 형태로만 있어도) 타자의 발화가 갖고 있던 그 본래의 독자성(통사론상, 구성상, 문체론상의 독자성)을 갖도록(이러한 독자성이 없으면 타자의 발화가 포착되지 않는다) 통사론상, 구성상, 문체상의 규범을 만들어 낸다.

현대 언어의 경우, 간접화법, 특히 의사직접화법(kosvennaja reč;

quasi-direct discourse)을 약간 수정변형했던 것에는 타자의 발화를 발화 구성의 영역에서 주제의 수준—내용의 영역으로 전환시키려고 하는 경향이 나타난다. 그러나 이러한 경우에서도 타자의 발화를 인용자의 맥락 속으로 융해시키려고 하는 것은 끝까지 실현되고 있지 않으며, 또 실현될 수도 없다. 여기서 타자의 발화가 하나의 의미를 지시한다는 사실을 차치하더라도 그것은 또한 하나의 구성으로서 보존된다. 즉 타자의 말의 실체는 하나의 자기 완결적인 단위로서 남게 된다.

따라서 타자의 말을 전달할 때 사용되는 여러 형태들(화법)* 속에서 표현되는 것은 하나의 전언이 다른 전언에 대해 취하는 **능동적인 관계**이다. 게다가 그것은 주제의 수준에서가 아니라 언어 그 자체의 확립된 구성방식 속에서 표현된다.

우리들이 여기서 다루는 것은 말에 대한 말의 반응이다. 그러나 이 현상은 본질적인 점에서 대화와는 분명히 다르다. 대화에서는 개별적인 참여자들을 연결시키는 선들이 문법적으로 단절되어 있다. 그것들은 하나의 단일한 맥락 속으로 통합되지 않는다. 어떻게 그것들은 통합되는 것인가? **대화의 통일이라는 것을 세우기 위한 통사론적인 형태들은 존재하지 않는다.** 만약 대화가 그것을 포함할 인용자의 맥락 속에서 구현된다면, 그것은(이미 대화가 아닌)* 직접화법의 한 예가 되기 때문이다. 즉 우리들이 이 연구에서 다루고 있는 현상의 변이체들 중의 하나인 것이다.

2. 타자의 말을 능동적으로 수용하는 문제

오늘날 대화의 문제가 언어학자들의 관심을 더욱 더 끌고 있다. 때에 따라서 그것은 그들의 중심적인 관심사가 되기도 한다.5) 이는 충분히 납득할 만한 일이다. 왜냐하면 우리도 알다시피 언어활동(Sprache als Rede)의 실제 단위는 개인적인, 독립된 독백적 발화가 아니라 적어도 두 발화의 상호작용, 한마디로 말하면 대화이기 때문이다. 그러나 대화를 생산적으로 연구하기 위해서는 그 전제로서 타자의 말을 전달할 때 사용되는 형태를 좀더 깊이 탐구해 둘 필요가 있다. 왜냐하면 이런 형태들은 **다른 화자들의 말을 능동적으로 수용**할 때 기본적이고 항상적인(usual) 경향들을 반영하기 때문이며, 또 이러한 수용방식이야말로 대화에서도 기본적인 것이기 때문이다.

실제로 타자의 말은 어떻게 수용되는가? 타자의 발화는 그것을 받아들이는 사람의 구체적인 내적 발화 즉 의식 내에서 어떻게 존재하는가? 타자의 발화는 수취자의 의식에서 어떻게 처리되고 수취자 자신의 (다른 화자의 발화에)* 후속하는 말이 타자의 발화에 대해 취하는 방향은 어떻게 되는가?

---

5) 러시아의 문헌에서 언어학의 관점으로부터 대화의 문제를 다루었던 논문은 단지 하나밖에 보이지 않는다. 야쿠빈스키(L. P. Jakubinskij)의 「대화에 접근한 발화에 대하여」,(『러시아어의 언어행위』, 1923) ('O dialogičeskoj reči'[On Dialogic Speech], Russkaja reč' (Petrograd, 1923)가 그것이다. 대화에 관하여 반언어학적 성격을 지니고 있다는 흥미 있는 지적이 비노그라도프(V. Vinogradov)의 저서 『안나 악스마로바의 시』(「대화의 왜곡」의 장) V. vinogradov, Poèzija Anny Axmatovoj, 'Grimasy dialoga'에 보인다. 독일 문헌에서는 현재 보슬러 학파에 의해 집중적으로 연구되고 있다. 특히 Gertraud Lerch, Die uneigentliche direkte Rede, Festschrift für karl Vossler(1922), 『칼 보슬러 기념논문집』(1922) 중 레르크의 논문 「의사직접화법」을 참조.

타자의 말의 형태(즉, 타자의 말을 전달하는 화법)* 속에 있는 것은 바로 이러한 수용의 객관적인 기록이다. 일단 우리가 이것을 해독하게 되면, 이 기록은 우리에게 정보를 제공한다. 그것은 수취자의 '마음' 속에 있는 우연적이고 변덕스러운 주관적·심리적인 과정에 대한 정보가 아니라 결정(結晶)된 언어의 형태로 되어 있는, 다른 화자의 말을 능동적으로 수용하는 확고한 사회적 경향에 대한 정보이다. (다른 화자의 발화를 받아들이는)* 이 과정의 메카니즘은 개개인의 마음속에 있는 것이 아니라 사회 속에 있다. 사회는 발화에 일정한 가치평가를 부여하면서 능동적으로 수용하는 가운데 사회적으로 본질적이고 항상적인 요소, 즉 주어진 언어공동체의 경제적 존재에 기초를 갖고 있는 요인들만을 골라 문법화하는(그 언어의 문법적 구조에 적응시키는) 것이다.

물론 타자의 발화를 능동적으로 수용하는 것과 그것을 한정된 맥락 속에서 전달하는 것 사이에는 커다란 차이가 있다. 이런 차이를 간과해서는 안 된다. 모든 전달의 유형, 특히 성문화(成文化)된 종류는 특정한 목표를 갖고 있다. 예를 들면 이야기, 법정조서, 학문적 논쟁 등 (각각)*에 맞게 전하려고 하는 것이다. 더욱이 전달은 제 3자, 즉 타자의 발화가 전해져야 될 사람을 고려하는 것이다. 이 제 3자에로의 지향이라고 하는 점은 매우 중요하다. 왜냐하면 이러한 지향에 의해서 발화수용에 대한 조직된 사회적 세력들의 영향이 강화되기 때문이다. 우리들이 누군가와 생생한 대화를 할 때, 상대방으로부터 받아들인 말을 처리할 경우(즉, 그 말을 전하려 할 때)* 우리들이 대답하려고 하는 (상대방의)*말 그 자체는(상대방의 말에 대해 대답하는 우리들 자신의 발화 속에서)* 생략되는 것이 보통이다.*6) 우리가 자신의 말 속에서 상대의 말을 되풀이하는 것은 단지 특별하고 예외적인 경우뿐이다. 즉 (상대방의 말에 대해)* 자신의 이해가 올바른가 어떤가를 점검하는 경우나 상대방의 말꼬리를 붙잡는 경우 등이다. 전달에 영향을 미칠 수 있는 이러한 모든 특수한 요인들은 고려해 둘 필요가 있다. 그러나 문제의 본질이 이런 요인들에 의해 변하지는 않는다. 왜냐하면 전달이 일어나는 상황과 그것이 추구하는 목적은 단지 내적 발화의식이 (타자의 발화를)* 능동적으로 수용하는 경향들 속에 이미 잠재되어 있던 것을 현재화(顯在化)하는 데에 도움을 줄 따름이기 때문이다. 또한 이러한 경향들도 그것들로서는 주어진 언어(예컨대 국어 같은 경우)* 속에 있는 타자의 말을 전하는 형태의 틀(화법)* 내에서만 전개될 수 있을 뿐이기 때문이다.

 우리는 통사론의 형태들―예를 들면, 간접화법이라든가 직접화법이라든지 하는 것들―이 타자의 발화에 대한 가치평가를 수반한 능동적인 수용경향이나 수용형태를 직접적이고 명백하게 표현하고 있다고 주장하는 것은 결코 아니다. 물론, 우리들은(타자의 발화를)* 직접화법이나 간접화법의 형태로 직접 수용하지는 않는다. 이러한 형태들은 (타자의)* 말을 전달하기 위한 표준화된 정형들일 따름이다. 그러나 한편으로는 이러한 정형들과 그 변형들은 타자의 발화를 수용하는 방식의 지배적인 경향과 일치하는 경우에만 생겨나고 형성될 수 있다. 또 다른 한편으로 이러한 정형들이 이미 형성되어 언어(국어)* 속에서 가능하면, 이러한 정형들은 그것들에 의해 미리 정해진 채널 내부에서 작용하는 타자의 말을 가치평가하면서 수용하는 방식

---

6) 예를 들면〔가 : 사업은 잘 됩니까?, 나 : 네.〕와 같은 경우이다. 화자 '나'의 응답 '예' 다음에는 화자 '가'로부터 받아들인 '사업은 잘됩니다.'가 생략되어 있다(역주).

의 경향들에 영향을 끼친다. 즉 그 경향들의 발전을 촉진시키기도 하고 제어하기도 한다.

언어가 반영하는 것은 주관적·심리적인 우유부단함이 아니라 화자들 사이의 확고한 사회적 상호관계이다. 언어가 다르고, 시대가 다르고, 사회계층이 다르고, 목적이 다르고, 맥락이 다르면 각각의 경우에서 이러한 상호관계들의 언어형태(정형)*도 다르고, 이러한 형태들의 변형(정형의 변형)*도 다르게 나타난다. 이런 사실에서 화자 공동체의 사회적인 상호지향의 경향이 약할 수도 있지만 강할 수도 있다는 것이 드러난다. 이러한 정형들은 그러한 경향들의 안정되고 오래된 결정(結晶)들이다. 상황이 어떤 특별한 형태(예를 들면 현대 러시아 소설에서의 간접화법의 변형, 즉 '교조적·합리적' 유형 같은 것)를 받아들이지 않는 일이 일어난다면, 이러한 것은 전달된 전언을 이해하고 가치평가 하는 데 있어서 지배적인 경향이 그 특별한 형태에 의해서는 적절하게 나타나지는 않는다는 증거일 수 있다. 그러한 지배적인 경향이 그러한 형태 내에서는 전개될 수 있는 장(場)을 부여받지 못하고 오히려 방해만 되고 있기 때문이다.

3. 인용자의 맥락과 타자의 말 사이의 상호관계의 역동성

타자의 말을 가치평가하며 수용하는 데 있어서 본질적인 것, 어떤 이데올로기적인 의의를 지닐 수 있는 것은 모두 내적 발화라는 매체에 의해 표현된다. 타자의 발화를 받아들이는 주체는 언어가 없는, 말할 수 없는 존재가 아니라 내적인 말로 가득찬 인간이기 때문이다.

인간의 모든 경험—소위 통각(統覺)적인 기반—은 그의 내적 발화 속에서 암호화되어(내적 발화의 언어에 의해)* 존재하고, 또한 그 경험들은 외부로부터 받아들인 말과 접촉을 가지는 한에서만 존재한다. 말은 말과 접촉하는 것이다. 이 내적 발화의 맥락 내에서 타자의 발화가 수용되고 이해되며 가치평가가 이루어진다. 그곳에서 화자의 능동적인 지향이 발생한다. 이 내적 발화 속에서의 능동적인 수용은 두 가지 방향으로 진행된다. 첫째는 실제로 주석을 가하는 맥락(이것은 일부가 말에 대한 통각적인 기반으로 불리는 것과 일치한다)이나 시각적인 기호에 의한 표현 등에 의해서 타자의 발화가 둘러싸여, 그것들 테두리 내에서 수용되는 방향이다. 둘째는 응답(Gegenrede)이 준비되는 방향이다. 응답의 준비(내적인 응수)와 **실제적인 주석**[7]은 유기적으로 결합되어 있고 능동적인 수용 내에서 하나로 통일된다. 양자를 분리할 수 있는 것은 단지 추상에 의해서만 가능한 것이다. 이 수용의 두 가지 방향은 타자의 말을 둘러싸고 있는 '작자(화자)*'의 맥락 내에서 표현되고 객관화된다. 주어진 맥락이 어떤 지향—문학작품, 논쟁을 위한 논문, 변호사의 변론이나 기타 다른 것은 목적으로 하는 것—을 추구한다 하더라도 우리는 그 맥락 속에서 두 가지의 경향을 명확히 구별할 수 있다. 곧, 하나는 주석하는 경향이고 다른 하나는 응답하는 경향이다. 보통은 그 둘 중의 어느 하나가 지배적이다. 타자의 말과 (타자의 말을)* 전달하는 맥락 간에는 고도의 복합성과 긴장의 역동적 관계가 지배하고 있다. 이들의 관계를 고려하지 않고서는 타자의 말을 전달하는 어떤 형태도 이해할 수 없을 것이다.

---

7) 이 용어는 야쿠빈스키(L. P. Jakubinskij)로부터 차용해 온 것이다(앞에서 인용한 조항을 보라).

지금까지 타자의 말을 전달하는 형태를 연구해 왔던 사람들이 말한 근본적인 오류는 타자의 말을 (그것을)* 전달하는 맥락으로부터 완전히 분리시켰다는 데 있다. 그 때문에 이러한 형태를 취급할 때도 그 규정이 정태적이고 고정적인 것으로 되었던 것이다(이런 정태성은 일반적으로 통사론 연구 전체에도 공통적으로 나타나는 특징이다). 한편, 연구의 진정한 대상은 정확히 이들 두 요인, 즉 전달되고 있는 말(타자의 말)과 전달하고 있는 말(작자, 즉 화자의 말)의 역동적인 상호관계이어야 한다. 요컨대 그들은 이러한 상호관계 속에서만 실제로 존재하고, 기능하고, 형성되며 어느 하나가 다른 하나로부터 떨어져 독립된 상태로는 존재하지 않는다. 타자의 말과 (그것을)* 전달하는 맥락은 단지 역동적인 상호관계의 양 극단의 한쪽인 것이다. 이러한 역동성은 사람들 사이의 언어적·이데올로기적 의사소통에 있어서 사회적인 상호지향의 역동성을(물론, 그러한 의사소통의 본질적이고 확고한 경향들만을) 반영한다.

그러면 작자의 말과 타자의 말과의 상호관계에 대한 역동성은 어떤 방향으로 움직이는 것일까?

우리는 그것이 두 가지 기본적인 방향으로 움직이고 있음으로 볼 수 있다.

4. 선적 문제

우선 타자의 말에 대한 반응의 기본적인 경향이 타자의 말을 고스란히 그리고 확실히 유지하려고 하는 경우이다. 이때 언어는 타자의 말에 대한 명확하게 확립된 구분을 설정할 수 있다. 그런 경우에 정형과 그 변형은 타자의 말을 가능한 한 명확하게 경계지어 거기에 작자의 억양이 침투할 수 없도록 막아주고, (타자의 말이 지닌)* 개인적인 언어적 특성을 응축하고 강화하기 위해 사용된다.

이것이 첫 번째 방향이다. 그 영역 속에서는 타자의 말에 대한 사회적인 수용방식이 주어진 언어공동체에서 어느 정도로 분화하고 있는가, 그 표현성과 발화의 문체상의 특성, 어휘의 색채 등이 어느 정도 명확히 감지되고 있는가, 또한 그것들이 사회적으로 어느 정도 중요시되고 있는가하는 점이 엄격하게 한정되어야 한다. 타자의 말은 하나의 덩어리 전체를 이루는 사회적 행위로서, 화자가 분리할 수 없는 개념상의 위치로서만 받아들여진다. 결국, 말의 내용만이 받아들여지고, 그 기법은 받아들여지지 않는 것이다. 발화를 받아들여 그것을 전할 때 이렇게 지시대상적 의미를 간직하고 (언어상) 비개성화하는 유형은 고대 및 중세 프랑스어에서 지배적으로 나타난다(중세 프랑스어에서는 간접화법의 비개성적인 변형이 상당히 발달해 있었다).[8] 같은 유형이 고대 러시아 문헌에서도 발견된다. 그러나 여기서는 간접화법의 정형이 거의 전적으로 사라져 있다. 여기에서 지배적인 유형은 (언어상) 비개성적인 직접화법이었다.[9]

---

8) 이 점에 관련해서는 고대 불어의 일정한 특징을 참조하시오. 중세 프랑스어의 타자의 말에 대해서는 레르크의 논문 「의사직접화법」, pp.112ff 이하 참조. 또한 보슬러(Karl Vossler)의 『프랑스 문화론·프랑스어의 발달의 관점에서』(1922)를 참조. K. Vossler, *Frankreichs Kultur im Spiegel seiner Sprachentwicklung*(1913).
9) 예를 들면, 『이고르전투의 시(*Slovo o polku Igoreve*)』에서는 타자의 말이 풍부함에도 불구하고, 간접화법은 단 하나의 예도 보이지 않는다. 고대 러시아어의 기록에는 간접화법은 매우 드물다. 타자의 말은 꽉차고 침투할 수 없는 덩어리로서 거의 혹은 전적으로 개성화되지 않은 채 모든 곳에 혼합되어 있다.

첫 번째 방향이 미치는 범위 내에서 우리는 또한 (타자의)* 발화를 수용하는 방식이 어느 정도 권위주의적인가, 그 이데올로기적인 확신의 정도가 얼마만큼 되는가 그리고 그것이 지닌 교조성이 어느 정도인가 하는 것을 한정하지 않으면 안 된다. 발화의 교조성이 강하면 강할수록 이 발화를 이해하고 가치평가하는 사람이 수용할 때 생기는 참과 거짓, 선과 악 사이의 이행을 허용하는 여지는 그만큼 줄어들고 타자의 말을 전달하는 형태(화법)*는 더욱 더 비개성적인 것으로 된다. 사실 모든 사회적인 가치판단들이 주어진 상황 속에서 명쾌한 양자택일로 행해지기 때문에 다른 화자의 발화에 개성을 부여하는 요인들에 대해 주의깊고 적극적인 태도를 취할 수 있는 여지는 전혀 없는 것이다. 이러한 권위주의적인 교조주의는 중세 프랑스나 고대 러시아 문헌에 매우 특징적으로 보인다. 이것에 비해 17세기 프랑스나 18세기 러시아에서는 합리주의적인 교조주의가 두드러져 보인다. 이 유형도 (권위주의적 교조주의와)* 방향은 다르지만 타자의 말이 개성화되는 것을 제어한다는 점에서는 완전히 같다. 합리주의적인 교조주의의 영역 내에서는 간접화법의 내용(발화가 지시하는 대상)*을 분석하려고 하는 변형과 직접화법의 수사학적인 변형이 지배적인 형태를 차지하게 된다.10) 여기에서 작자의 말과 타자의 말 사이의 경계가 명료하여 서로 침범할 수 없는 것으로 되는 점이 그 극한에까지 이르게 된다.

인용자의 말과 타자의 말 사이의 상호지향이 갖는 이러한 첫 번째 방향의 역동성을〔뵐플린(wölfflin)의 예술학 용어를 차용해서〕(타자의)* 말을 전하는 **선적 문체**(der lineare stil)라고 부르도록 하자. 선적 문체

---

10) 간접화법은 러시아의 신고전주의에는 사실상 존재하지 않는다.

의 기본적인 경향은 타자의 말이 명확한 외적 윤곽을 형성함으로써 (타자의 말이 지닌)* 내적인 개성이 거의 나타나지 않는다는 점이다. 전체적인 맥락이 문체상 완전히 동일한 것으로 표명되는 곳에서는 (즉, 작자와 등장인물 모두가 완전히 같은 언어를 말하는 곳에서는) 타자의 말은 문법상으로도 구성상으로도 극히 폐쇄적이고 극도의 명확성을 가진 말에 이르게 된다.

5. 회화적 문체

인용자의 말과 타자의 말 사이의 역동성이 작용하는 두 번째 방향에서 우리가 관찰하는 과정들은 첫 번째 방향과 정반대라고 할 수 있다. 언어는 타자의 말에 대해 작자가 응답하고 주석을 달기 위한, 섬세하고 유연한 수단을 고안해 낸다. 인용자의 맥락은 인용된 타자의 말의 자기 완결적인 폐쇄된 상태를 파괴·분해하려고 하며, 그것의 경계선을 제거하려고 한다. 우리는 이렇게 전달하는 양식을 **회화적 문체**(zivopisnyj: pictorial style)라고 부르도록 하자. 회화적 문체는 타자의 말이 갖는 명확한 외적 윤곽을 제거시키려는 경향이라고 말할 수 있다. 동시에 타자의 말은 지극히 개성화된다. 즉 타자의 발화가 갖는 여러 측면에 대한 감각이 섬세하게 분화된다. 이때 그 수용은 발화의 지시대상적 의미나 그것의 진술뿐만 아니라 언어표현상의 모든 언어적 특징들도 또한 포함한다.

수많은 다양한 유형들이 이 두 번째 방향의 영역 내에 놓여질 수 있다. 발화의 외면들을 약화시키는 자극은 인용자의 맥락에서 발생가능하다. 그럴 때 인용자의 맥락은 그 자신의 억양인 유모어, 아이러니, 사랑이나 증오, 열정이나 경멸을 지니면서 타자의 말 속에 스며든다. 이러한 유형은 르네상스 시대(특히 프랑스어에서), 18세기 말기, 그리고 19세기의 거의 전시기에 특징적인 유형이다. 그것은 발화(타자의 말)*에 대한 권위주의적인 교조주의와 합리주의적인 교조주의를 심하게 약화시킨다. 그때 사회적인 가치판단을 지배하는 것은 사고, 신념, 감정 등 개성화된 모든 언어의 뉘앙스들을 적극적이고 민감하게 수용하는 데에 지극히 우호적인 근거를 제공하는 상대주의이다. 이러한 기반 위에서 타자의 말에 대한 '장식적' 경향이 전개되는데, 경우에 따라서는 그것의 '색채'를 위해 발화의 의미가 무시되기도 한다. 예를 들면 러시아의 '자연파', 특히 고골리(Gogol)의 경우 등장인물의 말은 의상, 외모, 가구류 등과 같은 장식이 되어 그 지시대상적 의미를 거의 잃고 있다.

그러나 두 번째 경향에는 또 다른 유형도 역시 가능하다. 그것은 언어상의 주도적인 역할이 타자의 말로 옮겨지는 경우이다. 이 경우는 타자의 말이 그것을 둘러싼 인용자의 맥락보다도 강하고, 보다 능동적으로 된다. 그리고 타자의 말이(앞의 경우와는 반대로) 인용자의 맥락을 분해하기 시작한다. 인용자의 맥락은 타자의 말과 비교하여 일반적으로 그 자신이 갖고 있는 보다 큰 객관성을 잃어버리게 된다. 거기서 인용자의 맥락도 그것이 (타자의 말에)* 뒤지지 않을 정도로 주관적인 말, 일종의 '타자의 말로 받아들여지게 되고 스스로도 그와 같은 것으로서 의식하게 된다. 소설의 경우 이러한 것은 종종 작자(이 말의 일반적인 의미에서)를 대신하는 서술자(narrator)의 등장에 의해 작품 구성 속에 나타나게 된다. 여기에서 서술자의 말은 등장인물의 말만큼이나 개성화되어 있고, 채색되어 있으며 (이데올로기적인)* 권위도 지니고 있지 않다. 서술자의 위치는 유동적인 것이고, 대부분의 경우 서술자는 작품에 묘사된 인물들의 언어로 말한다. 또한 등장인물의 주관적인 입장에 대해서 보다 큰 권위를 갖는 보다 객관적인 세계를 대치해 보는 것이 서술자로서는 불가능하다. 그러한 것이 도스토예프스키, 벨리(Andrej Belyi), 레미조프(Remizov), 솔로굽(sologub)이나 현대 러시아 산문 작가들의 서술행위(narration)의 본질이다.11)

---

11) 소설에서의 서술자의 역할에 대한 문헌은 꽤 많이 있다. 현재까지 기본적인 문헌으로 되고 있는 것은 프리드만(K. Friedmann)의 『서사시에 있어서 서술자의 역할(Die Rolle des Erzählers in der Epik)』, (1910)이다. 러시아에 있어서 서술자의 문제에 관심을 불러일으킨 자는 '형식주의자들(formalists)'이다. 비노그라도프(V. V. Vinogradov)는 고골리 작품에 나오는 서술자의 말을 '작자에서 등장인물까지 지그재그로 움직이는 것'으로 규정한다(그의 저서 『고골리와 자연파(Gogol' i natural' naja škola)』 참조). 비노그라도프에 의하면 도프토예프스키의 『분신』의 서술자의 언어상의 문제는 주인공 골랴드킨의 문체와 관련시켜 볼 때 비슷한 위치를 점하고 있다고 한다(비노그라도프의 「페테르스부르크의 시 『분신』의 문체(stil'peterburgskoj poèmy)」, Dvojnik』). 『도스토예프스키』(돌리닌 ed., I, 1923), pp.239, 241. 참조. (서술자의 언어와 주인공의 언어 사이의 유사성에 대해서는 이미 벨린스키(Belinskij)가 지적하고 있다). 엥겔 가르트(B. M. Èngel'gardt)는 다음과 같이 아주 정확히 지적하고 있다. '도스토예프스키(의 작품)에서는 이른바 외부세계에 대한 어떠한 객관적인 묘사를 찾을 수 없다....이러한 사실로 인하여 작품에서 실재의 다층성(multistratification)이 발생했는데, 이는 그의 후계자들에 있어서는 존재의 독특한 분해라는 점에까지 이르게 되었다.' 엥겔가르트는 이 '존재의 분해'의 증거를 솔로굽(Sologub)의 『작은악마(Melkij bes)』와 벨리(A. Belyi)의 『페테르스부르크(Petersbug)』에서 보고 있다. 엥겔가르트의 「도스토예프스키의 이데올로기 소설(Ideologičeskij roman Dostoevskogo)」, 『도스토예프스키』(돌리닌 ed., II, 1925), p.94. 참조. 졸라의 문체를 발리는 다음과 같이 묘사하고 있다. "새로 생긴 사건이 작중인물의 두뇌를 통하고, 풍경도 작중인물의 눈을 통해 묘사되고, 각 사람의 사고도 작중인물의 입을 통해 말해지는 기법을 졸라만큼 이용하고 따라서 졸라만큼 악용한 자는 달리 없다. 졸라의 후기 작품에서는 이런 기법이 이미 표현의 방법은 아니고, 악벽, 즉 고정관념으로 되고 있다. 『로마』에 있어서는 로마의 어느 길모퉁이도, 어느 장면도 그 신부의 눈을 통해서 보여지고 있다. 종교에 대해서 사고하는 것도 이 신부를 매체로 해서만 표현되고 있다." (E. 로르크의 논문 「체험 화법(Erlebte Rede)」, p.64. 인용) 서술자의 문

인용자의 맥락이 타자의 말로 침투해 간다는 것(첫 번째 방향)*이 타자의 말을 절도 있게 수용하는 방식에 있어서 이상주의(idealism)와 집단주의(collectivism) 양자에 전형적이라고 한다면, 인용자의 맥락을 분해하는 것(두 번째 방향)*은 타자의 말을 수용하는 방식의 상대주의적인 개인주의를 증명한다고 할 수 있다. 후자의 경우에는, 주관적인 타자의 발화에 대해서 같은 정도로 주관적이다라는 지각을 지닌 인용자의 응답과 주석을 가하는 맥락이 대치되는 것이다.

두 번째 방향 전체의 특징은 타자의 말을 전달하는 혼합화법(smešannyj šablon; mixed form)이 발달해 있다는 점이다. 거기에는 자유간접화법, 특히 타자의 전언의 경계를 매우 약화시키는 의사직접화법이 매우 발달해 있다. 또한 직접화법과 간접화법의 변형들 가운데 지배적인 것들은 최대한의 탄력성을 보이며 인용자의 의향이 가장 잘 침투할 수 있는 것들이다(예를 들면, 흩어진 직접화법이나 간접화법의 표현분석적인 형태 및 그 이외의 것들).

타자의 말에 능동적으로 반응하여 그것을 수용하는 이러한 모든 경향을 고찰할 때는 언어현상들에 대한 모든 특징을 세밀하게 고려해야만 한다. 인용자의 맥락이 갖는 목적지향성이란 것은 특히 중요하다. 이런 점에서 사회언어(socialno-rečevaja; sociolingual)의 상호지향의 모든 변화를 가장 민감하게 전달할 수 있는 것은 문학적인 언어(verbal art)이다. 문학적인 언어와는 달리 수사학적인 언어는 그것이 갖는 단순한 목적 지향성 때문에(예를 들면 설득에 전념하기 때문에)* 다른

제를 취급하고 있는 흥미 있는 조항이 그루즈데프(Il'ja Gruzdev)의 논문 「문학작품에 있어서 서술장치에 대하여(O priemax xudožestvennogo povestvovani ja)」, *Zapiski Peredvižnogo Teatra*(Petrograd, 1922), Nos. 40, 41, 42. 가 있다. 그러나, 이 논문에서는 타자의 말에 대한 언어학상의 문제가 제기되지는 않았다.

화자의 발화를 취급하는 데 있어서 문학적인 언어보다는 자유롭지 못하다. 수사학은 타자의 말과의 경계를 명확히 느낄 수 있는 것을 필요로 한다. 그것은 말에 대한 소유감각을 예리하게 하고, 확실성을 지니는 문제들에 대해서까지 까다롭게 살피도록 하는 특징을 갖는다.

법률상의 언어에서는 재판관의 판결과 일련의 법률해석·연구주석이 갖는 언어상의 객관성과 검사측과 변호사측이 갖는 언어상의 주관성 사이를 명확히 구별하는 감각이 고유한 것으로 가정되고 있다. 정치적인 수사학도 이와 유사하게 나타난다. 법률적인 것이든 정치적인 것이든간에 수사학적인 발화는 그 당시 주어진 사회집단의 언어의식 내에서 어느 정도의 비중이 있는가를 명확하게 규정해 나가는 것이 중요하다. 더욱이 타자의 말이 점하고 있는 사회적인 계층상의 위치도 또한 고려되어야만 한다. 타자의 발화에서 계층적 위치의 감각이 강하면 강할수록 타자의 발화의 경계는 보다 선명하게 되고 외부로부터 그것에 응답하고 주석하는 경향(인용자의 맥락)*이 그 속으로 침투하는 것은 점점 허용되지 않게 된다. 그래서 예를 들면 신고전주의 영역 내에서는 '저급한(low) 장르가 타자의 말을 전달하는 합리주의적인 교조주의의 선적 문체로부터 현저한 일탈을 드러내는 것이 가능하게 되었다. 라 퐁떼뉴(La Fontaine)의 우화와 이야기 속에서 의사직접화법이 최초로 강력한 발전을 이룬 것도 그러한 징후이다.

6. 요약

타자의 말과 인용자의 말 사이의 역동적인 상호관계에 대한 여러 가능한 경향들을 요약하면 다음과 같은 연대적 순서로 나타낼 수 있다.

1. **권위주의적인 교조주의.** 이것은 타자의 말을 전하는 선적이고, 비개성적이며 기념비적인 문체를 그 특징으로 한다(중세).
2. **합리주의적인 교조주의.** 이것은 더욱 명확한 선적 문체를 갖고 있다(17, 18세기).
3. **현실주의적이고 비판적인 개인주의.** 이것은 회화적 문체를 갖고 인용자의 응답과 주석이 타자의 말 속에 침투하려는 경향이다 (18세기 말과 19세기 초).
4. 마지막으로 **상대주의적인 개인주의.** 이것은 인용자의 맥락 그 자체가 (타자의 말에 의해)* 해체된 경우이다(현대).

언어는 그 자체로서 저절로 존재하는 것이 아니라 구체적인 발화의 개개의 구조와 결합하여 존재하고 있는 것이다. 언어는 발화를 매개로 해서만 의사소통적 관계를 맺을 수 있고, 의사소통에 관계하는 살아 있는 세력들에 스며들어 현실적인 존재가 된다. 언어적 의사소통의 조건들과 그 형태들 및 그 분화방법은 주어진 시대의 사회·경제적 전제조건들에 의해 규정된다. 변화해가는 사회언어의 이러한 조건들이 우리가 분석했던 타자의 말의 형태들(여러 가지 화법)*의 변화를 사실상 결정한다. 역사를 따라 변화해 가는 사회·이데올로기적 의사소통의 유형들이 명확히 부각되어 나타나는 것도 언어가 수용된 말과 화자의 인상을 기록하는 이 형태들(화법) 속에 있다고 감히 말할 수 있을 것이다.

제 3 장 간접화법, 직접화법 및 그것들의 변형

1. 정형과 변형 : 문법과 문체론

지금까지 우리는 인용자의 말과 타자의 말 사이의 상호지향을 특징지우는 역동성의 기본경향에 대해 개괄해 왔다. 이러한 역동성은 그 구체적인 언어표현을 타자의 말에 대한 정형(šablon; pattern)들과 이러한 정형들의 변형(modifikacija; modification) 속에서 드러낸다. 이러한 정형과 그 변형은 인용자의 말과 인용된 타자의 말 사이의, 언어발달상의 어떤 주어진 시점에서 성취된 힘의 평형을 가리키는 지표라고 할 수 있다.

이제 이미 지적했던 경향들의 관점으로부터 이러한 정형과 그것의 가장 중요한 변형에 대해 간단히 그 성격규정을 내리도록 하자.

우선, 정형에 대한 변형의 관계에 대하여 간단히 말해 보겠다. 이 관계는 리듬의 현실이 운율(meter)의 추상적 개념에 대하여 갖는 관계와 유사하다. 정형은 그 고유의 변형을 매개로 해서만 나타날 수 있다. 변형 내에서의 여러 가지 변화들이 수세기 혹은 수십 년 동안 축적되고, 타자의 말에 대한 능동적 지향의 새로운 관습이 획득되면, 그것들이 조만간 고정된 언어적 형태라는 모양을 취하여 통사론상의 정형이 된다. 변형의 위치는 문법과 문체론 사이의 경계선 위에 있다. 때때로 주어진 발화 전달의 형태가 정형인가 변형인가, 혹은 문법상의 문제인가 문체상의 문제인가 하는 논란이 발생한다. 이런 종류의 논란은 예를 들면, 한편은 발리가 제기하고 다른 편은 칼프키(kalepky)와 로르크에 의해 제기되었는데 프랑스어와 독일어에서의 자유간접화법의 문제를 놓고 논란이 벌어졌다. 발리는 자유간접화법에서 통사론상의 정형을 인정하지 않고 그것을 단지 문체론상의 변형으로만 간주했다. 프랑스어의 자유간접화법에 대해서도 똑같은 논란이 제기되었다. 우리의 관점에서 보면 문법과 문체 사이, 문법상의 정형과 문체상의 변형 사이에 엄밀한 경계선을 긋는 것은 방법론상으로 비생산적일 뿐만 아니라 사실상 불가능하다. 이러한 경계선은 언어의 바로 그 존재양식 때문에 유동적인 것이다. 여기에서 어떤 형태들이 문법화되는 과정을 겪고 있는 바로 그 순간에 다른 형태들은 탈문법화하는 과정을 겪고 있는 것이다. 그러한 애매모호하고 양자의 경계에 있는 형태야말로 언어학자에게 있어서는 가장 흥미로운 대상이기도 하다. 언어의 발전경향을 명확히 분간할 수 있는 곳도 바로 여기에서이다.12)

---

12) 보슬러와 보슬러 학파의 연구자들은 엄밀한 의미에서 언어학보다는 문체론에 관계하고 있다고 종종 비난받고 있다. 그러나 실은 보슬러 학파는 이러한 문제가 지닌 방법론상 발견상(heuristic)의 중요성을 충분히 이해하고 그 둘 사이의 경계영역의 문제들에 그 관심을 돌렸다. 우리가 보았듯이 거기에 보슬러 학파의 커다란 우월성이 놓여 있다. 유감스럽게도 보슬러 학파의 연구자들은 이미 보았듯이 그러한 현상을 설명할 때 주관적인 심리적 요인과 개인적인 동기에 초

2. 러시아어에서 인용자의 말이 지니는 일반적인 성격

 간접화법과 직접화법의 정형에 대한 간단한 특징은 러시아어의 표준어의 범위 내에서 찾을 수 있다고 생각한다. 그렇지만 이러한 정형들의 변형을 빠짐없이 다 열거할 의도는 없다. 우리에게 중요한 것은 문제의 방법론적인 측면뿐이기 때문이다.
 우리도 알다시피 러시아어에 있어서 타자의 말을 인용·전달하는 통사론상의 정형들의 발달은 극히 미약하다. 의사직접화법(러시아어에서는 독일어의 경우와 마찬가지로 의사직접화법의 명확한 통사론적 특징이 결여되어 있다) 이외에도 우리는 두 종류의 정형들을 가질 수 있는데, 직접화법과 간접화법이 그것이다. 그러나 이러한 두 정형들은 다른 나라의 언어와 같이 상호간의 엄격한 경계는 존재하지 않는다. 간접화법의 특징은 확실하지 않으며, 상용어(colloquial language) 속에서 그것은 직접화법의 특징과 너무 쉽게 결합되어 버린다.13)
 러시아어에서의 시제일치(consecutio temporum)의 결여와 가정법의 결여는 간접화법에서 그 자체의 어떤 독자적인 특징을 제거해 버렸

 점을 맞췄다. 이러한 사실로 인해 언어는 때때로 단지 개인적인 기호(嗜好)의 노리개로 되어 버렸다.
13) 많은 다른 언어의 경우, 간접화법은 직접화법과 통사론상으로 명확하게 구별된다(시제, 법, 접속사, 인칭형태의 고유한 사용에 의해). 따라서 이는 말을 간접적으로 전달하는 데 있어서 특별하고 복잡한 정형을 초래했다. 그러나 러시아어의 경우에는 우리가 매우 자주 언급했던 약간의 명확한 특징이 있다 해도 그것들은 영향력이 없으므로 간접화법은 직접화법과 혼동된다. 예를 들면 고골리의 『검찰관(Revizor)』에는 다음과 같이 나타난다.
 오시프(Osip)는 "여인숙 주인은 당신이 전에 행했던 것을 보상하기 전에는 나는 어떤 음식도 당신에게 줄 수 없다고 말했다."고 말한다(페쉬코프스키(Peškovskij)의 『러시아어의 통사론』 제 3판, p.553 인용).

다. 따라서 우리의 관점에서 볼 때는 지극히 중요하고 홍미로운 변형의 풍부한 발전을 위한 만족할만한 토대가 전혀 없다. 일반적으로 러시아어에서는 직접화법이 무조건 우월하다는 점을 알아야 한다. 러시아 언어역사상 데카르트적인(Cartesian) 합리주의 시기, 즉 이성적으로 자신에 찬 객관적인 '인용자의 맥락'이 타자의 말의 지시적인 구조를 분석하고 분해하며, 말을 간접적으로 전하기 위한 복잡하고 뛰어난 장치를 만들어 내었던 시기는 없었던 것이다.

그렇지만 러시아어의 그러한 모든 특징은 타자의 말을 전달하는 회화적 문체—비록 약간 이완되어 애매모호하고, (인용자의 말과 타자의 말과의)* 경계와 (타자의 말로부터의) 저항을 극복하였다라는 감각(다른 나라의 언어에는 이것이 느껴진다)을 결여하고 있는 회화적 문체이지만—가 발달하기 위한 매우 좋은 조건을 산출하였다. 거기에서는 인용자의 말과 타자의 말 사이의 상호작용과 상호침투가 아주 자연스럽게 일어나는 것이 지배적으로 되어 있다. 이러한 상황은 러시아 문학어의 역사 중에서 수사학이 맡았던 지극히 작은 역할과도 관련된다. 왜냐하면 수사학은 타자의 발화를 다루는 명확한 선적 문체를 지님과 동시에 일괄적이지만 명확하면서도 일의적인 억양을 갖고 있기 때문이다.

3. 간접화법의 정형

우선 러시아어에서 가장 발달되지 않은 정형, 즉 간접화법의 특징을 설명하도록 하자. 먼저 페쉬코프스키(A. M. Peškovskij)에 대해 간단한 비판적 지적부터 시작하기로 한다. 페쉬코프스키는 러시아어에는 간접화법의 형태가 형성되지 않았다고 지적하면서 다음과 같은 지극히 특이한 성명을 발표하였다.14)

> 러시아어가 본래 간접화법에 의한 전달이 어울리지 않는다는 점을 확인하려면 직접화법의 글을, 그것이 거의 중요하지 않는 간단한 설명일지라도 간접화법으로 변환하여 보면 알 수 있는 일이다.

만약 페쉬코프스키가 프랑스어를 이용하여 단지 문법적인 규칙만을 지키면서 직접화법을 간접화법으로 기계적으로 바꿔놓는 똑같은 실험을 행하였다면, 그는 확실히 앞에서 말한 것과 같은 결론에 도달했었을 것이다. 예를 들면 그가 퐁떼뉴의 우화에 나오는 직접화법 혹은 그 우화 속의 의사직접화법조차도(후자는 퐁떼뉴에서 많이 나타나는 화법이다) 간접화법 형태로의 변환을 시도했다면, 앞의 예의 경우와 마찬가지로 문법적으로는 맞더라도 문체적으로는 허락되지 않는 결과가 나왔을 것이다. 프랑스어에서는 의사직접화법이 간접화법에

---

14) Ibid., p.554. 페쉬코프스키가 예로 든 '직접화법의 표본'은 이반 크릴로프(Ivan Krylov)의 유명한 우화, 『당나귀와 나이팅게일(*The Ass and Nightingale*)』에서 나왔다. 본문의 인용에 계속해서 페쉬코프스키가 시도한 것은 영역(英譯)으로 하면, 다음과 같은 직접화법을 The Ass says to the Nightingale, after the latter's demonstration of his art. "Not bad! No kidding, it's nice listening to you sing. But what a shame you don't know our Rooster! You could sharpen up your singing quite a bit if you'd take some lessons from him." 아래와 같이 간접화법으로 고쳐 쓰는 실험을 하고 있다. The Ass, bowing his head to the ground, says to the Nightingale that not bad, that no kidding, it is nice listening to him sing, but that what a shame he dosen't know their Rooster, that he could sharpen up his singing quite a bit, if he'd take some lessons from him. 페쉬코프스키는 이러한 진술을 간접화법으로 번역했는데 완전히 기계석으로 수행했다. 그 결피는 대단하다. 그러나 사실 그러한 것은 불가능하다. 영어 번역은 이러한 결과를 반영시키는 것을 목적으로 하고 있다.―영역자 주석.

제 3 장 간접화법, 직접화법 및 그것들의 변형　217

매우 가까움에도 불구하고 (양자에서 발생하는 시제와 인칭의 변화도 같다), 이러한 결과가 일어난다. 직접화법과 의사직접화법에는 그것에 맞는 적절한 일련의 단어들, 관용구, 표현들이 있다. 그래서 이러한 것들이 간접화법의 구성으로 변환되면 어색한 소리를 내게 되는 것이다.

페쉬코프스키는 전형적인 문법학자의 오류를 범한 것이다. 적절한 문체상의 수정없이, 타자의 말을 하나의 정형에서 다른 정형으로 변환하는 그의 기계적인 순수한 문법상의 방법은 전적으로 교실에서의 문법수업의 방법에 불과한 사이비이며 반대해야 할 방법이다. 타자의 말을 전하는 정형의 이와 같은 실행 방법(문법상의 방법)*과 언어에서의 실제 정형의 존재 사이에는 아무런 관련이 없다. 정형은 타자의 말에 대한 능동적인 수용방식의 경향을 표현한다. 각각의 정형은 그 정형에만 적절한 고유의 방향을 따르면서 전달되는 전언을 그 자신의 창조적인 방법으로 취급하는 것이다. 만약 언어가 어떤 주어진 발달단계에서 타자의 발화를 꽉 들어찬(compact) 분리할 수 없는, 고정된, 침투불가능한 전체라는 것으로서 습관적으로 인지한다면 이 언어는 다름 아닌 원시적인 불활성(inert)의 직접화법의 정형(기념비적인 문체)을 사용할 것이다. 페쉬코프스키가 그 실험에서 주장했던 것은 불변성과 그것을 완전히 문자 그대로 전달하는 것에 대한, 바로 이와 같은 개념이었다. 그러나 동시에 그는 간접화법의 정형을 자신의 실험에 적용하려고 시도한다. 그 실험의 결과는 러시아어는 간접화법에 의한 전달이 본래 어울리지 않는다는 것을 결코 보여주지 않았다. 반대로 그 결과가 증명한 것은 러시아어에서 간접화법의 정형이 아무리 미약하게 발달했을지라도, 그 자신의 성격을 충분히 지니고 있어

서 모든 직접화법이 문자 그대로 간접화법으로 번역될 수는 없다는 점이다.15)

4. 간접화법의 대상분석적 변형

페쉬코프스키의 이런 기괴한 실험은 그가 간접화법이 갖는 언어상의 본질을 인식하는 데 완전히 실패했음을 입증해 주고 있는 것이다. 그러한 본질은 타자의 말을 분석적으로 전달하는 데 있다. 전달과 동시에 일어나면서 그것과 분리되지 않는 이 분석이야말로 간접화법의 모든 변형에 반드시 구성되어 있는 특징인 것이다. 그것들은 분석의 정도와 방향의 측면에서만 다르다.

간접화법의 분석적인 경향은 발화의 모든 정서적·감정적인 요소들이 전언의 내용으로서가 아니라 전언의 형태로 표현되는 한, 그러한 요소들이 간접화법 속에 원래의 모습 그대로 옮겨지지는 않는다는 사실에 의해서 확실히 나타나게 된다. 그러한 요소들은 전언의 형태에서 그 내용으로 전환되고 그렇게 전환되는 과정 속에서만 간접화법의 구성 속으로 들어가거나 (타자의 발화를 도입하는)* 동사(verbum dicendi)(~라고 말했다. ~을 인정했다 등)*를 조절하는 주석적인 기능을 지닌 것으로서의 주절에 옮겨지는 것이다.

예를 들면 "잘했어! 대단한 성과야!"("well done! What an achievement!") 같은 직접적인 발화가 "그는, 잘했어 그리고 대단한 성과야라고 말했다"("He sad that well done and what an achievement")와 같은 간접화법

---

15) 우리가 다시 한 번 검토하고 있는 페쉬코프스키의 이 오류는 문법과 문체론을 분리하는 것의 방법론상의 유해성을 입증하고 있다.

으로 기록될 수는 없다. 오히려 우리가 기대하는 것은 "그는, 그것은 매우 잘 됐으며 실질적인 성과였다고 말했다"("He said that that had been done very well and was a real achievement.")라든가 "그는 그것은 매우 잘 됐으며 실질적인 성과였다고 기뻐하며 말했다"("He said, delightedly, that that had been done well and was a real achievement")라든가 하는 것이다.

직접화법에서는 정서적·감정적인 이유로 인하여 모든 종류의 생략, 탈락(omissions) 등이 가능하지만, 간접화법에서는 분석적인 경향이 있기 때문에 그러한 생략, 탈락들이 허용되지 않으며, (직접화법에서는 생략, 탈락된 요소도) 충분히 전개되고 완전한 형태를 얻어야 비로소 간접화법 속에 들어갈 수 있는 것이다. 페쉬코프스키의 예(例) 속에 있는 애스(Ass)의 "좋아"("Not bad!")라는 감탄이 간접화법에서 "그는 좋아라고 말한다"("He says that not bad…")와 같이 간접화법 속에 기계적으로 기록될 수는 없다. 오직 "그는 그것은 잘 됐다고 말한다"("He says that it was not bad…")라든가 혹은 "그는 나이팅게일이 노래를 잘했다라고 말한다"("He says that the nightingale sang not badly.")라는 식으로 될 수 있을 뿐이다.

"농담 말아"("No kidding")도 간접화법에 기계적으로 옮겨지지 않고, "네가 모른다니 이 얼마나 부끄러운 일이냐…"("What a shame you don't know")라는 것도 "그가 모른다니 이 얼마나 부끄러운 일인가…"("but that what a shame he doesn't know…")로 되지 않는다.

타자의 말을 인용하는 화자가 그의 의도를 전달하기 위해 사용한 모든 구문상의 수단 혹은 구문-억양상(compositional-inflectional)의 수단이 원래의 형태와 꼭 들어맞을 수 없는 것과 마찬가지로 직접 화법의 간접화법으로의 기계적인 전위는 불가능하다는 것은 말할 필요도 없다. 따라서 의문문, 감탄문, 명령문 등의 구문상의 특징, 억양상의 특질들은 간접화법 내에서는 소멸되고, 그러한 특질들이 스스로를 확인하는 것은 오직 내용에 달려 있을 뿐이다.

간접화법은 전언을 다른 방식으로 '듣는다.' 즉, 간접화법은 전언을 능동적으로 수용하고, 다른 정형들(직접화법 등)*의 경우와는 다르게 전언의 요인들이나 측면들을 인용 속에서 표현하는 것이다. 이러한 것은 발화를 다른 정형들에서 간접화법으로 옮길 때, 기계적으로, 문자 그대로 옮기는 것은 불가능함을 의미한다. 그러한 이행이 성립할 수 있는 것은 직접화법 그 자체가 이미 어느 정도 분석적으로—물론 직접화법에서의 허용되는 범위 내에서 분석적인 것이지만—구성되어 있는 경우일 때뿐이다. 따라서 분석은 간접화법의 마음이자 영혼이다.

페쉬코프스키의 '실험'을 면밀히 검토해 보면 "좋아"("not bad")나 "잘하는데"("sharpen up")와 같은 표현의 어휘상의 색조는 간접화법의 분석적인 정신과 완전히 일치하지 않는다는 것이 드러난다. 그러한 표현은 너무나도 색채가 풍부하다. 그것들은 말해진 것(내용)*의 정확한 의미를 전달할 뿐만 아니라 애스(Ass)라는 주인공의(개인적인 혹은 유형적인) 말하는 태도도 표시한다. 혹자는 그 말들 대신 동의어를 사용할 수도 있고(예를 들면, "좋아"나 "훌륭해"("good" or "well") 또는 "완벽한/그의 노래" 등과 같은) 혹은 이와 같은 "재미있는"("catchy") 용어들이 간접화법 내에 그대로 유지된다면 그것들을 인용부호로 묶어놓을 수도 있다. 만일 우리가 이와 같은 경우의 간접화법을 큰소리로 읽는다면, 인용부호 안에 있는 표현들을 마치 우리가 우리의 억양을 통해서 그것들이 다른 사람의 말로부터 직접 차용된 것들이고 우리 자신의 발화와는 거리를 두고 싶다고 알리기라도 하는 것처럼 다른 부분과는 조금 다르게 읽게 될 것이다.

여기서 우리는 간접화법의 분석적 경향이 가질 수 있는 두 가지 방향을 구별할 필요성에 직면하게 되었다. 즉 그 두 개의 기본적인 변형들을 구별할 필요성에 봉착한 것이다. 간접화법의 구성에 관련된 분석은 두 방향으로 나아갈 수 있다. 더 엄밀히 말하면, 두 개의 근본적으로 다른 대상들에 관심의 초점을 맞출 수 있는 것이다. 우선 첫 번째로 발화가 화자의 어떤 특별한 의미상의 위치로서 받아들여지는 경우가 있다. 이 경우는 간접화법에 의해 분석의 대상으로 되는 것은 (화자가 말한 것이라는) 그 발화의, 지시대상에 관계되는 일의적(一意的)인 요소 전체이다. 따라서 우리가 사용했던 예에서 나이팅게일의 노래에 대한 애스의 평가가 가지는 지시대상적 의미를 정확하게 전달하는 것은 가능한 일이다. 반면에 두 번째 경향으로서 발화가 지시대상뿐만 아니라 화자 그 자신까지 특징짓는 표현으로 받아들여지고 분석적으로 전달되는 경우가 있다. 화자 그 자신까지 특징짓는 표현이란, 화자의 말하는 태도(개인적이거나 유형적이거나 혹은 그 둘 다이거나), 내용에서가 아니라 발화의 형태들(따로따로 떨어져 있다든가 단어와 단어 사이의 휴지라든가, 감정을 표현하는 억양이라든가 하는 형태)에서 표현된 그의 심리상태, 그 자신을 표현하는 능력이나 능력의 부족함 등이다.

간접화법의 전달에 있어서 분석의 이와 같은 두 대상들은 커다랗게 그리고 근본적으로 구별되어진다. 첫 번째 경우에는 의미가 그의 구성적, 의미적, 지시대상적 단위들로 분석되어지고, 두 번째 경우에는 발화 그 자체가 그의 언어적 조직을 구성하는 다양한 문체상의 요소들로 분해된다. 두 번째 경향이 그 논리적인 극단으로까지 수행되면 기술적·언어적인 문체 분석으로 되는 것이다. 하지만 이렇게 문체적인 분석으로 나타나는 것과 동시에, 타자의 말에 대한 지시대상적 분석이 또한 이러한 간접화법의 유형 속에서 일어난다. 그리고 그 결과(문체적 분석과 지시대상적 분석의 결과)*로서 지시대상적인 의미와 그것을 실현시키는 언어적 외피라는 것에 대한 분석이 산출된다.

간접화법의 정형에서 첫 번째 변형을 **대상 분석적** 변형(referent-analyzing modification), 두 번째를 **표현 분석적** 변형(texture-analyzing modification)이라고 부르도록 하자. 대상분석적 변형은 발화를 순수하게 주제의 수준에서 받아들이고, 발화 속에서 주제로서의 의미를 갖지 않는 것은 어떠한 것도 결코 '듣지'도 않고 취하지도 않는다. 언어의 형식적인 구문에서 주제로서의 의의를 갖고 있는 그러한 측면들—그것들은 화자의 의미상의 위치를 이해하는데 필수적이다—은 이 변형에 의해 주제로서 전달되어지거나 인용자의 측면에서 특징화한 것으로서 인용자의 맥락 속에 통합될 수 있게 된다.

대상분석적 변형은 인용자의 말이 응답하거나 주석을 가하는 경향들에게 광범위한 기회를 제공한다. 한편, 그와 동시에 인용자의 말과 타자의 말 사이에 확고하고 명확한 거리를 유지한다. 그런 까닭으로 그것은 타자의 말을 전달하는 선적인 문체를 위한 뛰어난 수단이 된다. 그것은 의심할 바 없이 다른 화자의 발화를 주제화하는 내재적인 경향을 갖고 있다. 그래서 그것은 구조적인 형태에서보다 의미의 형태 속에서 일관성과 독자성을 유지한다(우리는 타자의 전언 속에서 표현적인 구성이 어떻게 주제로 되는지를 살펴보았다). 하지만 이러한 결과들은 타자의 말이 어느 정도 비개성화되어야 하는 대가를 지불할 때에만 비로소 획득되어진다.

눈에 띨 정도로 대상 분석적 변형이 발전되는 것은 본질적으로 인용자의 맥락이 합리적이고 교조주의적인 경우일 때뿐이다. 인용자의 맥락 속에서는 어떠한 경우에도 의미에 관한 관심이 대단히 강하며, 인용자는 그의 말들을 통해 당연히 그 자신이 특별한 의미상의 위치를 차지하고 있다는 것을 보여준다. 이와 반대로 인용자의 언어 그 자체가 색채가 강하거나 특수화되어지거나 혹은 적절한 유형의 서술자가 직접 언어행위를 담당한 경우에는 이 변형은 단지 부차적이고 우연적인 의의 밖에는 갖지 못한다(예를 들어, 고골리, 도스토예프스키 그리고 그 외의 작가들에서 이런 일이 일어난다).

대체로 이 변형은 러시아어에서는 매우 미약하다. 그것은 주로 추론적이거나 수사학적인 맥락(학문적, 철학적, 정치적 혹은 비슷한 유형의 것)에서 발견된다. 그런 경우에 인용자는 논의되고 있는 주체에 대한 다른 사람들의 견해를 설명, 비교, 조망해야하는 문제를 다루어야 한다. 문학의 발화 속에서는 이런 종류의 변형은 별로 없다. 그것은 그들 자신의 말에 특별한 의미의 방향성과 중량을 싣는 데 혐오감을 느끼지 않는 작가들의—예를 들어, 투르게네프나 특히 톨스토이같은 작가들—작품 속에서만 어느 정도 중요시된다. 하지만 이 경우에 있어서도 독일어나 프랑스어에서 관찰되는 정도의 변이체의 다양성이나 풍부성은 발견되지 않는다.

이제 표현 분석적 변형을 살펴보도록 하자. 그것은 표현이라고 불리는 것으로서, 전언(즉, 타자의 발화)*의 주관적이고 문체적인 인상을 특징지우는(타자의 발화가 지닌)* 용어들과 어법들을 (타자의 발화를 인용하는)* 간접화법 속으로 도입하는 화법이다. 이러한 용어들과 어법들은 그들이 지닌 개성, 주관성, 유형성이 선명하게 느껴지는 방식으로 도입된다. 대개 그것들은 인용부호 속에 들어 있다. 여기에 네 가지의 예가 있다.

1) 그리고리(Grigorij)는 십자가를 그리며 고인에 대해서 말했다. 그는 한 두 가지 일에는 능통했지만 머리가 나빴고 그의 병 때문에 **고생했다. 게다가 그는 무신론**자였다. 그에게 무신론을 가르친 자는 장남인 표도르 파블로비치(Fedor Pavlovič)였다(도스토예프스키, 『카라마조프의 형제들』, 고딕체 첨가).

2) 동일한 일이 폴랜드인들에게 일어났다. 그들은 거만하고 독립적인 체했다. 우선 그들은 그들 둘 다 '**왕관에 봉사하는 자들**'이고, '**판 미짜**(Pan Mitja)'가 그들의 존경을 사기 위해서 삼천 루불리를 제안했으며, 그들 스스로 그의 수중에 그만한 돈이 있는 것을 보았다고 큰소리로 증언했다(Ibid, 고딕체 첨가).

3) 크라소친(Krasotkin)은 "**우리 시대와 우리 세대에 있어서**" 13살 먹은 애들하고 소꿉장난하는 것은 정말 수치스러운 일이라고 말하면서 능란하게 공격을 받아 넘겼다. 그는 단지 그들을 좋아하기 때문에 '귀여워서' 그런 것이며 아무도 그에게 자신의 감정을 설명하도록 요구할 이유가 없다고 말했다(Ibid, 고딕체 첨가).

4) 그는 나타샤 필리포브나(Nastas'ja Filippovna)가 아주 혼란된 상태임을 발견했다. 그녀는 계속해서 소리를 질렀고 몸을 떨었으며 로고진(Rogožin)이 정원에, 바로 그들의 집에 숨어 있다고 외쳤다. 그리고 그녀는 이제 방금 그를 보았고, 그는 **그녀를 살해할** 것이라고……, 그녀의 목을 자를 것이라고 외쳐댔다!(도스토예프스키, 『백

치』, 여기에서 간접화법구성은 원래의 전언의 표현적인 어조를 그 대로 지니고 있다. 고딕체 첨가).

자신들의 개성을 간직한 채(특히 인용부호 속에 들어있을 때) 간접화법으로 도입된 용어나 표현들은 형식주의자들의 말을 빌자면 '낯설게 된' 것들이다. 이러한 것들은 주로 인용자의 필요에 적합한 방향으로 낯설게 된 것들이다. 즉 그것들은 개성화되어 있고 그것들의 색채는 고양되어 있다. 그렇지만 그와 동시에 그것들은 인용자의 태도—그의 아이러니와 유머 등—도 암시하고 있다.

비록 두 유형의 화법들이 근본적으로 동일한 기능을 한다고 해도, 간접화법이 직접화법으로 직접 이행하는 경우들과 이 변형을 구별할 필요가 있다. 후자, 즉 직접화법이 간접화법에 이어질 때 발화의 주관성(직접화법의 주관성)*은 보다 선명하게 나타나고, 인용자의 필요에 부응하는 방향으로 나아간다. 예를 들면,

1) 트리폰 보리소비치(Trifon Borisovič)는 그 일을 회피하려고 온갖 노력을 다 기울였지만, 일단 농부들에게 일천 루불리 지폐에 대한 심문이 계속되자 결국 자백을 하고 말았다. 그는 바로 그 순간 그 장소에서 양심적으로 돌아서서 모든 것을 드미트리 표도로비치(Dmitrij Fedorovič)에게 돌려주고 **"명예심 때문에"** 그리고 **"아시다시피 그 신사는 시체처럼 술에 취했기 때문에 아무 것도 기억하지 못합니다"**라고 덧붙였다(도스토예프스키, 『카라마조프의 형제들』, 고딕체 첨가).

2) 그는 비록 고인이 된 주인에 대해 지극한 존경심을 갖고 있었지만, 그럼에도 불구하고 (주인은)* 미쨔에게 태만했으며 **"아이들을 잘못 키웠다"**고 말했다. **"그 조그만 아이는 내가 없었더라면 살아 있는**

채로 이(虱)들에게 **먹혀버렸을 것이다**"라고 덧붙이면서 미쨔의 어린 시절의 일화들을 떠올렸다(고딕체 첨가).

이처럼 직접화법이 간접화법에 의해서 준비되고 마치 간접화법으로부터 나온 것처럼 보이는 것은 회화적으로 다루어진 직접화법의 셀 수 없이 많은 변형들 중의 하나이다. 이러한 현상은 로댕의 조각에서 조형(직접화법)*이 부분적으로 돌(간접화법)* 위에서 튀어나온 것처럼 보이는 것과 유사하다.

간접화법에 있어서 표현 분석적 변형의 본질은 바로 이상과 같은 것이다. 그것은 타자의 말을 전달하는 데 있어서 아주 독특한 회화적 효과를 만들어 낸다. 이러한 변형은 언어의식 속에 다른 화자의 발화가 고도로 개성화되어 존재한다는 것을 전제하고 있으며, 또한 (타자의)* 발화의 언어적 외피와 그것의 지시대상적인 의미를 섬세하게 식별하고 감지하는 능력이 있다는 점을 전제하고 있다. 위와 같은 전제는 다른 화자의 발화들을 권위주의적으로 받아들이는 유형에도 알맞지 않고 합리주의적으로 받아들이는 유형에도 알맞지 않다. 그것이 실용화된 문체상의 기법으로서 언어적인 뿌리를 갖게 되는 것은 비판적이고 현실주의적인 개인주의의 토대 위에서일 뿐이다. 반면에 대상 분석적 변형은 합리주의적인 개인주의에 특징적인 화법이다. 러시아 문학어의 역사상 후자의 시기는 거의 존재하지 않았다. 바로 이 점이 러시아어에 있어서 표현 분석적 변형이 대상 분석적 변형보다 압도적으로 우위를 차지하고 있는 사실을 설명해 준다. 또한 러시아어(의 간접화법에 있어서)*에서 시제의 일치가 결핍되어 있는 사실 때문에 표현 분석적 변형의 발전은 상당한 성노의 이점을 입을 수 있

없다.

그러므로 우리는 그러한 두 변형들이 정형을 분석하는 경향에서 공통성을 갖고 있음에도 불구하고 타자의 말과 그 화자의 개성에 대하여 그것들이 표현하는 언어적 개념들은 매우 다르다는 것을 알 수 있다. 첫 번째 변형에 있어서는 (타자의 발화를 말하는)* 화자의 개성은 단지 의미상의 위치(인식론적, 윤리적, 존재적 혹은 행위적인 위치)를 차지하는 요인이고, 그 위치를 넘어서면(엄밀한 지시대상적인 용어로 이행하면) 인용자에게는 그 개성이 존재하지 않게 된다. 여기에는 화자의 개성을 하나의 이미지로 응결시킬 수단이 없다.

두 번째 변형에서는 정반대의 사실이 나타난다. 화자의 개성은(개인적인 혹은 유형적인) 주관적 태도로서 나타난다. 즉 그 태도에 대한 인용자의 평가를 포함하는 사고와 대화의 방법으로서 나타나는 것이다. 여기에서는 화자의 개성이 이미지를 형성하는 수준으로까지 간다.

5. 간접화법의 인상주의적 변형

러시아어에 여전히 존재하고 있으며 간과될 수 없는 간접화법의 세 번째 변형이 지적될 수 있다. 이것은 등장인물의 내적 발화, 내적 사고, 내적 경험들을 전달하는 데 주로 사용된다. 이것은 타자의 말을 아주 자유스럽게 취급한다. 그것은 생략의 수법을 애용하고, 종종 그것의 주제와 주된 내용만을 드러내기도 한다. 따라서 그것은 인상주의적 변형(impressionistic modification)이라고 명명될 수 있다. 인용자의 억양이 그것의 유동적인 구조 위에서 아주 쉽고 자유롭게 움직인다. 여기에 인상주의적 변형의 고전적인 예로서 푸시킨의 『청동의 기사』를 소개한다.

> 그가 숙고했던 생각은 무엇이었나? 그는 가난했고 ; 존경과 안정을 획득하기 위해서 억지로 노동해야 했으며 ; 신이 그에게 더 많은 지혜와 돈을 허용했으며 하고 바라는 것이었다. 세상에는 머리가 나쁘지만 행운아인 게으른 개들과 배회자들이 있다. 그들에게 삶은 희롱에 불과하다! 그는 2년 동안 공직에 있었고 ; 그의 생각으로는 날씨가 잠잠해지지 않을 것 같았고 ; 강물은 계속해서 불어났으며 ; 네바강(Neva) 위의 다리들은 거의 물에 잠기게 되었고 ; 그는 아마도 이 삼 일간 그의 파라샤(Paraša)와 떨어져 지내게 될 것이다. 이런 식으로 그의 생각이 진행되었다(고딕체 첨가).

이 예를 통해 판단하건대 간접화법의 인상주의적 변형은 대상 분석적 변형과 표현 분석적 변형의 중간쯤에 위치하고 있음을 알 수 있다. 이 변형에는 때때로 지시적 분석이 아주 분명하게 나타나있다. 예(例) 속의 특정한 단어들과 어법들은 주인공 예브게니(Evgenij)의 생각에서 유래하였다(비록 그것들의 특수성에 대한 강조가 없지만). 그리고 인용자의 아이러니, 액센트, 그 인용문을 질서 있게 배열하고, 생략하고 하는 그의 기법들이 강하게 나타나 있는 것이다.

6. 미리 준비된 직접화법

이제 러시아 문학어에서 특히 잘 발달해 있고 극히 다양한 변형들을 갖고 있는 **직접화법**의 정형을 살펴보도록 하자. 직접화법은 고대 러시아 문학작품들 속에 나타나는 까다롭고 활력이 없으며 나눠지지 않는 덩어리에서부터 직접화법을 인용자의 맥락에 편입시키는 현대의 역동적이며 때때로 애매모호한 기법에 이르기까지 장구하고 시사적인 역사적 발전의 길을 걸어왔다. 하지만 본서에서는 역사적인 발전을 검토하지도 않을 것이고 문학어에 나타나 있는 직접화법의 변형들에 대한 목록을 만들지도 않을 것이다. 우리는 인용자의 문맥과 타자의 말 사이에 억양의 상호교환, 즉 상호오염을 행하고 있는 변형들에 한해서 살펴보고자 할 따름이다. 게다가 그러한 범위 내에서 우리가 관심을 갖고 있는 것은 인용자의 말이 타자의 전언을 압도하여 그 억양이 (타자의 발화에)* 침투하고 있는 경우들이 아니라, 그와는 반대로 타자의 전언의 요소들이 인용자의 문맥 전체에 철두철미하게 스며들어가 흩어져 버림으로써 그것을 유동적이고 애매하게 만드는 그러한 경우이다. 그러나 이 두 가지 경우에 늘 확실한 경계선을 그을 수는 없다. 왜냐하면 오염은 대개 상호적인 경우가 가장 많기 때문이다.

인용자의 '침식'에 의해 특징지워지는 (인용자의 말과 타자의 말 사이의)* 역동적인 상호관계의 첫 번째 경향은 **준비된 직접화법**(preset direct discourse)[16]이라고 명명될 수 있다.

간접화법에서 도출되는 (우리가 이미 잘 알고 있는) 직접화법의 경

---

16) 우리는 간접화법에서 인용자의 응답과 주석을 위한 보다 오래된 장치, 곧 간접화법에서 인용자가 고딕체를 사용하는 것(액센트의 이행), 다양한 종류의 삽입부호를 넣는 것, 단순한 감탄부호나 의문부호, 원문 그대로!(sic)와 같은 관용법 등은 무시할 것이다. 직접화법의 불활성을 극복하는 데서 대단히 중요한 것은 주석과 응답에 결합되어 있는 전달동사가 다양하게 위치를 정할 수 있다는 점이다.

우는 이 범주에 속한다. 이 변형의 특히 흥미롭고 널리 퍼져 있는 예(例)는 의사직접화법에서 직접화법이 나타난 경우이다. 의사직접화법의 본질이 반(半)은 서술(인용자 자신의 말)*이고 반(半)은 타자의 말이기 때문에 그것은 직접화법의 (수용방식)* 통각(統覺)방식을 미리 준비한다. 의사직접화법을 그것에 이어서 나타나는 직접화법의 기본적인 주제들을 맥락에 의해 예상하고 작자(인용자)의 억양에 따라 채색한다. 이런 종류의 처리에서는 타자의 발화의 경계들이 극도로 약화된다. 이 변형의 고전적인 예로써 간질병의 발작으로 일으키려 하는 무슈킨(Myškin) 왕자의 정신상태에 대한 묘사를 들 수 있다. 이 부분은 도스토예프스키의 **백치** 2부 5장 전체를 차지하고 있다(의사직접화법의 뛰어난 표본들도 여기서 발견된다). 이 장에서 직접적으로 전달되는 무슈킨 왕자의 말은 그 자신의 세계 내에서 울려 퍼진다. 왜냐하면 작자는 무슈킨 왕자(즉, 타자)*의 시야 안에서 서술하고 있기 때문이다. '다른 화자의' 발화를 위해 창조된 통각적 기반의 반은 다른 화자(등장인물)에게 속하고, 반은 작자에게 속한다. 하지만 작자의 억양이(등장인물의)* 직접화법의 말 속으로 깊게 침투하는 사실이 작자의 맥락이 갖는 객관성을 거의 항상 약화시키는 것을 수반한다는 점은 아주 명백하다.

7. 물상화된 직접화법

동일한 방향의 또 다른 변형은 **물상화된 직접화법**(particularized direct discourse)이라고 명명될 수 있다. 여기서는 작사의 맥릭이 작지가 등장인물에게 부여하는 객관적인 규정들(특징들)이 직접화법으로 전달된 등장인물의 말에 짙은 그림자를 드리우는 방식으로 구성되어져 있다. 등장인물의 묘사 속에 있는 가치판단과 태도들은 등장인물이 하는 말 속으로 이행한다. 타자(등장인물)*의 발화들이 지니고 있는 지시대상적인 의미는 그 비중이 감소한다. 그러나 그 대가로 그들의 말이 지닌, (인물의)* 성격을 드러내는 지표로서의 역할, 회화성, 시간적·공간적인 전형성의 측면은 점점 더 비중있게 된다. 예를 들면 우리가 무대에 서있는 희극적인 인물을 그의 화장이나 의상 그리고 일반적인 태도에 의해 인식하기만 한다면, 그가 하는 말의 의미를 파악하기도 전에 우리는 웃을 준비가 되어 있는 것이다. 바로 그런 것들은 고골리와 소위 '자연주의 학파'의 대표자들에 의해 다루어진 직접화법의 방법들이다. 사실상 도스토예프스키는 그의 처녀작인 **가난한 사람들**에서 이와 같이 물상화된 타자의 발화들을 소생시키려 했다.

8. 예고되고 흩어진 숨겨진 직접화법

한편 (작자의 맥락이 뒤에 오는 직접화법의)* 타자의 말을 미리 준비하여 서술 속에 있는 (타자의 말의)* 주제와 그 평가방법 및 (이데올로기상의)* 액센트들을 예고하는 화법이 있다. 이러한 화법은 작자의 맥락을 그의 주인공의 색조에 따라 주관화하고 채색해서 그 맥락이 마치 '타자의 말'처럼 들리게 만든다. 그럼에도 불구하고 그런 종류의 타자의 말에는 작자의 억양이 여전히 손상되지 않은 채 남아 있다. 서술을 시간과 공간의 측면에서뿐만 아니라 가치와 억양의 체계에서도 주인공 자신의 범위와 시야 속에 국한하여 전개시킬 때, 타자의 발화들을 수용하기 위한 지극히 독특한 종류의 통각적 배경이 창조된다. 여기서 우리는 특별한 변형을 설정할 수 있을 것이다. 특별한 변형이란 작자의 맥락 속에 숨겨져 있고 주인공의 실제의 직접화법의 발화라는 형태를 취해서 분출되는 **예고된, 흩어진 타자의 말**이다.

이 변형은 현대 산문에 아주 광범위하게 퍼져 있다. 특히 안드레이 벨리와 그의 영향 아래 있는 작가들의 산문에서는 두드러지게 나타난다〔예를 들어, 에렌버그(Erenburg)의 『니콜라이 쿠르보프(Nikolaj kurbov)』에서〕.

하지만 고전적인 표본들은 도스토예프스키의 초기와 중기 작품들 속에서 찾아야 한다(말기에는 이 변형이 적게 나타난다). 그의『스크베르니이 아네크도트(skvernyi anekdot : 지저분한 이야기)』를 살펴보도록 하자.

혹자는 이야기 전체를 서술자에 의한 서술로서 인용부호 속으로 집어넣을 수도 있다(서술자라는 타자가 말한 직접화법의 말로서)*. 하지만 그런 서술자는 주제적으로나 구성적으로나 나타나 있지 않지만, 서술 내의 상황이 그러하므로 거의 모든 성질형용사, 한정사, 가치판단의 구절 등은 하나 혹은 또 다른 등장인물의 마음으로부터 유래한 것으로서 인용부호 속에 들어가는 것은 가능하다.

그 이야기의 서두에서 간단한 구절을 인용해 보자.

> 언젠가 겨울에, 춥고 얼어붙을 것 같은 밤에—아주 늦은 밤, 이미 12시쯤 된 것 같은데—**세 사람의 아주 저명한 신사들**이 피터스부르크 섬에 있는 **근사한** 2층 집의 **편안하고 화려하게 꾸며진** 방에 앉아서 **아주**

> **놀랄 만한** 주제를 놓고 **무게 있고 격조 높은** 대화에 몰두하고 있었다. 세 신사 모두 다 장군급의 관리들이었다. 그들은 조그만 탁자의 둘레에 자리를 잡고 **근사한** 천을 댄 의자에 앉아 대화가 중단될 때마다 **편안하게** 샴페인을 홀짝홀짝 마셨다(고딕체 첨가).

만일 우리가 인용문장에서 두드러지게 그리고 복잡하게 사용되는 억양을 무시한다면 이것은 문체적으로 낡고 진부하다고 판단되어질 것이다. 몇 줄의 서술 내에 '근사한' '편안한'이라는 말이 두 번씩 사용되었고 '화려한', '무게 있는', '격조 높은' 그리고 '아주 저명한' 등의 말이 사용되고 있다!

만일 우리가 그것을 작자에게서 나온 기술(투르게네프나 톨스토이에서처럼)이라고 심각하게 생각하거나, 그것을(1인칭 말 Ich-Erzählung의 경우처럼) 한 사람의 서술자에 의해 기술된 것으로 간주한다면 그러한 문체는 우리의 혹평을 면하기 어려울 것이다.

하지만 이 인용문장을 그런 식으로 다루는 것은 불가능하다. 이와 같이 색조가 없고 진부하며 무미건조한 성질 형용사들의 각각은 두 개의 억양, 두 개의 견해, 두 개의 언어행위가 만나고 부딪치는 장이다.

이제 집주인 이등문관 니키포로프(Nikiforov)의 성격을 나타내는 문장에서 발췌한 것들을 살펴보자.

> 그에 대한 몇 마디의 말을 해보자. 그는 지위가 낮은 관리로서 자신의 직업을 가진 뒤 자신의 처지에 만족하며 그 이후 45년 정도 열심히 자신의 길을 닦아 왔다……그는 단정치 못함과 흥분을 경멸했는데 흥분을 도덕적으로 단정치 못한 것이라고 여겼다. 그는 인생의 마지막 무렵에 **달콤하고 긴장이 이완된 안락**과 정연한 고독 속으로 완전히 빠져 들었

다. 그의 **외모는** 아주 **단정하고 깨끗이 면도를 하고 있어서** 나이에 비해 젊어 보였고, 자신을 잘 유지했으며, 앞으로 오랫동안 더 살 수 있을 것 같았다. 그는 **가장 고상한 신사적인 행동양식을** 준수했다. 그의 지위는 상당히 괜찮았다. 그는 어떤 기관의 장급이었는데 가끔 어떤 것에다 자신이 서명만 하면 되었다. **간단히 말해 그는 가장 훌륭한 사람으로 간주되었다.** 그에게는 하나의 열정, 하나의 뜨거운 바람이 있었다. 자신의 집을 소유하는 것—공동주택처럼 줄을 서 있는 그런 집이 아니고 귀족풍으로 세워진 집을 짓고 싶었다. 그의 소망은 마침내 이루어졌다.

이제 우리는 첫 번째 문장이 진부하고 단조로운 성질형용사들(게다가 그 진부한 단조로움이 뚜렷하게 **유지되고 있는** 성질형용사들)을 어디서 취해온 것인지 명확하게 알 수 있다. 그것들은 작자의 생각에서 나온 것들이 아니고 '세상에 나온' 이등문관 니키포로프의 마음에서 유래된 것들이다. 즉, 그의 안락, 그 자신의 집, 생활상황, 관등 지위를 감상하는 니키포로프의 마음에서 유래된 것들이다. 따라서 이러한 성질 형용사들은 (작자에게 있어서는)* '타자의 말'로서, 즉 니키포로프의 말로서 인용부호 속으로 들어갈 수도 있다. 하지만 그것들이 니키포로프에게만 속하는 것은 아니다. 결국 이야기는 서술자에 의해 들려지고, 서술자는 '장군들'과 있을 때 고독을 느끼고 그들에게 아첨하고, 모든 면에서 그들의 태도를 따르며 그들의 언어를 구사하지만, 그럼에도 불구하고 그것을 지나치게 과장해서 표현하기 때문에 그것들의 실제의 잠재적인 모든 발화들은 작자의 아이러니와 조롱을 내포하게 된다. 이러한 진부한 성질 형용사들을 통해서 작자는 서술자의 입을 통해 그의 등장인물을 역설적으로 그리고 우스꽝스럽게 만든다. 이로부터 인용된 문장을 실제로 소리를 내서 읽을 때에는 거의 전달할 수 없는, 복잡한 (2종류의)* 억양의 역할이 산출되는 것이다.

이 이야기의 나머지 부분은 또 다른 주요인물 프랄린스키(Pralinskij)의 시야 내에서 구성되어 진다. 이 부분 역시 그 주요인물의 성질 형용사와 가치판단(숨겨진 발화)이 산재해 있는데 그것을 기반으로 하여(이 기반에는 작자의 아이러니가 스며들어 있다) 인용부호 속에 들어 있는 실제의 내적 발화(내적 독백)*나 통상의 외적(음성화된) 발화의 직접화법이 산출되는 것이다.

따라서 이야기 속에 있는 거의 모든 말들(문구 내에 있는 그의 표현성, 감정적인 색채, 그의 강조된 입장과 관계되는 것)은 동시에 교차하는 두 가지 맥락, 즉 두 개의 언어행위에 나타나게 된다. (풍자적이고 조롱하는 듯한) 작자-서술자의 말과 등장인물의 말(그는 아이러니와는 거리가 멀다)이 그것이다. 표현성에 있어서 각기 지향하는 바가 다른 두 개의 언어행위의 동시적인 참여는 그 소설의 기묘한 문장 구성과 독특하게 얽혀 있고 반전된 통사론 그리고 아주 독창적인 문체를 설명해 준다. 두 개의 언어행위 중 단 하나만 사용되었더라면 문장들은 다르게 구성되었을 것이고 문체 또한 달라졌을 것이다. 우리는 여기에서 거의 연구가 되지 않은 언어현상의 고전적인 예를 발견하게 된다. 그것은 **발화간섭**(cečevaja interferencija; speech interference) 현상이다.

러시아어에서 **발화간섭**현상은 간접화법의 표현 분석적 변형에서 어느 정도 발생하고 있다. 그와 같이 아주 희귀한 경우들에서는 타자의 말을 포함하는 구절이 본래의 단어들과 표현들만을 갖고 있다는 것이 아니라 전달된 전언의 표현적인 구조도 갖고 있다. 우리는 위에서 이와 같은 예를 이미 보았다(앞에서 언급한 도스토예프스키의 **백**

치에서의 인용 예가 그것이다)*. 거기서는 간접화법이 원래의 전언의 영탄조의 구조를 편입―어느 정도 음색을 낮춰서―시키고 있다. 거기서 나타나는 것은 작자의 분석적 전달에 대한 침착하고 사무적인 서술적 억양과 반쯤 머리가 돌아버린 여주인공의 감정적이고 신경질적인 억양 사이의 어떤 중간적인 지점이다. 이 사실은 두 명의 주인을 갖고 있고 동시에 두 개의 언어행위에 참여하는 구절이 통사론적 인상의 특이한 일그러짐(iskrivlennost'; disfigurement)을 보이고 있음을 설명해 준다. 하지만 간접화법은 발화간접현상을 위한 어떠한 명확하고 적절한 문체적인 표현의 기반도 제공하지 않는다.

지향하는 바가 다른 두 발화행위의 간섭적 측면의 가장 중요하고, 적어도 프랑스어에서 가장 통사론적으로 표준화되어 있는 경우는 **의사직접화법**이다.

이런 중요성을 감안해서 다음 장(章)의 전체를 의사직접화법의 문제에 할애할 것이다. 거기서 우리는 로만스 언어학과 게르만 언어학에서 그 문제가 어떻게 다루어 졌는가 하는 점도 살펴볼 것이다. 의사직접화법에 대한 논쟁과 그 문제에 대한 여러 입장들, 특히 보슬러 학파의 구성원들의 입장은 방법론적인 흥미를 끄는 것들이다. 따라서 이들은 우리의 비판적 분석의 대상이 된다.

이 장의 범위 내에서 의사직접화법에 관계된 몇 가지 다른 현상들을 살펴보기로 하자. 그것들은 러시아어에서 의사직접화법의 발생과 형성의 토대와 동일시되는 것들이다.

직접화법의 회화적인 처리에서 이원적이고 복수적인 변형들에만 관심을 쏟았기 때문에 우리는 직접화법에서 가장 중요한 선적인 변형들 중의 하나이 **수사적인 직접화법**(ritoričeskaja prjamaja reč; rhetorical direct discourse)을 무시했다. 이 '설득적인' 변형은 몇 개의 변이체를 갖고 있는데 사회적인 의의가 매우 크다. 우리는 이러한 형태들을 모두 다 고찰해 볼 수 없기 때문에 수사와 관계된 특정한 현상들에 초점을 맞추도록 하겠다. 사회적인 상호관계에는 **수사적 의문문** 혹은 **수사적 감탄문**이라고 불리는 것이 있다. 이 현상의 몇 가지 경우들은 그것들이 맥락 속에서 차지하는 위치 때문에 특히 흥미를 끈다. 그것들은 작자와 타자의 말(보통 내적인 말) 사이의 경계선상에 위치하는 것처럼 보인다. 그러나 종종 다른 말 속으로 직접 이끌려 들어가는 경우도 있다. 따라서 그것들은 작자의 측면에서 본 의문이나 감탄으로 해석되어질 수도 있고, 등장인물이 자신에게 향한 의문이나 감탄으로 해석되어질 수도 있다. 여기에 그런 의문문의 예가 있다.

> 깊은 정적 속에서 달빛을 받으며 발소리를 죽이고 오는 자는 누구인가? 러시아인이 갑작스럽게 나타난다. 그의 앞으로 부드럽게 말없이 인사를 하는 코카서스 처녀가 다가선다. 그는 조용하게 그녀를 응시하면서 생각한다.—이건 꿈이야, 휘날리는 감정의 공허한 장난이라구……(푸시킨, 『코카서스의 포로』)

주인공의 결론적인(내적인) 말들은 작자에 의해서 제기된 수사적 의문에 대한 응답인 것 같기도 하고, 그 수사적 의문은 주인공 자신의 내적인 말이라는 측면에서 해석되어질 수도 있다.

여기에 수사적 감탄문의 예가 있다.

> 모든 무시무시한 소리들이 모습을 드러내었다. 그 앞의 자연의 세계는 흐릿해졌다. 안녕 축복받은 자유여! 그는 노예이다!(Ibid)

산문에서 특히 자주 발생하는 것은 '이제 무엇을 해야하는가?'와 같은 의문문이 등장인물의 내적인 심사숙고를 끌어들이거나 그의 행위에 대한 설명을 끌어들이는 경우이다. 그 의문문은 작자의 것이기도 하고 곤경에 처한 등장인물이 스스로에게 던진 것이기도 하다.

이러한 것과 이와 유사한 의문문과 감탄문들 속에는 작자가 우선권을 장악하고 있다는 점이 확실히 주장될 수 있다. 그렇기 때문에 그것들은 결코 인용부호 속에 들어가지 않는 것이다. 이러한 특수한 경우들에서 전면에 나타나는 것은 작자이다. 하지만 그는 등장인물을 대신해서 나타나고 있다. 작자는 등장인물을 대신해서 말하고 있는 것처럼 보인다.

여기에 이런 유형의 흥미로운 예가 있다.

> 코사크들(Cossacks)은 그들의 창에 기댄 채 세차게 흐르는 강물을 응시하고 있다. 그들의 눈에 띄지 않은 채, 안개에 싸여서 악당과 그의 무기가 빠른 속도로 떠내려왔다……무슨 생각을 하고 있나 코사크인이여? 지난 날의 전쟁들을 회상하고 있는가?…… 안녕, 자유변경마을들이여, 아버지의 집, 고요한 돈강(the quiet Don), 전쟁, 그리고 어여쁜 아가씨들이여. 보이지 않는 적(敵)은 이미 제방에 이르렀다. 화살의 시위는 떠났다─휙 날아서─코사크를 피로 물든 성벽에서 떨어뜨렸다.(Ibid).

여기서 작자는 등장인물의 입장이 되어 등장인물이 할만한 말을 대신하고 있고 주어진 상황이 무엇을 요구하고 있는지 말하고 있다. 푸시킨은 그를 대신해서 그 코사크의 고향에 이별을 고하고 있다(이는 실제로는 코사크 그 자신이 할 수 없는 일이다).

이와 같이 작자가 대신 말하는 것은 이사직접화법에 매우 가깝다. 이제 이것을 **대행직접화법**(zamešennaja prjamaja reč; substituted direct discourse)이라고 부르도록 하자. 그러한 대행은 같은 방향으로 나아가고 있는 작자의 말과 등장인물의 대행 발화(그가 말하거나 혹은 말해야하는 것)의 억양, 즉 **억양의 평행선**을 가정한다. 그러므로 여기에서는 간섭이 일어나지 않는다.

수사적으로 구성된 맥락의 틀 속에서 작자와 등장인물 사이에 가치와 억양에 있어서 완전한 일체감이 존재한다면 작자와 등장인물의 수사는 서로 겹치기 시작한다. 그들의 목소리가 나타나고 우리는 작자의 서술에도 속하고, 등장인물의 내적인(때로는 외적이기도 한) 말에도 속하는 긴 문장들을 볼 수 있게 되는 것이다. 여기서 얻어지는 결과는 의사직접화법과 거의 분별할 수 없다. 단지 간섭현상만이 없을 뿐이다. 젊은 푸시킨의 바이런적인 수사 덕택으로 의사직접화법이 (아마도 처음으로) 러시아어에서 형태를 갖추게 되었다. 『코카서스의 포로』에서 작자는 그의 등장인물이 가지는 가치와 억양에 있어서 완전한 일체감을 가진다. 서술은 등장인물의 어조로 꾸며지고, 등장인물의 발화들은 작자의 어조로 꾸며진다. 우리는 다음과 같은 예를 볼 수 있다.

그곳에는 서로 비슷한 산봉우리들이 줄을 지어 뻗어 있고 산봉우리 사이의 적막한 길은 이리 저리 굽이치고 어둠 속으로 사라진다. 포로가 된 젊은이의 고통에 찬 가슴에는 **암울한 생각들**이 가득 차 있다……멀리 러시아로 돌아가는 길이 보였다. 거기서 아주 자신만만하고, 두려움 하나 없었으며 열정에 가득 찼던 젊은 시절이 시작되었다. 그곳에서 일찍이 그는 쾌락을 맛보았고, 사랑할 많은 것을 발견했으며, 고통을 포옹했고, 인생의 풍랑 속에 있는 즐거움과 욕망, 그리고 희망을 파괴해 버렸다……그는 세상과 세상 돌아가는 방식을 간파했고, 신앙이 없는 삶의 대가를 알았다. 사람들의 가슴 속에서 그는 배반을 보았고, 사랑의

꿈 속에서 미친 듯한 환상을 발견했다. 자유! 그는 지상의 세계에서 **너만을** 추구했다……그것은 지나갔다……이제 그는 세상에서 희망을 표시할 것이 아무 것도 없음을 알았다. 너마저, 그의 사랑스런 마지막 꿈인 **너마저도** 그에게서 떠나버렸다. 그는 노예이다.(Ibid, 고딕체 첨가).

여기서 명확하게 전달되고 있는 것은 바로 포로 자신의 '암울한 생각들'이다. 그것은 **그의**(등장인물의)* 말이지만 형태상으로는 작자가 전달하고 있다. 만일 인칭대명사 '그'가 모든 곳에서 '나로 바뀌고 동사의 형태가 적절하게 바뀐다 해도 문체 등에서 아무런 불협화음이나 부조화가 나타나지 않을 것이다. 특징적인 것은 이 말 속에는 2인칭을 쓴 ('자유'나 '꿈들'에의) 외침이 구성되어 있다는 점이다. 이것들은 작자와 등장인물 사이의 동일화(일체화)*를 강조하고 있다. 이런 경우의 등장인물의 말은 다음과 같은 그 시의 두 번째 부분에서 등장인물이 표시하는 수사적 직접화법과 문체상으로도 의미상으로도 전혀 차이를 보이지 않는다.

> '날 잊어줘요! 나는 당신의 사랑을 받을 가치가 없고, 그대 마음의 기쁨에는 적합하지 못하다오……환희도, 욕망도 없고 나는 정열의 희생자가 되어 시들어 간다오……왜 내 눈이 그대를 오래 전에 보지 못했을까. 그때에는 여전히 소망과 즐거운 꿈들을 신뢰하고 있었건만! 하지만 이제는 너무 늦었다오! 행복을 위해서라면 나는 이미 죽은 몸이오. 유령같은 희망은 날아가 버렸소……'(Ibid)

의사직접화법을 사용하는 모든 작가들은(아마도 벨리만 제외하면) 이 문장들을 의사직접화법의 완전히 참된 표본으로 간주할 것이다. 하지만 우리는 그것을 대행직접화법의 경우로 간주하고자 한다. 단한 가지 경우만 첨가되었더라면 의사직접화법이 되었을 것이다. 푸시킨은 그가 자신의 주인공들에게서 벗어나 자신의 가치들과 억양들을 가진 보다 더 객관적인 인용 맥락에서 등장인물들과 대비시킬 수 있었을 때 그 한 가지를 획득할 수 있었다. 위에 인용된 예에는 여전히 작자의 말과 등장인물의 말 사이에 간섭이 결여되어 있다. 따라서 이것은 그러한 간섭이 야기시키는 문법적이고 문체적인 특질들, 즉 주위에 있는 인용맥락과 변별될 수 있는 의사직접화법에 대한 성격부여가 결여되어 있다. 사실 앞의 예에서 포로의 말을 인지한다는 것은 우리가 순전히 의미상의 지시들에 의해서만 '포로'의 말을 인식하고 있을 때뿐이다. 우리는 여기서 두 개의 지향하는 바가 **다른** 언어행위들이 출현하는 것을 느낄 수 없다. 우리는 작자가 행하는 전달의 배후에 있는 타자의 전언이 갖는 **보전**(Integrity)과 **반발성**을 느끼지 못한다.

마지막으로, 진정한 의사직접화법을 나타내기 위해서 푸시킨의 『폴타바(Poltava)』에서 발췌한 뛰어난 보기를 아래에 제시한다. 이것으로써 이 장을 마치고자 한다.

    하지만 코슈베이(kočubej)의 행위에 대한 그의 분노는 그의 가슴 속 깊이 숨겨져 있었다. '그의 생각은 수심에 가득 차서 죽어 버리고만 싶었다. 그는 마제라(Mazeppa)에게 악의를 갖지 않았다—그의 딸만이 비난받아 마땅했기 때문이다. 하지만 그는 그의 딸도 용서했다. 하늘과 인간의 법률조차도 잊어버리고 그녀가 그녀의 가족들을 수치스럽게 만들었으므로 그 딸로 하여금 신에게 답하도록 하자……' 하지만 그러는 동안에도 그는 독수리같은 눈을 하고서 그의 가족들을 노려보며, 그 자신을 위해 가족들 중에 대담하고, 곧으며, 오염되지 않은 동지들을 찾고 있었다.

제 4 장 프랑스, 독일, 러시아어에서의 의사직접화법

1. 프랑스어에서의 의사직접화법―토블러, 칼프키, 발리

많은 작가들이 프랑스어와 독일어에 나타난 의사직접화법의 현상에 대해 다양한 명명법을 제시해 왔다. 사실상 각각의 작가들이 이 문제에 대해서 자신들이 쓰는 용어를 제시해 왔던 것이다. 우리는 G. 레르크가 사용한 '의사직접화법(Uneigentliche Rede)'이라는 용어를, 제시된 모든 용어들 중에서 가장 중립적이고 최소한의 이론을 수반하는 것으로서 사용해 왔고 앞으로도 계속 사용하게 될 것이다. 러시아어와 독일어에 대해 이 용어를 사용할 때, 이 용어는 비난받을 여지가 없지만, 프랑스어에 대해 이 용어를 사용할 때에는 약간의 의심을 불러 일으킬 수도 있다.17)

1/) 프랑스어에 있어서 의사직접화법의 약간의 예에는 다음과 같은 것이 있다.
  1. Il protesta: Son pèrel la haïssait!를 직접화법으로 하면 다음과 같이 될 것이다.
    Il protesta et s'écria: "Mon père to haït!"

직접화법과 간접화법의 경우와 마찬가지로 **의사직접화법**을 발화를 전달하는 특별한 형태로서 처음 지적한 사람은 토블러(1887~)였다 (Zeitschrift für romanische philologie, 437).

토블러는 의사직접화법을 '직접화법과 간접화법의 독특한 혼합 (eigentümliche Mischung direkter und indirekter Rede)'으로 정의했는데, 토블러에 의하면, 이 혼합된 형태가 직접화법에서는 **어조와 어순**을, 간접화법에서는 **동사의 시제와 인칭**을 차용한다고 한다. 순전히 기술이라는 차원에서는 이 정의도 받아들일 수 있다. 사실 특성들을 표면적으로 비교하고 기술한다는 관점에서 보면, 토블러는 이 문제가 되는 형태와 직접화법이나 간접화법 사이의 유사점과 차이점을 날카롭게 지적했다고 할 수 있다.

간접화법으로 하면,

Il protesta et s'écria que son père la haïssait.

자유간접화법으로 하면,

Il protesta: "Son père, s'écria-t-il, la haïssait!"가 될 것이다.

(레르크가 인용한 것으로서 발자크의 작품에서 뽑은 예이다)

2. Tout le jour, il avait l'oeil au guet; et la nuit, si quelque chat faisait du bruit, le chat prenait l'argent[La Fontaine].

3. En vain il (le colonel)parla de la sauvagerie du pays et de la difficulté pour une femme d'y voyager: elle(Miss Lydia) ne craignait rien; elle aimait par-dessus tout à voyager à cheval; elle se faisait une fête de coucher au bivac; elle menaçait d'aller en Asie Mineure. Bref, elle avait réponse à tout, car jamais Anglaise n'avait été en Corse; donc elle devait y aller[P. Mérimée, Colomba]

4. Resté seul dans l'embrasure de la fenêtre, le cardinal s'y tint immobile, un instant encone... Et ses bras frémissantsse se tendirent, en un geste d'imploration: "O Dieu! puisque ce médecin s'en allait ainsi, hereux de sauver l'embarras de son impuissance, ô Dieu! que ne faisiez-vous un miracle, pour montrer l'èclat de votre pouvoir sans bornes! Un miracle, un miracle! Il le demandait du fond de son âme de croyant[Zola, Rome] (예문의 3과 4는 칼프키, 발리, 그리고 로르크에 의해 인용되고 논의되었다) 이 註는 러시아본에는 본문으로 되어 있으나 영역본과 마찬가지로 註로 처리되는 것이 의미상 타당하여 註로 처리하였다. 註) 5, 註) 7도 마찬가지이다(역주).

그러나, 이 화법을 정의하는 데 '혼합'이라는 단어를 사용하는 것은 결코 받아들일 수 없다. 왜냐하면 그런 용어를 쓰게 되면 발생론적 설명—'~의 혼합으로부터 형성된'—을 수반하게 되는데, 발생론적 설명은 거의 증명될 수 없는 것이기 때문이다. 그리고 순수하게 기술한다는 점에 대해서도 이 용어는 정확성을 결여하고 있다. 왜냐하면 우리가 사용하는 의사직접화법이라고 하는 것은 두 가지 화법을 단순히 기계적으로 혼합시키거나 산술적으로 결합시키는 것이 아니라 타자의 발화를 능동적으로 수용하는, 완전히 **새롭고** 적극적인 경향이며, 인용자의 말과 타자의 말 사이의 상호관계의 역동성이 움직이는 **특정한 방향**이기 때문이다. 그러나 토블러는 역동성에는 맹목인 채, 오로지 정형들의 추상적 특성들만을 기록하고 있는 것이다.

토블러의 정의는 이 정도에서 그치고 이제 그가 어떻게 이 형태의 출현을 설명하는가를 보도록 하자.

화자가 과거 사건들을 말할 때에는 타자의 발화를 과거에 발음했던 그대로의 독자적인 형태로 인용한다. 그 과정에서 화자는 원래의 발화에서 **현재**시제였던 것을 **반과거**로 바꿔서, 그 발화가 관련되어 있는 과거 사건들과 동시성을 지니고 있음을 보여준다. 그리고 그때 화자는 변화(동사의 인칭형이나 대명사 등의 변경)를 좀더 부가함으로써 그 발화가 화자 자신의 것으로 오인받지 않도록 한다.

토블러의 설명은 잘못됐지만, 오래되고 매우 광범하게 분포된 언어학적 논법에 기초하고 있다. 그 논법은 바로 '만일 화자가 의식적으로, 그리고 미리 숙고해서 새로운 형태를 소개하려고 계획했다면, 그 이유와 동기는 무엇이었을까?'이다

비록 설명에 이르는 그러한 방식이 받아들여질 수 있다 하더라도

여전히 토블러가 말하는 '화자'의 동기는 충분히 설득력을 지니지 못하거나 명확하지 못하게 된다. 왜냐하면, 만약 그 화자가 과거에 실제로 발음했던 발화의 독자성을 그대로 유지하고 싶다면 차라리 직접화법으로 타자의 발화를 전달하는 방식이 더 낫기 때문이다. 그 방식이 타자의 발화가 과거에 속한다는 것도, 또한 인용자의 말이 아니라 타자의 말에 속한다는 것도 의문의 여지없이 명시할 수 있기 때문이다. 또한 반과거와 3인칭이 문제가 되는 것이라면, 그냥 간접화법을 쓰는 것이 쉽지 않겠는가? 문제는 의사직접화법이라는 형태에서 기본적인 것—**의사직접화법을 이루고 있는 타자의 말과 인용자의 말 사이의 전적으로 새로운 상호관계**—이 바로 토블러의 동기들로서는 표현해 내지 못한다는 점이다. 토블러에게 있어서는 의사직접화법이 단지 두 개의 낡은 형태로부터 새로운 형태를 만들어 내기를 원하는 문제에 불과한 것이다.

  우리의 견해로는 화자의 동기들에 대한 이러한 유형의 논법이 기껏 설명할 수 있는 것은 단지 **기성**(既成)의 형태를 개개의 구체적인 경우에 사용하는 경우에만 가능하고, 어떠한 상황 하에서도 언어에서 **새로운** 형태가 형성되는 경우는 설명할 수 없게 된다. 왜냐하면 화자 개개의 동기들과 의도들은 한편으로는 오직 현재의 문법적인 가능성들에 의해 허용된 한계 내에서만, 그리고 다른 한편으로는 그가 속한 집단 속에서 지배적인 사회언어적 상호관계의 조건들의 범위 내에서만 실현될 수 있기 때문이다. 이러한 가능성들과 조건들은 **주어진 것**들로서 그러한 것들이 화자의 언어적 시야를 한정짓는 것이다. 그 시야의 바깥으로 나가는 것은 화자 개개인의 능력을 뛰어넘는 일이다.

  화자가 어떤 의도들을 표현하려고 할지라도, 어떠한 오류들을 범할지라도, 어떻게 형태들을 분석, 혼합, 결합시킨다고 하더라도 그는 결코 언어에서 새로운 정형을 만들어 내지 못할 것이고, 사회언어적 상호관계에 대한 새로운 견해를 창조하지도 못할 것이다. 화자의 주관적인 의도가 창조적인 성격을 지닐 수 있는 경우는 그것이 화자들의 사회언어적 상호관계 속에서 형성 중인, 즉 생성 중인 경향들과 일치할 때뿐이다. 그리고 이러한 경향들은 사회·경제적 요인들에 의해 규정된다. 어떤 변화, 어떤 이행이 사회언어적 상호관계 내부에서 발생하고, 발화들의 상호지향 속에서 타자의 말들에 대해 본질적으로 새롭게 인식하는 방식이 만들어져야 그것이 의사직접화법이라는 형태로 표현되고 구성되는 것이다. 의사직접화법이 형태를 갖춤에 따라 이 새로운 형태는 언어학적 가능성들에 의해 허용된 범위 속으로 침투해 들어오기 시작하고, 그 한계들 내에서만 화자들의 개인적인 언어적 의도들은 정의될 수도 있고 동기를 부여받을 수도 있으며 생산적으로 실현될 수도 있는 것이다.

다음으로 의사직접화법의 문제에 대해 논한 이는 칼프키(*Zeitschrift für Romanische philologie*, XIII, 1899, 491~513)이다. 그는 의사직접화법이 타자의 말을 전하는, 완전히 독자적인 제3의 형태임을 인식하고 그것을 **숨겨진** 혹은 **위장된** 화법(verschleierte Rede)이라고 정의했다. 이 형태의 문체적 의의는 누가 화자인가를 추측해야 하는 필요성 속에 있다. 그리고 실제 거기에 난관이 있다. 추상적인 문법의 관점에서 보면, 말하는 사람은 작자이지만, 전체 맥락의 실제적인 의미에서 보면 말하는 사람은 등장인물이기 때문이다.

칼프키의 분석에는 의심할 여지없이 우리들의 문제에 대한 해명을 일보 진전시킨 것이 담겨져 있다. 기계적으로 두 정형의 추상적인 특성들을 결부시키는 대신, 칼프키는 의사직접화법이라는 형태의 **새롭고**, 적극적인 경향을 알아내려고 하고 있으며, 게다가 그는 의사직접화법의 **양면적** 속성을 올바르게 이해하고 있기 때문이다.

그러나, 그의 경우도 그 양면성의 규정방식이 잘못됐다. 어떤 상황 하에서도 의사직접화법이 '위장된' 화법이고, 그 장치의 의의가 누가 화자인가를 추측하는 데 있다는 칼프키의 설명에는 동의할 수 없는 것이다. 왜냐하면, 누구도 문법에 관한 추상적인 사변을 기초로 하여 이해의 과정을 시작하지는 않기 때문이다. 따라서, 누구에게도 처음부터 **의미**에 관해서 말하는 한은, 말하고 있는 것은 등장인물이라는 점은 지극히 명확한 사실이다. 여기서 난제에 직면하는 사람이 있다면, 그것은 문법학자들뿐인 것이다. 더구나 의사직접화법은 '이것인가, 저것인가'라는 양자택일의 곤란을 결코 내포하지 않는다. 왜냐하면, 의사직접화법의 **특질**은 정확히 작가와 등장인물 이 **양자**가 동시에 말하는 것이고, 단지 하나의 구문 속에 엇갈린 지향을 지닌 두 개의 목소리의 액센트가 보존되어 있는 문제이기 때문이다. 우리는 이미 진정으로 숨겨진 타자의 말이라는 현상이 언어에서 발생하는 것을 보아 왔다. 우리는 작자의 문맥 속에 숨겨진, 타자의 말에 대한 잠재적인 작용이 어떻게 그 작자의 문맥에 문법상, 문체상의 독특한 특성들을 생겨나게 하는 지도 보아 왔다. 그러나, 그것은 직접화법의 변형들 중의 하나이다. 하지만 의사직접화법은 야누스처럼 두 개의 얼굴을 지니고 있음에도 불구하고, **열린** 형태의 화법인 것이다.

칼프키의 접근 방법에 있어서 주요한 방법론적인 결함은 그가 언어현상을 **개인의식**의 틀 내에서 해석하고, 그 개인의식의 심리적 근원과 주관적·심미적 효과를 발견하려고 한 점에 있다고 할 수 있다.

우리는 보슬러 학파들(로르크, E. 레르크, 그리고 G. 레르크)의 관점을 검토할 때, 이 접근 방법에 대한 원리적인 비판으로 다시 되돌아올 것이다.

발리는 1912년에 우리의 주제에 대해 언급했다(*Germanisch- romanische Monatsschrift*, Ⅳ, 1914, 549ff, 597ff). 1914년에는 칼프키의 논쟁에 답하여, 그는 'Figures de pénsée et formes linguistiques'(Ibid., Ⅵ, 1914, 405ff, 456ff)라고 제목 붙인 원론적인 논문에서 다시 그 문제에 대해서 언급했다.

발리의 견해는 다음과 같이 요약할 수 있다. 즉, 그는 의사직접화법을 고전적인 형태의 간접화법에 대한 새로운 후기적인 변이체로 간주한다. 그는 다음과 같은 순서로 그것의 형성 과정을 추적한다. 즉, il disait qu'il était malade> il disait: il était malade> il était malade(disait-il)[18]이다. 발리에 의하면, 접속사 *que*의 탈락은 언어에 내재하는 최근의 경향, 즉 절들은 종속 결합보다 대등 결합을 선호한다는 경향으로 설명될 수 있다고 한다. 게다가 발리는 이 간접화법의 변이체—그가 자유간접화법(style indirect libre)이라고 적절히 이름 붙인 것—가 응고된 형태가 아니라, 직접화법을 그 극한으로 삼으면서 그것을 지향하고 있는 형태로 간주한다. 발리는 표현의 가능성을 최대로 발휘한 경우에는 어디서 **자유간접화법**이 끝나고 어디서부터 **직접화법**이 시작하는 지를 말하기 어려울 때가 종종 있다고 한다. 그러한 경우로서 그가 예로 인용하고 있는 것은 우연히도 우리들이 4번째 예(각주 1을 보시오. pp.196~197)에서 인용한 졸라의 문장이다. 특히 'Ô Dieu! que ne faisiez vous un miracle!'라는 추기경이 신에게 호소하는

---

18) 중간의(과도기적인) 형태는 물론 언어학적인 허구이다.

것을 나타내는 문장이다. 확실히 거기에는 간접화법의 특징(반과거)과 직접화법의 경우와 같은 호소의 2인칭이 동시에 쓰여지고 있는 것이다. 프랑스어의 이러한 자유간접화법과 유사한 독일어의 형태로서, 발리는(접속사를 생략하고 어순은 직접화법의 경우와 같은) 두 번째 유형(上記의 il disait: il etait malade에 유사한)*의 간접화법을 들고 있다.

발리는 **언어형식**(formes linguistiques)과 **사고의 표상**(figures de pensée)을 엄격히 구별한다. 사고의 표상이라고 하는 것에 대해 발리가 지적하고 있는 것은 언어의 관점에서 보면, 비논리적인 표현 방식이고, 더구나 언어기호(표현면)와 그것의 통상의 의미(내용면) 사이의 정상적인 상호관계가 파괴되어 있는 표현 방식이다. 사고의 표상은 엄밀한 의미에서 보면, 언어현상들로 인식되는 것이 불가능하다. 왜냐하면, 사실 이들 사고의 표상을 표현하기 위해 특별히 확립된 언어상의 특질은 없기 때문이다. 반대로, 본래의 언어상의 특질들이 언어체계 속에서 표시하는 의미는 사고의 표상이 그 특질들에게 부여한 의미와는 명백히 다른 것이다. 이처럼 발리는 순수한 형태의 의사직접화법을 사고의 표상으로 분류하고 있는데 그 이유는 의사직접화법이라는 것이 문법적인 관점에서 보면 작자의 말이지만, 의미의 관점에서 보면 그것은 등장인물의 말이기 때문이다. 그러나, 이러한 '의미에 관한' 면은 어떤 특정한 언어기호에 의해서는 표현되지 않는다. 따라서, 발리의 견해에 따르면, 우리가 다루고 있는 것은 언어를 초월한 현상인 것이다.

2. 발리의 추상적 객관주의에 대한 비판

발리의 사고 방식에 대한 기본적인 특징은 이상과 같은 것이다. 그는 현시대의 언어학에 있어서 추상적인 객관주의를 가장 두드러지게 대표하는 언어학자이다. 발리는 구체적인 언어 사용의 결과(일상적·실용적인 사용이나 문학적인 사용, 과학적인 사용 등의 결과)로부터 추상화해서 획득한 언어의 형태를 본질로 간주하고 그것에 생기를 불어넣는다. 이러한 추상화의 과정은 이미 우리가 지적했던 바와 같이, 언어학자들이 사어(死語)와 외국어를 해독하기 위한 목적으로, 그리고 그것을 가르치기 위한 실제적인 목적으로 수행해 왔다. 그런데 이제는 발리가 나타나 이러한 추상적 개념들에 생명과 자극을 주고 있는 것이다. 그는 간접화법의 한 변형이 직접화법의 형태에 가까워지기 시작하고, 그 근접해가는 도중에서 의사직접화법이 형성된다고 주장하고 있다. 접속사 *que*와 전달동사의 탈락이 의사직접화법이라는 새로운 형태를 만들어내는 데 창조적 역할을 한다는 것이다. 그러나, 실제로는 발리가 말하는 **언어형식**이 속하는 언어의 추상적인 체계 속에는 어떤 운동도, 어떤 생명도, 어떤 수행(언어운용)*도 없다. 그들 형식이 생명을 지니기 시작하는 것은 발화와 발화가 교차할 때, 즉 언어적 상호작용이 시작되는 순간일 때뿐이다. 그 상호작용이 비록 '얼굴을 맞대고 하는' 직접적인 것은 아니고 문자를 매개로 한 간접적인 것일지라도, 사정은 마찬가지이다.[19]

그러나, (의사직접화법이 형성되는 것은)* 어떤 추상적인 형식이 다

---

19) 언어적 상호작용의 직접적인 형태들과 간접적인 형태들에 대해서는 L. P. Jakubinskij에 의해 이미 인용된 논문을 보시오.

른 추상적인 형식으로 접근하는 문제가 아니다. (인용하는 작자의)* 언어의식에 의해 (인용되는 등장인물의)* '말하는 인격', 그의 의미상·이데올로기상의 독립성, 그의 언어상의 개성 등을 받아들이는 방식이 능동적인 것으로 변하고, 그 변화를 기초로 해서 두 개의 발화 (인용되는 등장인물의 발화와 인용하는 작자의 발화)*의 상호 지향이 변화하는 문제인 것이다. 접속사 que의 탈락에 의해 접근되는 것은 2개의 추상적인 형식이 아니라 두 개의 발화이다. 게다가 각각의 발화는 각각에 고유한 의미를 그대로 갖추고 있는 두 개의 발화인 것이다. 말하자면, 방벽이 터져서(que의 탈락)* 작가의 어조가 (인용되는)* 타자의 말 속으로 자유롭게 흘러 들어가는 경우이다.

언어형식과 사고의 표상, '랑그(langue)'와 '빠롤(parole)'을 방법론적으로 분리시키게 되는 것은 또한 이러한 종류의(언어형식과 랑그를)* 실체화하는 추상적인 객관주의에서 연유한다. 사실, 발리가 이해하고 있는 것과 같은 언어형식은 오로지 문법책이나 사전(이런 것들 속에서 언어 형식들이 존재한다고 생각하는 것 자체는 물론 완전히 정당한 것이다)에서만 존재하는 것이다. 하지만, 언어의 살아 있는 현실 속에서는, 그러한 언어형식도 추상적인 문법의 관점에서 보면 '사고의 표상'이라는 불합리한 요소들 속에 깊숙이 빠져 있는 것에 불과하다.

발리는 프랑스어의 의사직접화법에 유사한 것으로서 독일어의 두 번째 유형(il disait : il etait malade에 대응하는 유형)*의 화법을 예로 들고 있다. 이 점에서도 발리는 오류를 범하고 있다.[20] 발리의 오류는

---

20) 칼프키는 발리의 이러한 잘못을 지적했다. 발리는 그의 두 번째 논문에서 부분적으로 그것을 정정한다.

지극히 특징적이다. 왜냐하면, 추상적인 문법의 관점에서 보면, 발리가 수행하고 있는 유추는 흠잡을 데가 없기 때문이다. 그러나 사회언어적 경향의 견지에 보면, 그의 유추는 비판을 면할 수 없다. 왜냐하면 서로 다른 언어들 속에서 존재하는 완전히 동일한 사회언어적 경향도(예컨대 그것이 동일한 사회·경제적 조건들에 의해 규정되더라도) 그들 언어가 지닌 문법상의 구조에 따라서 각각 다른 외면적인 특징을 띠고 나타날 수 있기 때문이다. 어떠한 언어에 있어서도(기존의 화법이)* 일정한 방향으로 변형을 겪기 시작하는 것은 정확히 필요한 (의사직접화법과 같은 중간적인 화법을 형성하는 경우) 요구에 가장 잘 적응할 수 있는 바로 그러한 정형이다. 그러한 정형은 프랑스어에 있어서는 간접화법이지만 독일어나 러시아어의 경우에 있어서는 간접화법이 아니라 직접화법이다.

3. 발리와 보슬러 학파

이제 보슬러 학파의 관점을 검토해 보기로 하자. 이 학파의 언어학자들은 연구의 주안점을 문법으로부터 문체론과 심리학으로, 즉 '언어형식'으로부터 '사고의 표상'으로 옮겨갔다. 그들과 발리의 상이점은 이미 우리가 알고 있는 바와 같이 근본적이고, 원리에 관계되는 일이다. 로르크는 제네바학파의 언어학자(발리)*를 비판하면서, 훔볼트의 용어를 사용하여 발리는 언어를 ergon(생성된 결과)*로 보지만, 자신은 언어를 energeia(생성 과정)*으로 본다는 식으로 대비하고 있다. 그래서, 우리들이 당면하고 있는 문제에 관한 한, 발리의 견해에 대해서 개인주의적 주관주의의 기본 명제(로르크의 견해)*가 대치되는 것이다. 거기에서 의사직접화법을 설명하는 요인으로 등장하는 것은 언어활동에 관계하는 정서, 언어상의 상상력, 감정이입, 언어취향 등이다.21)

4. 독일어에서의 의사직접화법

(1) E. 레르크의 규정

1914년—칼프키와 발리가 논쟁했던 시기—에 E. 레르크는 의사직접화법에 대해 다른 평가를 내리면서 등장했다(G-r.M., Ⅵ, 470). 그는 의사직접화법이란 '사실로서의 말(Rede als Tatsache)'이라고 정의했다. 이 화법은 타자의 말을 마치 그 내용을 작자 자신이 전달하고 있는 것처

---

21) 보슬러 학파의 견해에 대한 분석으로 나아가기 전에 우리는 독일어에 있어서 의사직접화법의 3가지 예를 제시하고자 한다.

1. Der konsul ging, die Hände auf dem Rücken, umher und bewegte nervös die Schultern. Er hatte keine zeit. Er war bei Gott überhäuft. Sie sollte sich gedulden und sich gefällligst noch fünfzig mal besinnen! [Thomas Mann, Buddenbrooks].

2. Herrn Gosch ging es schlecht:mit einer schönen und grossen Armbewegung wies er die Annahme zurück, er könne zu den Glücklichen gehören. Das beschwerliche Greisenalter nahte heran, es war da, wie gesagt, seine Grube war geschaufelt. Er konnte abends kaum noch sein Glas Grog zum Munde füren, ohne die Hälfte zu verschütten, so machte der Teufel seinen Arm zittern. Da nützte kein Fluchen··· Der Wille triumphierte nicht mehr [Ibid].

3. Nun kreuzte Doktor Mantelsack im stehen die Beine und blätterte in seinem Notizbuch. Hanno Buddenbrook sah vornüber gebeugt und rang unter dem Tisch die Hände, Das B, der Buchstabe B war an der Reihe! Gleich würde sein Name ertönen, und er würde einen Skandal geben, eine laute, schreckliche katastrophe, so guter Laune der Ordinarius auch sein mochte... Die Sekunden dehnten sich martervoll. "Buddenbrook." ···Jetzt Sagte et "Buddenbrook."··· "Edgar" sagte Doktor Mante lsack···(Ibid).

럼 보이게 하는 방식으로 전달한다. 레르크는 직접화법, 간접화법, 의사직접화법을 각각의 내용에 고유한 현실성의 정도라는 측면에서 비교하면서, 가장 현실에 가까운 것은 의사직접화법이라는 결론에 도달했다. 그는 또한 표현된 인상의 선명성과 구체성의 측면에 관해서 보더라도 간접화법보다는 의사직접화법이 문체적으로 뛰어나다는 점을 지적했다. 이상이 레르크의 정의이다.

(2) E. 로르크의 규정

의사직접화법에 대한 상세한 연구는 1921년에 E. 로르크가 쓴 「체험 화법(Erlebte Rede)」이라는 제목 하의 소책자에서 행해졌는데, 그 책은 보슬러에게 바쳐진 것이다. 로르크는 이 책에서 우리들이 당면한 문제의 학설사에 대해 꽤 상세히 다루었다.

로르크는 직접화법은 '반복된 발화(Gesprochene Rede)'로, 간접화법은 '보고된 발화(Berichtete Rede)'로 정의하였으며, 의사직접화법은 그것들과 구별해 '체험된 발화(Erlebte Rede)'로 정의하였다.

로르크는 다음과 같은 방식으로 자신의 정의를 설명한다. 무대 위에서 "Habe nun, ach! philosophie, Juristerei… durchaus studiert mit heissem Bemühn…"라는 독백을 말하는 파우스트를 가정해 보자. 파우스트가 1인칭으로 말하고 있는 것을 많은 청중들은 3인칭으로 체험하게 된다. 그리고 (타자의 말—파우스트의 독백을)* 받아들이는 경험 그 자체의 내부에서 일어나는 이러한 전위(轉位)는 문체에 관해서 말하면, 체험 화법을 서술에 근접시키게 하는 것이다.

이제 청자가 듣고 그가 체험한 파우스트의 말을 다른 사람, 즉 제3자에게 전달하고자 한다면 청자는 그 말을 직접화법이라든지 혹은 간접화법으로 인용할 것이다. 그러나, 청자 스스로 그의 마음 속에서 체험된 장면의 생생한 인상을 불러일으키고자 한다면, 그는 파우스트의 발화를 "Faust hat nun, ach! philosophie…"로 하거나 혹은 그것은 이미 과거의 인상이므로 "Faust hatte nun, ach!…"로 회상할 것이다.

그러므로, 로르크에 의하면 의사직접화법이란 타자의 말에 대한 체험을 직접 묘사하기 위한 형식이며 그 말에 대한 생생한 인상을 불러일으키기 위한 형식이 된다. 그리고 바로 이러한 이유로 해서 그것은 타자의 말을 제 3자에게 전달하는 데에는 거의 소용이 없게 된다. 사실 의사직접화법이 그러한 목적에 사용된다면, 전달하는 행위는 그 전달하는 특성을 잃어버리게 되고 마치 화자가 자기 자신에게 이야기하고 있거나 또는 환각을 일으키고 있는 것처럼 보이게 될 것이다. 따라서 이미 예상한 대로 의사직접화법은 회화체 언어에서는 사용할 수 없으며 단지 예술적인 묘사를 위해서만 사용할 수 있을 뿐이다. 거기에서 의사직접화법은 그 고유한 기능에 있어서 매우 커다란 문체상의 의의를 지닌다.

사실 창작 중인 작가에게는 그의 상상력이 산출하는 인물은 그 자체가 하나의 실재이다. 그에게는 이들 인물의 모습이 보일 뿐만 아니라 그 목소리도 들을 수 있는 것이다. 작가는 등장인물들이 (직접화법에서처럼) 말하게 하지 않고 그들이 말하는 것을 듣는다. 마치 꿈 속에서 들렸던 것 같은 이 소리들의 생생한 인상은 의사직접화법의 형식으로만 직접 표현될 수 있을 뿐이다. 의사직접화법은 상상력 그 자체의 형식이다. 그리고 바로 이 점이 의사직접화법이 처음으로 사용되었던 퐁떼뉴의 우화 세계에서 존재하였던가 하는 이유를 밝혀주고 있으며, 자신들의 상상력이 창조한 세계에 완전히 몰입하여 자신을 잊어버릴 수 있는, 발자크나 특히 플로베르같은 작가들이 왜 의사직접화법을 선호했던가 하는 점도 설명해 준다.

작가가 이 형식을 사용할 때는 오로지 독자의 상상력에만 호소를 한다. 이 형식을 사용하여 사실이나 사상의 내용을 전달하는 것이 작가의 목적은 아니다. 단지 작가는 자신이 받은 인상을 그대로 전달하여 독자의 마음속에 생생한 인물과 그들의 (응답적인)* 말을 불러일으키고자 할 뿐이다. 그는 독자의 이성에 호소하는 것이 아니라 상상력에 호소한다. 의사직접화법 속에서 작자는 추론하고 분석하는 지성의 관점에서만 말한다. 독자의 생생한 상상력에 대해서는 바로 등장인물이 말하는 것이다. 상상력 그것이 이 화법의 어머니이다.

로르크의 기본적인 사고—그의 다른 저서22)에서 상세히 설명하고 있는—의 요점은 **언어에서의 창조적인 역할은 이성에 속하는 것이 아니라 상상력에 속한다**는 것이다. 이미 상상력에 의해 창조된 형식, 즉 상상력의 생생한 영혼에 의해 이미 버려진, 기성(旣成)의, 응고된 형식만이 이성이 관리할 수 있는 영역으로 들어온다. 이성 그 자체는 아무것도 창조하지 않는다.

로르크의 견해로는 언어는 이미 만들어진 것(ergon)이 아니라, 끊임없는 생성이며 생성과정(energeia)인 것이다. 언어는 비언어적인 목적을 성취하기 위한 수단이나 도구가 아니라 그 스스로의 목적을 가진 살아 있는 유기체이다. 언어는 그 자체 속에 목적을 가지고 있으며 또한 그 자체 안에서 목적을 실현하기도 한다. 이러한 언어의 창조적인 자기충족성은 언어의 상상력에 의해 실현된다. 언어 속에서 상상력은 자신이 태어난 태내에 있는 것처럼 충족감을 느낀다. 언어는 상

---

22) *Passé défini, imparfait, passé indéfini*. Eine grammatischpsychologische studie von E. Lorck

상력에 있어서는 하나의 수단이 아니라 살 중의 살이고 피 중의 피이다. 상상력은 장난하는 언어의 역할에 만족한다. 발리와 같은 작가는 이성의 관점에서 언어에 접근하였기 때문에, 언어에 아직도 살아 있는 그러한 형식들을 이해할 수 없었다. 언어에는 아직도 생명의 맥박이 뛰고 있으며 언어는 아직 지성적인 사용을 위한 수단으로 변형되지 않고 있다. 이상이 발리가 의사직접화법의 독자성을 이해할 수 없었고, 그 안에 있는 논리적 일관성을 발견하지 못하여 언어에서 의사직접화법을 제외시킨 이유이다.

5. 언어에서의 상상력의 역할

(1) E. 로르크의 규정

로르크는 상상력의 관점에서 의사직접화법의 반과거(imparfait)의 형식을 이해하고 해석하려고 시도한다. 그는 '완료된 상상력의 수행(Défini-Denkakte)'과 '미완료된 상상력의 수행(imparfait-Denkakte)'을 구별한다. 이러한 행위들 사이의 구별은 그 개념상의 내용에 따른 것은 아니고, 이러한 행위들이 수행하는 바로 그 형식에 따른 것이다. 전자의 경우(Défini)에 우리의 시선은 밖으로, 즉 상상된 사물과 내용의 세계로 향한다. 후자의 경우(Imparfait)에 우리의 시선은 내부로, 즉 생성과 형성의 과정에 있는 사고의 세계 속으로 향한다.

'완료된 상상력의 수행'은 사실을 확인하는 특성을 가지고 있는 반면, '미완료된 상상력의 수행'은 체험하여 인상을 주는 생생한 특성을 가지고 있다. 이러한 것들을 통하여 상상력은 스스로 생생한 과거를 복원한다.

로르크는 다음과 같은 예를 분석한다.

> L'Irlande poussa un grand cri de soulagement, mais la chambre des lords, six jours plus tard, *repoussait* le bill: Gladstone *tombait*[*Revue des deux Mondes*, 1900, Mai, p.159]
> L. 아이어란드는 부담을 줄이라고 소리를 질렀다. 그러나 (아일랜드의)* 상원은 6일 후에 이 법안(아일랜드 자치법안)*을 **부결한다**. 글라드스톤 내각이 **무너진다**(「양세계 평론」지 1900년 5월 159페이지).

로르크는 만약 두 개의 반과거를 명확한 과거로 바꿔 본다면 우리는 양자의 차이를 매우 잘 알 수 있을 것이라고 한다. Gladstone tombait(반과거)*는 정서적인 어조로 채색되어 있는 반면에 Gladstone tomba(단순과거)*는 무미건조한 사무적인 보고로 들렸을 것이다. 처음의 경우(미완료된 반과거)*의 사고(상상력)*는 말하자면 그 대상과 자기 자신 위에 머무른 채 갈피를 못잡고 미적대고 있다. 그러나 여기서 의식에 가득 차 있는 것은 글라드스톤 내각이 붕괴되었다는 사실이 아니라 발생한 일의 중대성에 대한 느낌이다. (또 하나의 예인)* 'La chambre des lords repoussait le bill' 의 경우는 사정이 다르다. 여기서는 그 사건의 결과에 대한 걱정스러운 예감이 자리잡고 있다. 'repoussait'에서의 반과거는 긴장된 기대를 표현한다. 누구든지 화자의 심리적인 지향이 지닌 이러한 특징을 감지하고자 한다면 그 문장 전체를 큰소리로 읽기만 하면 된다. 'repoussait'의 마지막 음절(-sait)*은 긴장과 기대를 표현하는 높은 음조로 발음된다. 말하자면, 이 긴장감은 'Gladstone tombait'에서 해소되며 풀어진다. 두 예(repoussait파

tombait)*에서 반과거는 정서적으로 채색되어 있고 상상력이 침투하고 있다. 반과거는 (동사가) 하는* 행위를 확정하고 확인하는 것이 아니라 오히려 그 행위에 머물러 있으면서 체험하고 재현한다. 바로 이 점이 반과거가 갖는 의사직접화법에 대한 의의이다. 의사직접화법이 창조한 분위기 속에서는 단순과거가 존재할 수는 없었을 것이다.

이상이 로르크 사고의 요지이다. 그 스스로는 자신의 분석을 언어정신(sprachseele)분야에 대한 연구라 부른다. 이 분야(das Gebiet der Sprachseelenforschung)는 로르크에 의하면 보슬러가 최초로 개척한 영역이라고 한다. 그리고 로르크도 그의 저서에서 보슬러의 궤적을 쫓아갔다.

(2) E. 레르크의 정의

로르크는 정태적이고 심리적인(공시적)* 차원에서 그 문제를 검토했다. G. 레르크는 1922년에 출판된 저서에서 (로르크와)*마찬가지로 보슬러의 학설에 기초하고 있지만, 의사직접화법에 광범위한 역사적 전망을 부여하려 하고 있다. 그녀의 저서에는 굉장히 가치 있는 몇 개의 관찰을 포함하고 있다. 그러므로 우리는 그 내용을 약간 상세하게 살피고자 한다.

로르크의 구상에서 상상력에 할당된 역할을 레르크의 구도에서는 감정이입(Einfühlung)이 수행한다. 의사직접화법이 적절하게 표현하고 있는 것은 감정이입이다. 전달동사('말했다', '생각했다' 등)는 직접화법과 간접화법에서는 필수불가결한 것이다. 이것에 의해 작가는 (인용문 속에)* 말해진 것의 책임을 등장인물에게 돌리는 것이다. 그러한 동사는 의사직접화법에서는 생략된다. 그 때문에 작가는 마치 등장인물의 발화를 있는 그대로 받아들이고 있으며, (작가 자신이)* 관계하고 있는 것은 단순히 말해진 것 또는 생각되어진 것이 아니라, 실제적인 사실들이라는 것을 주장이라도 하는 듯한 그러한 방식으로 등장인물의 발화들을 표현할 수 있다. 레르크는 이러한 것은 시인이 (작가)* 자신의 상상력이 창조한 것에 감정이입한 기초 위에서만, 그리고 자신과 그 창조된 것을 일체화시키는 기초 위에서만 가능하다고 주장한다.

6. 고대 프랑스어에서의 화자의 말을 전달하는 기법

그러면 이 화법은 역사적으로 어떻게 형성되어 왔는가? 그 발달의 기반이 되고 있는 필수불가결한 역사적 전제는 무엇인가?

고대 프랑스어에서는 심리적 구성과 문법적 구성이 지금처럼 명확히 구별되어 있지는 않았다. 대등결합과 종속결합은 매우 다양한 방식으로 여전히 혼합될 수 있었다. 구두법은 여전히 미발달된 단계에 놓여 있었다. 그러므로, 직접화법과 간접화법 사이에 명확한 경계는 그때에는 존재하지 않았다. 고대 프랑스 작가는 자기 자신인 '나(I)'와 그의 상상력의 산물인 등장인물을 분리할 수 없었다. 그는 등장인물들의 중개자와 옹호자로 역할 하면서 몸소 인물들의 말과 행동에 참여했다. 그는 아직 개인적인 관여와 간섭을 피하면서 타자의 말들에 대해서 그 외형을 문자 그대로 전달하는 방법을 알지 못하였다. 고대 프랑스인의 기질은 여전히 냉정하고 사려깊은 관찰과 객관적인 판단으로부터 멀리 떨어진 채로 있었다. 그러나, 고대 프랑스어에서 서술자가 그의 인물 속으로 용해되는 것(작자와 등장인물 사이의 미분화)*은 작가의 자유로운 선택의 결과일 뿐만 아니라 필연적인 결과이기도 하였다. 왜냐하면 (작자와 등장인물 사이의)* 분명한 상호구분을 위한 엄밀한 논리적 형식도, 문법적 형식도 결여되어 있었기 때문이다. 그러므로 고대 프랑스어에서 최초의 의사직접화법의 출현은 자유로운 (선택가능한)* 문체상의 기법으로서 나타난 것이 아니라, 이러한 문법적인 결여(라는 필연)*를 기초로 한 것이었다. 이 경우에 의사직접화법은 작가 자신의 견해와 입장이 등장인물의 견해와 입장으로부터 분리되지 못하고 단순한 문법적 무능력의 소산으로서 성립되었다.23)

7. 중세 프랑스어에서의 화자의 말을 전달하는 기법

중세 후기의 프랑스어에서는 타자(등장인물)*의 마음과 감정 속에 (작가가)* 스스로를 몰입하는 것은 보이지 않는다. 당시의 역사적인 작품들 속에서 **역사적 현재**(Praesens historicum)는 거의 찾아볼 수 없지만, 서술자의 관점은 묘사된 인물들의 관점과 분명히 구별되고 있으며, 감

---

23) 여기서 보이는 것은 **유랄리(Eulalie) 성녀에게 보내는 찬송가**로부터 뽑은 흥미 있는 문장이다.
Ell'ent adunet to suon element;
melz sostendreiet les empedementz
qu'elle perdesse sa Virginitet.
Poros furer morte a grand honestet.
(그녀는 힘을 모은다 ; 그녀는 처녀성을 잃느니보다 고문을 당하는 게 더 낫다. 그래서 그녀는 고매하게 죽었다.)
레르크가 지적하는 바에 의하면, 여기서 성녀의 강고한 결의와 그녀에게 보내는 작자의 열렬한 공감이 합류하고 있다('klingt zusammen')고 한다.

정은 이성에게 자리를 비켜주고 있다. 타자의 말을 전하는 방법은 비인칭(非人稱)적인 것이 되고 색채 없이 되며 그 속에서는 서술자의 목소리가 전달된 화자(등장인물)의 목소리보다 더 분명하게 들린다.

8. 르네상스

이와 같이 개인의 특징을 소멸하고 있는 비인칭화 시대(depersonalizing period) 이후 르네상스 시대에는 매우 뚜렷한 개인주의가 시작된다. 타자의 말을 전달하는 방법은 또 다시 직관적인 것으로 되고 있다. 화자(storyteller)는 또 다시 등장인물에 접근하려고 하고, 등장인물과 보다 친밀한 관계가 되려고 한다. 르네상스 문체의 특징은 문법적 시제와 법(法 ; moods)의 연결이 자유롭고 유동적이며 심리적인 색채가 강하게 들어가 있으며 불안정하다는 점이다.

17세기에 이르면 르네상스의 언어 사용상의 비합리주의에 대항하는 모습으로 간접화법의 시제와 법에 관한 확고한 규칙들이 형성되기 시작한다(특히 1632년 Oudin의 저서에 의하여). 사고의 주관적인 면과 객관적인 면 사이에, 즉 지시대상적인 분석과 개인적 태도의 표현 사이에 조화스런 균형이 확립되었다. 이 모든 것은 아카데미 측의 압력과 무관한 것이 아니었다.

의사직접화법이 자유롭고 의식적으로 사용된 문체상의 기법의 하나로서 출현할 수 있었던 것은 **시제의 일치**의 확립이라는 기반이 창조된 이후였다. 그러한 배경 덕분에 의사직접화법은 명확히 인지될 수 있었다. 그와 같은 (의식적으로 사용된)* 것으로서 의사직섭화법이 처음으로 나타난 것은 퐁떼뉴에서였다. 한편 퐁떼뉴가 사용한 이 화법 속에는 신고전주의의 특성인 객관적인 것과 주관적인 것 사이의 균형이 보존되고 있다.

전달(도입하는)*동사의 생략은 서술자가 그의 등장인물과 동일하다는 것을 가리킨다. 그리고 (직접화법의 현재시제와 대비하여) 반과거(미완료된 형태)를 사용하는 것, 또한 간접화법에 적절한 대명사를 선택하는 것은 서술자가 자기 자신의 독자적인 위치를 유지하고 있으며 그의 등장인물의 체험 속으로 완전히 용해되지 않는다는 것을 가리킨다.

9. 퐁떼뉴와 브뤼에르에서의 의사직접화법

의사직접화법의 기법은 추상적인 분석(寓意를 파악하는 것)*과 직접적인 인상(구체적인 말)*의 이원성(즉, 이원적 대립)*을 적절하게 극복하여 양자를 잘 조화시켰기 때문에 퐁떼뉴에게는 매우 적합하다는 것이 증명되었다. 간접화법은 너무 분석적이고 무기력하다. 직접화법은 타자의 말을 극적으로 재현할 수는 있지만 타자의 말을 전달하기 위한 무대와 그 말을 수용하는 데 필요한 정신적, 정서적 환경을 동시에 창조할 수는 없었다.

퐁떼뉴에 있어서는 의사직접화법이 공감을 수반하는 감정이입의 목적에 이용되었던 반면에 브뤼에르는 그 기법으로부터 날카로운 풍자적 효과를 끌어낼 수 있었다. 그는 그의 등장인물을 우화의 세계에서나 존재하는 것으로 묘사하지도 않았으며, 부드러운 유머를 지닌 것으로 묘사하지도 않았다. 그는 의사직접화법을 통해 등장인물들에 대한 자신의 내적인 적대의식과 우월감을 표시했다. 그는 그가 묘사하는 창조물(등장인물)*로부터 빠져 나온다. 브뤼에르의 모든 등장인물은 역설적으로 그의 거짓된 객관주의의 매개를 통하여 굴절되어 나온다.

10. 플로베르에서의 의사직접화법

플로베르의 경우에는 의사직접화법이 훨씬 더 복잡한 성격을 드러낸다. 플로베르는 자신을 곤욕스럽게 하고 짜증스럽게 하는 바로 그러한 것들에 단호히 그의 관심을 고정시키고 있다. 그러나, 그렇다 해도 그는 그가 묘사하는 그 증오스럽고 경멸적인 것에 감정이입을 할 수 있으며 그것과 자신을 일체화시킬 수도 있었다. 플로베르의 경우에는 의사직접화법이 창조물(등장인물)*을 바라보고 있는 그의 관점만큼이나 양면가치적이고 불안정한 것이다. 그의 내적 위치는 애착과 혐오 사이에서 동요한다. 의사직접화법은 자신의 창조물들과 일체화되는 동시에 스스로의 독립된 위치를 유지하며 창조물들로부터 거리를 둘 수 있는 능력이 있다는 점에서 플로베르가 등장인물들에게 향하고 있는 이 애증관계를 구체적으로 표현하는 데는 지극히 적절한 수단이었다.

11. 독일어에서의 의사직접화법의 출현

이상이 우리의 주제에 대한 G. 레르크의 흥미 있는 고찰이다. 이제 프랑스에서의 의사직접화법의 발달에 관한 그녀의 사적인 개관에다 E. 레르크로부터 차용한, 독일어에서의 이 화법의 출현 시기에 관한 지적을 덧붙여 보자. 의사직접화법은 독일어에서는 아주 최근에 출현했다. 정교하고 의식적으로 사용한 기법으로서 처음 사용된 것은 명백히 졸라의 직접적인 영향 하에 있었던 토마스 만의 소설『부덴브로크家의 사람들(Buddenbrooks)』(1901)에서였다. 이 '가족 서사시'에서 작가는 마치 그가 추체험(追體驗)의 생생한 추억에 잠기면서, 그 가족의 모든 역사를 회상하는 부덴브로크家의 겸손한 구성원 중의 하나인 양 정서적인 어조로 이야기하고 있다. 여기에 우리의 지적을 덧붙인다면, 토마스 만은 그의 최근의 소설『마의 산(Der Zauberberg)』(1924)에서 이 기법을 더 섬세하고 더 심오하게 사용하고 있다고 말할 수 있겠다.

12. 보슬러 학파에 대한 비판

우리가 아는 한에서는 의사직접화법이라는 문제에 관해서 (여기서 소개한 여러 說들 이상으로)* 새로운 것은 없으며, 그 밖에 비중있게 지적될 만한 것도 없다. 이제 로르크와 레르크에 의해 표현된 견해에 대해 비판적으로 분석해 보기로 하자.

로르크와 레르크 양인의 논문들 속에서 일관되게 강조되고 있는 개인주의적 주관주의는 (랑그, 언어체계를)* 실체화하는 발리의 객관주의와 철저히 대치된다. 언어 정신이라는 개념의 근저에 놓여 있는 것은 화자의 개인적이고 주관적인 비판의식이다. 그들에게는 언어가 어떻게 쓰이더라도 언어는 개인적인 심리력과 개인적인 상상력의 지향이 나타난 것으로 되어버린다. 언어가 생성된다는 것은 개개 화자들의 마음과 영혼이 생성되는 과정이다.

우리의 구체적인 현상에 대한 설명에 있어서 보슬러 학파의 개인주의적 주관주의는 발리의 추상적 객관주의와 마찬가지로 용인하기가 어렵다. 왜냐하면, 사실 말하는 인격도, 그의 주관적인 기도나 의도도, 그리고 그의 의식적인 문체상의 구조도 그것들이 언어에 있어서 물질적으로 객체화될 때에만 존립할 수 있기 때문이다. 내적 발화의 경우일지라도 언어현상으로서 현현하지 않는 한 인격이라는 것은 그 자체를 위해서도 혹은 다른 것들을 위해서도 존재하지 않는다. 인격이 조명될 수 있고 본질적으로 인지될 수 있는 것은 객관적으로 (내면을)* 비추어 내는 매체가 있을 때만, 즉 이미 확립된 말, 가치평가, 액센트 등의 형태로 물상화된 의식의 빛이 있을 때뿐이다. 고유한 자기의식을 지니고 있는 내적 주체는 물질적 사실—인과론적 설명을 위한 기초로서 이용가능한—로서 존재하는 것이 아니라 이데올로기소(素)로서 존재한다. 내적인 인격도 그의 모든 주관적인 의도나 내면적 깊이를 포함해서 단지 하나의 이데올로기소(素)에 불과하다. 즉, 보다 안정되고 보다 정교한 이데올로기적 창조성의 산물을 매개하여 정의를 획득하기 전까지는 그 성격상 모호하고 유동적인 것이다. 따라서 이데올로기적 현상과 형식을 주관적인 심리적 요인과 의도를 원용해서 설명하고자 하는 것은 무의미한 일이다. 왜냐하면 그러한 설명은 보다 명확하고 보다 정확한 이데올로기소(素)를 보다 모호하고 보다 혼란스러운 또 다른 이데올로기소(素)로 설명하는 것을 의미하기 때문이다. 언어는 내적 인격과 그 내적 인격이 갖는 의식을 밝혀준다.

언어는 그런 것들을 창조하고 그런 것들에 복잡함과 심오함을 부여해 주는 것이며 다른 방식으로는 작용하지 않는다. 인격 그 자체는 언어를 통해 생성되며 확실히 추상적인 언어형식보다는 이데올로기적인 언어의 주제로 생성된다. 인격은 그 자체의 내적인 주관적 내용이라는 관점에서 보면, 언어의 주제라고 할 수 있으며 이러한 주제는 보다 안정된 언어 구성체의 틀 내에서 발전과 변형을 겪게 된다. 따라서 **말은 내적 인격의 (외적인)* 표현이 아니다. 오히려 내적 인격은 표현된 혹은 내면화된 말(내적 발화)*인 것이다.** 그리고 말은 사회적 상호작용, 즉 물질적 인격(육체를 가진 인격)*, 다시 말해서 생산자의 사회적 상호작용의 표현이다. 그러한 완전한 물질적 상호작용이라는 조건들은 어떠한 주어진 시대, 어떠한 환경에서 내적 인격이 수용하게 되는 주제의 종류와, 구조적인 형태를 결정하고 한정하게 된다. 또한 내적 인격이 자기의식에 이르게 되는 방식, 이러한 자기의식이 획득하게 되는 풍부함과 확실성의 정도, 바로 그것이 (외부세계에서 수행하는)* 행동의 동기를 유발하고 평가하는 방법 등도 결정하게 된다. 내적 의식의 형성은 (개개인의 내면에 있어서의)* 언어의 형성 과정에 의존한다. 물론 이 경우도 언어의 형성이란 그것의 문법적 구조와 구체적인 이데올로기적 구조 양면에 의해 인도되는 것이다. 내적 인격은 모든 측면에 걸쳐서 구체적으로 생각되어진 언어와 함께 언어의 가장 중요하고 가장 심오한 주제의 하나로서 형성된다. 다른 한편 언어의 형성(습득)*은 사회적 의사소통이 성립하기 위한 하나의 요인이며, 그러한 의사소통 및 그것의 본질적인 기반과 분리될 수 없는 요인이다. 물질적 기반은 사회의 분화를 결정하고, 사회·정치적인 체제를 결정하며 그 속에서 상호작용을 하는 사람들을 계층적으로 배치시킨다. 이것이 언어적 의사소통의 장소, 시간, 조건, 형태, 수단 등을 결정한다. 다른 한편, 그러한 언어적 의사소통이 언어 발달의 주어진 시대에 있어서의 개개 발화의 운명을 결정한다. 그리고 하나의 발화 속에 (다양한 소리가)* 침투할 수 있는 정도, 또한 하나의 발화 속에서 상이한 측면(소리)*이 어느 정도 명확히 구별되어 느껴질 수 있는가라는 것을 결정한다. 개개의 발화가 그 의미나 구문, 문체에 관해서 어떻게 개성화되는가 하는 점도, 그 개성화의 성격도 결정한다. 이러한 것은 확립된 언어구조(화법)*, 즉 그것의 정형(예를 들면, 직접화법이나 간접화법)*과 그 변형 속에서 무엇보다도 명확히 표현되어진다. 여기에서 말하는 인격(말하는 주체)*은 무정형(불안정한)*의 주제로 존재하는 것이 아니라 보다 확고한 구조(확실히, 구체적인 경우에는 이러한 구조는 그것에 적절한 고유의 주제적 내용과 불가분하게 결합되어 있지만)로서 존재한다. 여기서, 즉 타자의 말을 전하는 다양한 양식 속에서, 언어는 말의 담당자인 인격에 반작용하는 것이다.

그러나, 보슬러 학파가 행하는 것은 무엇인가? 그들은 (의사직접화법에 관한) 그 설명에 의해 단지 말하는 인격의, 보다 안정된 구성체(화법)에로의 반영을 다시 불안정한 주제적 용어로 환원하고 있을 뿐이다. 그리고 사회적으로 생성된 사건, 역사적인 사건 등을 개인적 동기—비록 그러한 동기들은 매우 미묘하고 순수한 것이긴 하지만—의 언어로 번역하고 있을 뿐이다. 그들은 이데올로기의 이데올로기를 제공한다24). 그러나 이러한 이데올로기에 있어서 언어의 형식(화법)*과

---

24) 전자는 화법, 후자는 개인적 동기를 말한다. 화법을 개인적 동기로 설명하는 것을 지적한 것이다(역자).

그것을 사용하는 주관적 동기 둘 모두를 떠받치고 있는 물질적 요인은 그들의 연구영역의 외부에 남게 된다. 우리는 여기서 이데올로기(화법)를 이데올로기화하는(내적인 동기부여를 보이는) 것이 완전히 무익한 일임을 주장하고자 하는 것은 아니다. 그와 반대로 형식적 구조(화법)*의 객관적 뿌리—그 뿌리야말로 보편적인 것이다—에 접근하기 위해서 형식적 구조를 주제화하는 것은 때로는 매우 중요한 일인 것이다. 주관주의적인 보슬러 학파주의자들이 언어학에 도입했던, 이데올로기적 요인을 예리하게 하고 활성화시키는 점은 언어의 특정한 측면, 즉 객관주의의 경우에서는 화석화되고 불투명했던 언어의 특정한 측면을 해명하는 데 도움이 되었다. 그러한 점에 있어서 우리는 그들에게 감사를 표시하지 않을 수 없다. 그들은 언어가 종종 몇몇 언어학자들의 손에 의해 죽어 있는 것으로 취급되기 시작했을 때 언어의 이데올로기적인 신경을 자극하였다. 그러나 그들도 언어를 실제적이고 객관적인 방법으로 설명하지는 못했다. 그들은 역사의 과정 그것에는 근접했지만 역사를 설명하지는 못한 것이다. 그들은 끊임없이 소용돌이치며 끊임없이 움직이는 역사의 표면에는 접근했지만 역사의 기저에 있는 깊은 동기적 힘에는 접근하지 못했다. 로르크가 그의 저서에 부록으로 첨부한 E. 레르크에게 보낸 편지에서 다음과 같은 다소 놀랄 만한 진술을 하고 있는 것은 시사적인 일이다. 프랑스어의 불활성(不活性)과 지적 경화(知的 硬化)에 대해 기술한 후 그는 다음과 같이 평하고 있다. 즉, '프랑스어가 회복되기 위한 가능성은 단 한 가지밖에 없다. 그것을 위해서는 프롤레타리아가 부르주아로부터 말의 지배권을 획득해야 한다(Für sie gibt es nur eine Möglichkeit der Verjüngung: anstelle des Bourgeois muss der Proletarier zu Worte kommen).'

이것은 언어에 있어서 상상력의 가장 주요한 창조적 역할과 어떻게 연관되는가? 그렇다면 그러한 상상가는 프롤레타리아의 구성원인가? (프롤레타리아가 특히 상상력이 뛰어나다 라는 것인가?)*

분명히 로르크는 (그런게 아니라)* 무언가 다른 것을 염두에 두고 있었다. 그는 아마도 프롤레타리아는 (역사의 지배적인 세력으로 되면)* 그와 더불어 새로운 형식의 사회언어적 의사소통, 즉 새로운 형식의 화자들의 언어적 상호작용을 가져오며, 사회적 억양과 액센트에 있어서 하나의 전적으로 새로운 세계를 가져올 것이라는 것을 의미하는 듯하다. 프롤레타리아는 또한 그의 등장과 더불어 새로운 언어학상의 진리를 가져올 것으로 본 듯하다. 로르크가 자신의 주장을 피력했을 때 염두에 두었던 것은 아마도 그러한 것 혹은 그와 유사한 것으로 볼 수 있을 것 같다. 그러나 그의 이론에는 이러한 내용이 전혀 반영되어 있지 않다. 상상력에 관한 한 부르주아는 프롤레타리아보다 서투른 것은 아니며, 더욱이 상상력에 필요한 여가를 더 많이 가지고 있다.

우리의 구체적인 문제(의사직접화법에 대한 규정)*에 적용해 본다면 로르크의 개인주의적 주관주의는 인용자의 말과 타자의 말 사이의 상호관계의 역동성을 반영하지 못한다는 점을 드러내게 된다. 의사직접화법은 타자의 발화로부터 받은 수동적인 인상을 표현하는 것은 결코 아니다. 반대로 의사직접화법은 (대명사)* 1인칭에서 3인칭으로의 단순한 이행이 아니라 타자의 발화에 자체의 액센트를 부과하고 타자의 발화가 지닌 액센트와 충돌하게 되는 능동적인 지향을 표현한다. 우리는 또한 의사직접화법이 타자의 말을 직접적으로 수용하고(追)* 체험하는 데 가장 근접한, 타자의 말을 전달하는 형식이라는 로르크의 주장에도 동의할 수 없다. 왜냐하면 타자의 말을 전달하는 어떠한 형식도 자신의 독특한 방식으로 타자의 말을 받아들여 능동적으로 검토하고 있기 때문이다. 레르크는 이러한 역동성을 파악하고 있는 듯이 보인다. 그러나 그녀도 그것을 단지 주관적인 심리학적 관점에서 표현하고 있다. 결국 두 논자는 말하자면 삼차원적 현상을 평면 위에 전개하려고 시도하고 있는 것이다. 의사직접화법이라는 객관적인 언어현상에 있어서, 우리는 개인심리의 한계 내에서 감정이입과 거리유지를 결합하는 것이 아니라 완전히 동일한 언어구성의 한계 내에서 등장인물의 액센트(감정이입)와 작자의 액센트(거리유지)를 결합하는 것이다.

로르크와 레르크는 둘 다 (의사직접화법이라는)* 현상을 이해하는 데 있어서 매우 중요한 한 요인을 설명하지 못하고 있다. 그 요인이란 바로 살아 있는 모든 말에 내재하고 있으며, 발화의 액센트와 (기분을 표출하는)* 표현적 억양에 의해 산출되는 가치 판단인 것이다. 말에 있어서 전언은 생생하고 구체적인 말의 액센트와 억양 밖에 독립적으로 존재하는 것이 아니다. 우리는 의사직접화법에서 타자의 발화를 추상적으로 고려된 전언의 표현으로 인식하기보다는, 전달되는 등장인물의 액센트 및 억양의 표현으로, 즉 등장인물의 발화가 갖는 가치평가적 지향의 표현으로 인식하게 되는 것이다.

우리는 이러한 타자의 가치판단에 의해서 작자의 액센트와 억양이 방해를 받는다는 것을 인지하게 된다. 주지하다시피 이것이 바로 의사직접화법이 대행화법과 다른 점이다. 후자에서는 (문제의 발화를 둘러싼)* 주변의 작자의 맥락과 맞서는 새로운 액센트는 전혀 나타나지 않는다.

이제 러시아 문학에서 의사직접화법의 예를 찾아보자.

이러한 점과 관련하여 푸시킨의 『폴타바』에서 뽑은 매우 특징적인 유형의 실례(實例)가 아래에 있다.

> 비통한 척하면서 마제라는 짜르를 향해 공손하게 음성을 높인다. '불쌍한 카자흐의 추장인 제가 20년 동안 충심으로 짜르를 섬긴 사실은 하나님도 알고 세상 모든 사람들이 다 아는 일입니다. 저는(짜르의)* 끝없는 은혜를 받았고 아주 놀랄 만큼 지위도 상승했습니다…… 얼마나 맹목적인 짓이며 얼마나 어리석은 악의입니까! 조만간 무덤으로 가게 될 제가 반역에 가담하여 영예로운 이름을 더럽히겠습니까? 게다가 저는 스태니쉬라우(Stanislaw)에 대한 원조를 거절하지 않았습니까? 섬칫 놀라면서 우크라이나 왕관을 거절하고 의무감으로 짜르에게 협정문과 음모의 편지를 보낸 것도 제가 아니었습니까? 칸(khan)과 짜르그라트 술탄(Tsargrad Sultan)의 감언에 제가 귀를 기울였습니까? 열정에 불타 올라 저는 기꺼이 충심을 다해서 백러시아 황제의 적들과 싸웠고, 어떠한 수고도 생명도 아끼지 않았습니다. 그런데 이제 악의에 찬 적(敵)이, 늙어 백발이 된 저에게 온갖 치욕을 덮어씌우고 있습니다. 그게 누구입니까? 이스크라(Iskra)와 코슈베이(Kočubej)! 그들은 오랫동안 저의 친구들이지 않았습니까!' 잔인한 마음을 품고 눈물을 흘리면서 냉혹하고도 오만스럽게 이 악한은 그들의 처벌을 요구한다…… 누구의 처벌을? 무자비한 노인이여! 누구의 딸이 그의 품안에 있는가? 하지만 그는 마음 속의 중얼거림들을 냉정하게 진정시킨다……

이 인용문에서 한편으로는 통사론과 문체는 마제라의 겸손과 눈물 어린 호소가 지닌 가치평가적인 어조에 의해 규정되며, 다른 한편으로는 이러한 '눈물 어린 호소'는 작자의 맥락이 지닌 가치평가적 지향, 즉 작자가 말하는 억양의 가치평가적 지향의 영향을 받게 된다. (삭자의)* 말하는 억양은 위의 경우에는 다음과 같은 수사적 질문에서 마침내 분출된 분개의 어조로 채색되어 있다.

'누구의 처벌을? 무자비한 노인이여! 누구의 딸이 그의 품안에 있는가?'

이 인용문을 큰소리로 낭송하면 각각의 말들이 지닌 이중적 억양을 전달할 수 있을 것이다. 즉 읽는 것 자체를 통해서 분연히 마제라의 간청에 내재한 위선을 폭로할 수 있을 것이다. 여기서 우리가 예로 든 것은 소박하고 명료한 수사적 억양을 가진 매우 단순한 경우이다. 그러나 대부분의 경우에는, 특히 의사직접화법이라는 장치가 광범위하게 쓰이는 영역—현대 산문소설—에서는 소리로 가치평가적인 간섭을 전달하는 것은 불가능하다. 게다가 의사직접화법이 겪었던 발전 그것도 산문의 커다란(예를 들면 장편소설과 같은 장르) 장르를 소리 내서 읽지 않는 기록으로 전환시킨 점, 즉 묵독(默讀)을 위한 장르로 전환시킨 점과 밀접히 결합되어 있다. 오직 이러한 산문의 '묵독성'만이 현대문학에 매우 특징적인 억양구조의 다층성과 소리로 전달할 수 없는 복잡성을 성립할 수 있게 했던 것이다.

소리에 의해서는 적절하게 전달될 수 없는 이러한 종류의 두 언어행위의 간섭에 대한 예는 도스토예프스키의 『백치』에서 발췌한 다음의 인용문을 들 수 있다.

그리고 그(무슈킨 왕자)는 왜 곧장 그에게로 가지 않고 그들의 눈이 마주쳤음에도 불구하고 마치 아무것도 알아채지 못한 것처럼 돌아섰는가(확실히 그들의 눈은 마주쳤다! 그리고 그들은 서로를 마주 보았다). 결국 무슈킨 왕자 자신이 조금 전에 그의 팔을 잡과 그와 함께 **그곳에** 가기를 원하지 않았던가? 그 자신이 마침내 내일 그에게 가서 그녀를 보기 위해 왔다고 말하고 싶어하지 않았던가? 그 자신이 그곳으로 가는 도중에, 갑자기 그의 영혼에 기쁨이 밀려와서 스스로 악마와의 관계를 끊지 않았던가? 그렇지 않으면 참으로 로고진(Rogožin) 안에, 다시 말해서 이 사람의 **오늘 하루**의 전체적인 이미지 즉, 그의 말, 몸짓, 행동, 시선의 총체 안에 왕자의 두려운 예감과 악마의 속삭임을 긍정하는 그 무언가가 있었는가?

그것은 그냥 자연스럽게 느껴지지만 분석하거나 관련짓기가 어렵고 충분한 이유들을 들어 그것의 올바름을 증명하기가 불가능한 종류의 그 어떤 것이다. 하지만 그것은 모든 난해함과 불가능에도 불구하고 부지불식간에 가장 절대적인 확신으로 변해가는 그러한 전적으로 유력하고 불가항력적인 인상을 산출하는 그 어떤 것이다. 확신이란 무엇인가?(오. 왕자는 기괴함에 의해, 그러한 확신과 그 '사악한 예감'의 '비열성'에 의해 얼마나 고문을 받았으며 얼마나 자신을 질책했던가!)

이제 **작자의 맥락에 의해 수행되어지는 타자의 말을 음성적으로 표현**하는 문제에 대해 몇 마디 지적하기로 하자.

(인용한 문제의 문장에)* 가치평가를 나타내고 심정을 표현하는 억양을 주는 것은 쉽지가 않다. 그것은 (가치의 시야가)* 작자가 평가하는 시야에서 등장인물이 평가하는 시야로 끊임없이 이행하고, 다시 그 역으로 이행한다는 점 때문이다.

어떤 경우에 그리고 어느 정도까지 작가는 그의 등장인물이 (타자로서의)* 역할을 하도록 연출할 수 있을까? 우리가 이해하고 있는 연출이 완전히 성립되려면 우선, 표현적인(가치평가를 나타내는 억양의)* 변화가 필요하다. 그러한 억양의 변화는 단일한 음성, 단일한 의식의 범위 내에서도 마찬가지로 가능하다. 다음으로, 그러한 음성을 개성화하는 일련의 전체적인 특징으로서 음성이 변화되고, 표정과 몸짓을 개성화하는 일련의 전체적인 특징으로서 얼굴(마스크)이 변화되는 것이 필요하다. 마지막으로(등장인물이 수행하는)* 역할의 전체적인 연출을 통하여 음성과 얼굴이 완선한 사기 일관싱을 갖는 것이 필요하다. 결국 자기폐쇄적이고 개인적인 세계 속으로 더 이상 작자의 억양이 침투할 수 없게 되고 영향을 미칠 수 없게 되는 것이다. 서로 다른 음성과 얼굴의 자기 일관성의 결과(타자의 음성과 타자의 얼굴이 이처럼 폐쇄적으로 되어 버리면)* 작자의 맥락에서 타자의 말로, 그리고 타자의 말에서 작자의 맥락에로 점진적으로 이행하는 것은 불가능하게 된다. (이와 같이 되면)* 타자의 말은 마치 포괄하고 있는 맥락이 없고 등장인물의 대사가 아무런 문법적 연결없이 다른 등장인물의 대사와 만나고 있는 연극에서처럼 들리기 시작할 것이다. 따라서 절대적인 연출(등장인물이 절대적으로 타자의 역할을 연출하는 것)에 의하여 타자의 말과 작자의 맥락 사이의 관계는 대화에서 상호교차하는 대사의 관계와 유사한 형태를 취하게 된다. 이렇게 해서 작자는 그의 등장인물과 같은 수준을 취하게 되며 그들의 관계는 대화로 표현된다. 이 모든 것으로부터 필연적으로 다음과 같은 사실이 나오게 된다. 소설작품이 큰소리로 낭송되는, 즉 타자의 말이(타자로서)* 완전히 연출될 수 있는 경우는 매우 드물다는 점이다. 그렇지 않으면 (소리내어 읽는 것과 작자의)* 맥락의 기본적인 의도는 불가피하게 충돌하게 된다. 이러한 지극히 드문 경우들은 직접화법의 선적 변형이 적절하게 회화적으로 변화된 경우들뿐이라는 점은 말할 필요도 없다. 하지만 그러한 경우들에 있어서도 작자의 응답이 직접화법과 교차하거나 작자의 평가적 맥락의 그림자가 너무 짙게 직접화법에 드리우게 되면 (타자로서의)* 완전한 연출은 불가능하게 된다.

그러나 (변형없이 수행되는)* 부분적 연출이라는 또 다른 가능성이 있다. 이것은 작자의 맥락과 타자의 말 사이에 억양이 점진적으로 이행하는 것을 허용한다. 두 개의 얼굴을 가진 변형을 수반하는 경우에는 한 음성 내에 모든 억양을 수행하는 것도 허용한다. 확실히 그러한 가능성은 우리가 인용한 것들과 유사한 경우에만 한정된다. 수사적 의문문과 수사적 감탄문은 종종 한 어조에서 다른 어조로 전환하는 기능을 수행한다.

13. 요약

이제 의사직접화법에 대한 분석을 요약하는 것 그리고 그와 동시에 본서의 제 3장 전체에 대해 요약하는 것만이 남아 있다. 이 요약은 간단히 할 것이다. 중요한 문제는 (이미 서술한)* 논의 그 자체 안에 있으며 이것을 반복하여 쓰는 일은 피하고자 한다.

우리는 타자의 말을 전할 때 사용하는 가장 중요한 형식들에 대해 검토해 왔다. 우리는 추상적인 문법적 기술을 제공하는 일에 대해서는 관심을 두지 않았다. 그 대신 우리는 어떻게 언어가 그 발전상의 각 단계에서 타자의 말과 말하는 주체를 인식했는가에 대한 기록을 그러한 (화법이라는)* 형식들 속에서 찾기 위해 노력하였다. 전체적으로 우리가 염두에 두었던 요지는 언어활동에 있어서의 발화와 말하는 주체의 운명은 언어적 상호작용의 운명, 즉 언어・이데올로기적 의사소통의 사회적 운명을 그것의 가장 본질적인 경향으로서 반영한다는 점이었다.

매우 탁월한 이데올로기적 현상으로서의 말은 계속적인 생성과 변화 속에서 존재한다. 말은 모든 사회적 전환과 변경을 민감하게 반영한다. 말의 변화 속에 말을 사용하는 사회의 변화가 존재한다. 그러나 말의 변증법적 생성은 다양한 경로에 의해 연구가 가능하다. 우선 우리는 **의미의 형성**을 연구할 수 있다. 엄밀한 의미에서 이데올로기의 역사를 연구할 수 있는 것이다. 예를 들면 **인식의 역사**를 진리의 형성에 대한 역사로서 연구할 수 있고(왜냐하면 진리는 진리의 영원한 형성과정으로서만 영원하기 때문이다), **문학의 역사**를 예술적 진실이 형성되는 과정으로서 연구할 수 있다. 이것은 한 경로이고, 이것과 밀접히 결합되어 있으며 밀접한 협력관계에 있는 또 다른 경로가 존재한다. 그것은 **이데올로기적인 매체, 존재의 이데올로기적인 반영을 위한 매체로서의 언어 그 자체의 형성과정**에 대한 연구이다. 왜냐하면 인간의 의식 속에 존재가 굴절되어 반영되는 것은 언어 내에서, 그리고 언어를 통해서만 일어나기 때문이다. 언어의 형성과정은 물론 언어 속에 굴절되어 반영된 사회적 존재나 사회·경제적 조건을 굴절시키는 영향력을 완전히 무시하고서는 연구될 수 없다. 언어의 형성과정은 언어 속에 있는 진리와 예술적 진실의 형성을 무시하거나 그러한 진리와 진실의 존재 이유가 되는 인간사회를 무시하고서는 연구될 수 없다. 따라서 이 두 경로는 상호간의 끊임없는 상호작용 속에서 **말의 형성과정에 있어서 자연과 역사의 형성과정이 굴절되고 반영되는 과정**을 연구한다.

그러나 여전히 또 다른 경로가 있을 수 있다. **말 자체 내에 말의 사회적 형성과정이 반영되는 과정**에 대한 연구이다. 이는 **말(발화)*의 철학에 대한 역사와 말 속에 나타난 말(인용)*의 역사**로 나누어진다. 우리의 연구는 정확히 후자의 방향이다. 우리는 우리의 연구의 지름길을 확실히 알고 있으며 말 내의 말에 대한 문제제기 자체가 매우 중요하리라는 희망을 걸 수 있을 뿐이다. 진리의 역사, 예술적 진실의 역사 그리고 언어의 역사 등은 그것들의 기본적 현상, 즉 **구체적 발화**가 언어 자체의 구성에서 굴절되는 모습을 연구함으로써 상당히 많은 도움을 얻을 수 있을 것이다.

이제 결론적으로 의사직접화법과 그것이 표현하는 사회적 경향에 대해 몇 마디 추구하기로 하겠다.

의사직접화법의 출현과 발전은 직접화법 및 간접화법의 생생한 다른 변형들과 결합하여 연구되어야만 한다. 그럴 경우 우리의 입장은 의사직접화법은 현대유럽언어 발전의 주요 도상에 놓여 있으며, 의사직접화법은 발화의 사회적 운명에 있어서 획기적인 전환점을 의미한다고 보는 것이다. 타자의 말을 전달하는 회화적인 양식의 극단적 형태들의 승리는 물론 심리적 요인이나 예술가 자신의 개인적인 문체상의 목적이라는 관점에 의해서는 설명될 수 없으며 **이데올로기적 말―발화의 광범위한 일반적 주관화**라는 관점에서만 설명이 가능하다. 발화는 더 이상 의미상의 본질적인 위치를 기념하는 것도 기록하는 것도 될 수 없다. 발화는 단지 주관적이고 우연적인 상태의 표현에 불과한 것으로 감지되게 되었다. 발화를 유형화하고 개별화하는 표층들이 언어의식 속에서 명확히 준별되었기 때문에 그 표층들은 발화의 의미론적 핵심, 거기에 드러나는 책임있는 사회적 위치를 완전히 은폐하고 상대화시켰다. 발화는 사실상 진지한 의미론적 고려의 대상에서 제외되었다. 명백한 말(스스로 책임을 지고 한 말), '자신의 입에서 나온 말, **단언적인** 말은 오직 (자연)* 과학적인 문장에만 남아 있을 뿐이다. 언어·이데올로기적 창조의 다른 모든 영역에서 지배적인 것은(자신 속에서 스스로 책임을 지고)* '발설된' 말이 아니라 (기존의 발화를)* '구성하는' 말이다. 이런 경우에 모든 언어행위는

'타자의 말'과 '마치 타자의 말인 것처럼 보이는 말'을 종합하는 것으로 귀결된다. 인문과학조차도 문제에 대해 책임을 갖는 진술을 대신하여 문제의 현재 상태를 서술하고 '현 시점에 있어서 지배적인 관점'을 귀납적으로 도출하여 총괄하는 경향이 나타나고 있다. 그리고 그러한 경향을 문제에 대한 가장 확고부동한 '해결책'으로 취급하고 있다. 이 모든 것은 이데올로기적 말의 놀랄 만한 불안정성(즉, 다의성)*과 불확실성을 드러내 준다. 문학, 수사학, 철학에 있어서 언어적 표현 그리고 인문과학 연구는 '의견들' 그것도 기존의 '의견들'의 왕국이 되었으며, 이러한 의견들의 가장 중요한 특징조차도 실제적으로 **무엇**이 말해지는가가 아니라 **어떻게**—개별적인 방식이든 유형적인 방식이든—그 무엇이 수행되는가하는 점에 있다. 최근 유럽의 부르주아지와 여기 소련(우리의 경우 가장 최근까지)에서의 이와 같은 말의 전환단계는 **말이 물상화된 단계, 말의 주제성이 저하된 단계로 정의될 수 있다.** 러시아와 서구 유럽에서의 이런 과정은 시학, 언어학, 언어철학에 있어서의 형식주의 운동이다. 여기에서 이러한 과정을 설명해 주는 계급적 전제가 무엇인지 언급할 필요는 없다. 이데올로기적 말, 즉 본래의 주제를 지니고, 확실하고 명백한 사회적 가치평가를 담고 있으며, 실제적인 의미와 말한 바에 대해 책임을 갖는 말들이 다시 한 번 회복될 수 있는 유일한 방법에 대한 로르크의 정연한 주장을 반복할 필요도 없는 것이다.

부 록

부록 I : 러시아 기호학에 대한 최초의 서문 / 마테카(L. Matejka)
부록 II : 러시아 문학이론과 문학연구에 있어서 형식적 방법과 사회학적 방법
　　　　 / 티투닉(I. R. Titunik)

부록 I

러시아 기호학에 대한 최초의 서문

—라디슬라브 마테카(Ladislav Matejka)—

1. 기호들의 본질과 사회적 의사소통에 있어서의 그것들의 역할에 대한 현대의 철학적 고찰은 멀리 고대 그리스·로마 문명에까지 그 전통이 이르고 있다. 언어의 음성과 인간정신 사이의 상관관계에 대한 플라톤과 아리스토텔레스의 추론도 이러한 전통에 포함된다. 스토아학파 철학자들 및 그들의 기표와 기의간의 대립에 대한 변증법적인 접근도 여기에 포함되며 더 나아가 중세 기호학과도 필연적인 관련을 맺고 있는데 중세 기호학에서는 기호를 정신적인 것을 의미하는 질료적인 그 무엇으로 생각했으며 인간의 언어를 기호 중에서 가장 중요한 기호로 생각하였다.

러시아에서 언어 기호의 본질에 대한 그 현대적 고찰은 카잔(Kazan) 학파의 탁월한 언어학자들, 특히 쿠르트니(Baudouin de Courtenay)에 의해 고무되기 시작했다. 아울러 그의 음성과 의미 사이의 체계적 관계에 대한 현상학적 고찰은 20세기 초엽부터 러시아 주요 학술기관에 유능한 상당수의 추종자들을 남겼다. 더 나아가 러시아 기호학은 모스크바의 저명한 교수인 포르투나토프(F. F. Fortunatov)의 학문적 연구에 의해 그 기초를 다지기도 했는데 이는 교육학적으로도 의미가 있는 것이었다. 그에게 있어서 가장 근본적인 언어학의 개념 가운데 하나는 인간의 언어는 하나의 기호체계라는 것이었다. 또한 영국의 고전적 경험론자인 존 로크(John Locke)의 기호이론은 그 후 미국 기호학에 영향을 미치게 되었으며 혁명 이전의 러시아에서도 강력한 지적 원천이 되었다고 할 수 있다. 당시 러시아에서는 마르크스주의 비마르크스주의 가릴 것 없이 모두 앵글로-색슨 계통의 철학자들에게 큰 관심을 가졌었다. 그러나 현대 러시아 기호학에 있어서 결정적인 영향을 미쳤던 사람은 역시 제네바 언어학파의 정신적 지주였던 소쉬르라고 할 수 있다. 혁명 이전의 젊은 러시아 언어학자들은 소쉬르의 사후 저작인 『일반 언어학 강의(*Cours de linguistique générale*)』, 그리고 카르체프스키(Sergej Karcevskij)의 소쉬르 이론에 대한 번역물 등을 통해서 그와 접하게 되었으며, 1917년 당시에 카르체프스키는 제네바에서 몇 년간의 연구를 끝마친 뒤 러시아에 돌아와 있었다. 이에 대해 야콥슨은 그의 『선집(*Selected Writings*)』에서 다음과 같이 기술하고 있다.

> 당시 우리 대학에서 심리학 혹은 언어학을 전공하던 학생들은 일반언어 및 기호 현상학에 대한 철학자들의 최근 연구에 대해 열띤 토론을 벌였다. 우리는 **기의**(signatum)와 **지시대상**(denotatum) 사이의 미묘한 차이를 깨닫기 시작했으며, 따라서 언어학의 본질을 우선은 기의에 두었고 그 후 추론에 의해 기의와 불가분의 관계를 갖는 **기표**(signans)에 본질적 의미를 부여하게 되었다.[1]

---

1) 「회고(Retrospect)」, 『선집』, I. p.631. 's-Gravenhage: Mouton, 1962.

1920년대 초엽의 러시아 언어학은 확실히 소쉬르의 『강의』로부터 다양한 영향을 받았음을 시사해주고 있다. 소쉬르와 그의 영향에 대한 내용은 1923년에 출판된 야콥슨의 체코 시형(Czech versification)에 관한 저작에도 비평적으로 정선되어 언급되어 있다. 같은 해에 소쉬르와 그의 제네바학파에 대한 내용이 『러시아 언어(Russkaja réc')』에서도 반복적으로 언급되었었는데 『러시아 언어』는 쿠르트니의 언어학 이론으로부터 영향을 받았다는 관계를 맺고 있었던 (동 저작의 편집자인 레프 체르바(Lev Ščerba)가 자신의 서문 각주에서 밝히고 있듯이) 몇몇 젊은 러시아 언어학자들간의 연구에 대한 개요라고 할 수 있다.2) 이와 더불어 1923년 젊은 통사론 학자였던 페터슨(M. N. Peterson)은 「출판과 혁명(pečat'i revoljucija)」이라는 저널에 소쉬르의 기본개념에 대해 명료한 개요를 싣기도 했다.3) 1920년대에 소쉬르가 학생들 특히 그 중에서도 쿠르트니 문하의 학생들에게 끼친 영향은 매우 지대했으며 볼로쉬노프의 다음과 같은 말은 그 명백한 사실에 가깝다고 할 수 있을 것이다. "대다수의 러시아 언어학 이론가들은 소쉬르와 그의 제자들인 밸리 및 세쥬에로부터 결정적인 영향을 받았다."

우리도 알고 있듯이 소쉬르의 『강의』에서는 기호개념이 일반적으로 언어적 의사소통 및 모든 의미 소통에 있어서 그 주축이 된다. "언어란 사상을 표현하는 기호-체계이다"라고 그는 말한다.4) 소쉬르는 기호체계를 다양하게 구분하고 있지만 인간의 언어는 그에게 있

---

2) L. V. Ščerba에 의해 편집된 『러시아 언어』(petrograd, 1923), p.11.
3) M. N. Peterson, "Obščaja lingustika", pečat'i revoljucija, 6(1923), pp.26~32.
4) Wade Baskin이 번역한 Ferdinand de Saussure의 『일반 언어학 강의』, McGraw-Hill, New York, 1959, p.16.

어 가장 중요한 것이 되며 그의 해석에 의하면 인간 언어의 기호학적 본질은 필연적으로 그 자체의 사회적 성격을 의미한다. 하나의 체계로서의 언어는 일종의 사회적인 제도라고 할 수 있으며, 소쉬르가 주장하듯 "언어는 사회 구성원들이 승인한 계약에 의해서만 존재한다. 각 개인은 언어가 갖는 기능작용을 배우기 위해 항상 도제(apprenticeship)처럼 훈련을 받아야 하고, 아이는 단지 점진적으로만 그것을 이해한다"5) 언어는 다양한 기호체계들 가운데 하나에 불과하기 때문에 소쉬르는 언어학을 일반 기호학의 한 분야로 간주한다.6) 소쉬르는 그것의 파생어원(derivational base)으로 그리스어인 sēmeîon(기호)을 들면서 잠정적인 기호에 관한 학문을 로크의 용어인 **기호학**(semiotic)과 구분하여 **기호론**(semiology)이라고 부르고 있는데 이는 나중에 피어스에 의해 도입 발전되었다.

소쉬르가 강조한 인간 언어의 기호학적 성질과 그 본질적인 사회적 성격에 대한 내용은 그에게 비판적이기도 했던 볼로쉬노프에게 지대한 영향을 끼쳤다. 사실상 볼로쉬노프의 『마르크스주의와 언어철학』의 핵심 내용도 기호의 이원적 개념과 기호학의 사회적 토대에 대한 개념을 상술해 놓은 러시아 기호학에 대한 최초의 서문이라고 할 수 있을 것이다. 이 책의 첫 장에서 볼로쉬노프는 "모든 이데올로기적인 것은 의미를 갖는다"라고 주장하면서 "그것은 그것 자신의 외부에 있는 그 어떤 것을 표현하고, 묘사하고, 혹은 표상한다. 바꾸어 말하면 이데올로기는 기호이다. 기호가 없는 곳에서는 이데올로기도 없다"고 한다. 따라서 볼로쉬노프에게 있어서 기호에 대한 연구는 이데

---

5) Ibid., p.14.
6) Ibid., p.77.

올로기에 대한 연구였으며 언어철학은 곧 기호철학을 의미하였다.

언어공동체(masse parlante)에 있어서의 언어의 기원에 관한 소쉬르의 고찰을 전개하면서 볼로쉬노프는 기호는 개인 상호간의 영역에서만 발생이 가능하다고 주장한다. "각 개인들이 하나의 집단(사회적 단위)을 구성하는 것은 본질적인 현상이며 그 때만이 기호라는 매개가 그들 사이에서 형성될 수 있는 것이다"고 그는 말하고 있다. 그러나 소쉬르와는 대조적으로 볼로쉬노프는 기호를 본질상 심리학적인 것으로는 생각하지 않았다. 소쉬르에게 있어서 언어란 "의미와 음성의 이미지와의 결합을 그 유일한 본질로 하는 기호의 두 가지 측면은 모두 심리학적인 것이다."[7] 반면에 볼로쉬노프에게 있어서는 "기호란 외부 세계에 대한 하나의 현상이다." 그에 의하면 기호를 심리적인 것에 국한시키는 것은 기호학을 의식과 그 법칙에 대한 연구로 전도시키는 것이 된다. 그는 기호의 물리적 성질을 무시해버리거나 그것을 "단지 내적 효과의 실현, 즉 이해에 필요한 기술적 수단"으로만 간주하는 것을 원치 않는다. 소쉬르는 자신의 기호학을 "사회심리학 내지 일반심리학의 한 분야"[8]로 생각하는 반면 볼로쉬노프에게 있어서의 기호에 대한 연구는 "어떠한 경우든 심리학에 의존하고 있지도 않고 그것을 기초로 하지도 않는다". 그와는 반대로 볼로쉬노프는 객관적 심리학은 기호학을 토대로 해야 한다고 믿는다. 그의 변증법적 접근에 의하면 각 기호의 이원적 성격은 다음과 같은 것을 의미하는 것이다. 즉 물리적 측면과 의미적 측면은 서로 분리될 수 없으며 따라서 서로 독립적으로 연구될 수도 없는데 이는 이원적 대립의 통합

---

7) Ibid., p.15.
8) Ibid., p.16.

이 기호성(Semioticity)의 토대가 되기 때문이다.

데카르트식 이원론(dualism)의 충실한 추종자인 소쉬르는 실제적인 발화행위와 그리고 화자의 언어능력에 의해 내면화된 추상적인 규범 체계 사이의 확실한 구별을 주장하고 있다. 그는 "발화와 언어를 구분함으로써 동시에 (1) 개인적인 것으로부터 사회적인 것 (2) 부수적인 것 혹은 다소 우연적인 것으로부터 본질적인 것을 구분하게 된다"고 말한다.9) 발화행위(la parole)로부터 언어체계(la langue)를 분석적으로 분리하는 그러한 인식론적 접근은 러시아의 소쉬르 연구가들에게 중요한 자극이 되었다. 그러나 그들 모두가 소쉬르의 발화와 언어의 분리라는 두 가지 경로의 방법론적 결론을 수용하고자 한 것은 아니었다. "우리는 동시에 추구할 수 없는 두 가지 경로 사이에서 선택해야만 한다"10)는 주장도 소쉬르와는 명백히 반대되는 주장인 것이다. 1928년 티냐노프(Jurij Tynjanov)와 야콥슨은 이러한 두 범주(la langue와 la parole) 사이의 근본 **관계**는 상세히 숙고되어야 한다고 언급하였다.11) 볼로쉬노프도 자신의 변증법적인 접근 방법을 적용하면서 발화행위와 언어체계는 서로 분리시켜 연구할 수 없는 불가분의 한 쌍(indivisible coupling)으로 생각하고 있다. 그의 모든 저작을 통하여 그는 언어체계에 대한 동시적인 설명 없이는 구체적인 발화에 대한 적절한 취급이 불가능함을 명백히 하고 있다. 반대로 그에 의하면 구체적인 발화를 동시적으로 고려하지 않는다면 언어체계 또한 분석적인

---

9) Ibid., p.14.
10) Ibid., p.19.
11) 티냐노프와 야콥슨의 「문학과 언어 연구에 있어서의 제문제(Problemy izučenija literatury i jazyka)」, *Novyj Lef*, 12(1928), p.36[『러시아 시학 강독(*Readings in Russian Poetics*)』, L. Matejka와 K. Pomorska 편집, p.79. MIT출판사, 캠브리지, 1971].

파악이 불가능한 것이다. "언어 활동의 실제적 현실은 언어 형태의 추상적 체계도, 독립된 독백적 발화도, 그것을 수행하는 정신생리학적인 행위도 아니다. 그것은 단지 하나의 발화 혹은 여러 발화 안에서 수행되는 언어적 상호작용이라는 하나의 사회적 현상이다". 따라서 이제 언어학상의 연구는 볼로쉬노프에 의해 언어와 발화의 대립은 물론 화자와 청자의 대립도 설명해야 하는 사회학상의 뼈대가 되었다. 이러한 복합적인 분석적 모델에서는 화자나 청자의 그 어느 역할도 우선시 되지 않는다. 양자는 추상적인 언어체계가 구체적인 발화로 수행·전개되는 과정에서 서로 상보적으로 의존하고 있음을 고려해야 한다. 소쉬르의 이원론은 분석상 기호학적 작용의 복합성을 양분하는 반면 변증법을 주장하는 볼로쉬노프는 이러한 내적 이원성을 하나의 단일한 통합구조로 대체하고자 하였다. 볼로쉬노프는 소쉬르의 체계와 언술에 대한 분리를 반대하면서 다음과 같이 주장하고 있다.

1. 이데올로기는 기호의 질료적 실재로부터 분리되지 않는다.(즉 이데올로기를 '의식'이나 다른 모호하고 불확실한 영역에 위치시키는 것)
2. 기호는 사회적 상호 관계라는 주체적인 형태로부터 분리되지 않는다.(왜냐하면 기호는 조직된 사회적 상호작용의 일부분이므로, 이러한 상호작용의 밖에서는 단순한 물리적 가공물로 전락하기 때문이다)
3. 의시소통괴 그 형태는 질류의 투대로부터 분리해서는 안 된다.

소쉬르의 언어와 발화에 대한 체계적인 양분은 점차 언어체계의 공시적인 면과 언어 역사 사이의 명확한 구분의 필요성을 의미하였다. "두 관점 사이의 대립 즉 공시적인 것과 통시적인 것의 대립은 절대적인 것이며 결코 타협을 허락하지 않는다"라고 그는 말하고 있다.12) 따라서 언어 연구는 소쉬르가 『강의』에서 설명하고 있듯이 명백한 두 개의 부분으로 나누어지게 되었다.

> 공시 언어학은 공존하는 용어를 결합하고 그리고 화자의 집단 정신에 하나의 체계를 형성해주는 논리적인 관계 및 심리학적 관계들에 관심을 갖게 된다.
> 통시 언어학은 그와는 반대로 집단정신에 의해 인식되지는 않지만 하나의 체계로 형성됨이 없이 서로 대체된 전승 용어들을 결합하고 있는 관계들을 연구하는 것이다.13)

이러한 공시 언어학과 통시 언어학의 구분은 1920년대 러시아에서 아주 중요한 방법론상의 논쟁이 되었다. 1922년 카르체프스키는 소쉬르의 공시적 접근 방법을 러시아 언어 체계를 설명하는 데에 적용하였으며 그의 저서의 제사(題詞)로 소쉬르의 다음 구절을 사용하였다. "La langue est un systéme dont toutes les parties peuvent et doivent être considerées dans leur solidarité synchronique."14) 다음 해인 1923년 비노그라도프(V. V. Vinogradov)는 소쉬르, 쿠르트니, 카르체프스키의 방법론에 자극을 받아 언어 예술의 문체 분석에 엄격한 공시적 방법을 적용

---

12) 『강의』, p.83.
13) Ibid., p.99~100.
14) S. 카르체프스키, "Ètudes sur le système verbal du russe contemporain," *Slavia*, 1, (1922), p.242.

할 것을 제안하였다. 그에 의하면 모든 문체 분석의 첫째 과제는 언어학적 방법의 고유한 체계와 작가가 사용한 그들의 유기체적 조직을 연구하는 것이다. 비노그라도프에 따르면 그러한 과제를 위해서는 제반 구성 요소들의 분류, 문체상의 형태와 그 기능 등에 대한 상세한 묘사가 절대적으로 필요하다.15) 따라서 비노그라도프의 주요 관심은 특정한 언어학상의 유형을 제시해 주고 어느 특정 사회집단(방언)을 특징지어주는 구체적인 자료로써의 문학 텍스트였다. 그런데 비노그라도프가 제안한 묘사와 분류는 스스로 인정하듯이 정태적인 것이 될 수밖에 없었다. 비노그라도프는 소쉬르의 공시태(synchrony)와 동시태(diachrony)에 대한 양분을 철저히 고수하였으며 이러한 입장에서 소위 형식적 방법론의 추종자들을 공격하였는데 그들은 소쉬르의 이원론적 분리를 인정하지 않고 진정한 해석상의 접근을 위해서는 "정태성을 극복하고 그리고 절대성을 극복해야 한다"고 주장하였다.16)

소쉬르의 이원론이 갖는 오류와 그에 대한 러시아의 적용에 대한 반응 가운데 가장 현저한 반박은 1927년에 발표된 티냐노프와 야콥슨의 논문이었다. "순수한 공시주의(synchronism)란 이제 하나의 환상임이 드러났다"고 하면서 "모든 공시적 체계는 그 체계의 분리될 수 없는 구조적 요소로서 자체의 과거와 미래를 갖고 있다."라고 그들은 단언하였다. 소쉬르는 "학문의 정태적 측면과 관련된 모든 것은 공시적인 것이며 발전과 관계된 것은 모두 통시적인 것"17)이라고 주장하고 있는 반면 티냐노프와 야콥슨은 다음과 같이 주장한다.

---

15) 비노그라도프의 "O zadačax stilistiki", 『러시아 언어』(페트로그라드, 1923), p.286.
16) 로만 야콥슨의 "Futurizm," Iskusstvo, Aug. 2, 1919 ; 그의 『선집』 I, p.651(1962) 참조.
17) 『강의』, p.81.

공시태와 통시태의 대립은 체계 개념과 발전 개념의 대립이다. 모든 체계는 필연적으로 발전으로서 존재하며 한편 발전은 필수불가결하게 체계적 성격을 갖고 있다는 것을 인식하게 되면 양자의 대립은 그리 중요한 것이 못된다.18)

야콥슨에게 있어서 소쉬르의 오류에 대한 반박은 그의 계속적인 연구 주제 중의 하나가 되었다. 1928년 그는 다시 소쉬르의 이원론의 오류에 대해 다음과 같이 반박하였다.

소쉬르와 그의 학파는 정태 언어학 분야에 있어서는 새로운 지평을 열었지만 언어의 역사 분야에 있어서는 틀에 박힌 신문법가에 머무르고 있다. 음성의 변화는 파괴적인 요소이며 우연하고 맹목적인 것이라는 소쉬르의 이론은 언어 공동체의 능동적인 역할을 제한하며 그 역할을 질서 정연한 체계로 존재하는 관습적인 언어학적 정형으로부터 변이된 개별적 변이 단계를 인식하는 데에만 한정시키게 된다. 공시 언어학과 통시 언어학간의 이러한 모순은 역사적 음성학을 음소 체계에 대한 역사로 전환시킴으로써 극복되어야 한다.19)

이러한 취지는 본질적인 것은 변하지 않은 채 40년 후 그의 『선집』 (1971) 제 2판에 대한 야콥슨의 회고문에서 다시 언급되었다.

소쉬르의 『강의』에 따르면 공시태 및 통시태의 내적 이원성은 언어학을 위협하는 특별한 난제로써 양자의 완전한 분리를 필요로 한다. 연구가 가능한 대상은 언어학적 체계 내의 공존관계이거나 "d'où tout intervention du temps est exclue" 아니면 체계와는 무관한 단일한

---

18) 『러시아 시학 강독』, p.80.
19) *Časopis pro moderni filologii*, XIV(프라그, 1928) ; 「소리 규칙에 대한 개념과 목적론적 기준」, 『선집』 I, p.1~2.

전승적 변화라고 할 수 있다. 다시 말해서 소쉬르는 언어학상의 공시태에 대한 새로운 구조적 접근 방법을 예상하고 이를 발표했지만 역사 언어학에 있어서는 기존의 원자식 신문법 이론을 추구하였다. 그의 이원적 대립에 대한 오류 즉 공시태와 통시태, 정태와 동태에 대한 그릇된 인식은 후기 소쉬르 언어학에 의해 논박되었다.[20]

한편 모든 후기 소쉬르 언어학이 일률적으로 소쉬르의 공시태와 통시태, 정태와 동태에 대한 양분을 반박한 것은 아니었다. 소쉬르의 이분법은 최근 프랑스에서 다시 소쉬르 기호학이 활성화됨에 따라 다시 널리 확산되기 시작했으며 특히 레비스트로스(Claude Levi-Strauss) 학파 내에서 활기를 띠고 있는데 그는 아무런 조건 없이 소쉬르의 공시태를 인정하고 있다. 한편 미국에서도 후기 블룸필드(Bloom field)주의건 신소쉬르주의건 가릴 것 없이 소쉬르의 공시적 접근 방법은 여전히 구조주의 언어학을 지배하고 있다. 다른 한편 소쉬르의 이원론에 대한 러시아 형식주의학파의 반박은 프라그(Prgue) 구조주의학파에 의해 전폭 수용되었으며 그들의 기호학 연구에 있어서 하나의 특징이 되었다. 또한 소쉬르의 이원론에 대한 반박은 대체로 볼로쉬노프의 언어 철학과 바흐친(Baxtin)의 레닌그라드학파에 있어서 하나의 전형적인 것이 되기도 했다.

소쉬르는 공시적 체계가 화자의 집단 정신에 존재한다고 주장하고 있지만 볼로쉬노프에게 있어서 공시적 체계는 전혀 실질적인 실체가 아니다. "객관적 관점에서 볼 때 그러한 체계는 역사적 시간에 있어서 어떠한 경우든 실제로는 존재하지 않는다"라고 그는 단언하고 있다. 그의 생각에는 공시적 체계란 단지 분석자의 연구 내용을 책으로

---

[20] 「회고」, 『선집』 II, p.721, The Hague, 1971.

편집하는 데 있어서 편리하게 쓰이는 하나의 기술적 구조에 지나지 않는다.

    그러한 체계는 단지 많은 노고와 명확한 인식 그리고 실제적인 관심의 초점에 의해서 얻어지는 하나의 추상적 개념에 불과하다. 언어 체계는 언어에 대한 세밀한 연구의 산물이며 그러한 연구는 결코 모국어 화자의 의식에 의한 방법이나 발화의 직접적인 목적을 위해 사용된 그러한 방법에 의존하지는 않는다.

볼로쉬노프는 소쉬르의 공시적 모델의 정태성과 그리고 끊임없이 변화하는 연속체 즉 언어의 창조적 흐름이라는 연속체로부터의 그 인위적 분리를 언어학에 있어서 데카르트 정신의 재현이라고 해석하였다. 변증법주의자인 그는 데카르트식 이원론의 분리 경향에 반대하였으며 서로 대립적이긴 하지만 불가분의 관계를 맺고 있는 하나의 연속적 상호 작용으로서의 체계성과 발전적인 힘을 찾고자 하였다. 그러나 동시에 볼로쉬노프는 소쉬르의 데카르트주의가 그의 동료들에게 끼쳤던 영향도 충분히 잘 알고 있었다. 그는 기꺼이 다음과 같은 사실들을 인정한다. "소쉬르의 역사관은 합리주의 정신을 특징으로 하고 있는데 이러한 합리주의는 아직도 언어 철학 분야에 영향력을 행사하고 있으며 역사를 언어 체계의 논리적 순수성을 왜곡시키는 비합리적인 힘이라고 보고 있다."

  2. 데카르트식 구조주의 언어학의 특징이라고 할 수 있는 추상적 규범 체계의 정태성은 훔볼트에게는 설득력 있는 비평이 되었는데 그에게 있어서 언어는 끊임없이 변화하는 연속적 생성과정이었다. 데

카르트 계통의 언어학은 모든 언어를 하나의 폐쇄된 고정적 규범체계로, 즉 전세대로부터 전승된 기성의 규범적 도구로 간주하였다. 반면에 훔볼트는 언어를 인간의 천성적인 창조 활동으로 생각하였다. 훔볼트의 언어에 관한 다양한 연구는 그의 지나친 일반화의 모호함으로 인하여 충분히 인식하기가 어렵지만 훔볼트는 종종 17·18세기 언어학을 풍미했던 합리주의에 반발한 낭만주의의 기수로 간주되고 있다.21) 러시아의 경우 일반적으로 훔볼트 계통의 언어학은 데카르트 계통의 언어학과는 대립되는 것으로 간주되었다. 특징적으로 러시아 언어학의 역사에서 훔볼트 계통의 가장 탁월한 추종자는 통사론자인 포테브냐(Alexander Potebnja)였는데, 그는 러시아 상징주의 운동의 주도적 이론가였으며 소쉬르의 영향을 받은 세대의 주요한 공격 목표였다. 1920년대의 경우 훔볼트 계통의 언어학은 현대언어학의 경향에 대한 직접적인 대립으로 생각되었으며, 1927년 모스크바의 언어학자 소르는 「현대 언어학의 위기」에서 다음과 같은 결론으로 이러한 사실을 지적하고 있다.

> "언어는 인위적 가공물(ergon)이 아니라 인간의 타고난 선천적 활동이다"라고 19세기 낭만주의 계통의 언어학자들은 주장했다. 그러나 현대 언어학 이론가들은 그와 정반대로 주장한다. "언어는 개별적인

---

21) 훔볼트에 대한 정반대의 견해가 촘스키(Noam Chomsky)의 데카르트 언어학(Cartesian Linguistics)에 실려 있다. Haper and Row, New York, 1966, p.19의 다음과 같은 내용을 예로 들 수 있다. "인간 언어의 본질적인 한정적 특징으로서의 언어 사용의 창조적 측면에 대한 데카르트의 주장은 훔볼트의 포괄적인 일반 언어학 이론에 대한 시도에 강력하게 표현되어 있다." 촘스키의 각주 36 참조 (p.86) : "우리가 지금 여기에서 살펴보고 있는 배경을 거슬러 생각해 볼 때 훔볼트의 논문은 언어학적 사상에 있어서의 새로운 시대의 시작이라기보다는 데카르트 언어학의 종말을 의미하는 것처럼 여겨진다."

활동(energeia)이 아니라 인류의 문화적·역사적 유산(ergon)이다."[22]

따라서 인간 언어의 창조적 측면에 대한 훔볼트의 주장은 현대 언어학과는 대립적인 낭만주의의 전형적 표현으로 생각되었다. 볼로쉬노프의 경우도 훔볼트는 데카르트와는 대조적이었으며 유럽 언어 철학에 있어서 실제로 추상적 객관주의에 대한 가장 현저한 반박이었다. 그러나 소쉬르와는 달리 볼로쉬노프는 훔볼트가 주장한 인간 언어의 창조적 측면을 언어 연구에 있어서 부적절한 것이라고 생각하지는 않았다. 그와는 반대로 그는 이것을 그의 언어 철학에 있어서 가장 중요한 개념의 하나로 생각하였다.

볼로쉬노프에 의하면 데카르트 계통의 언어학에 대한 대립으로서의 훔볼트 언어학은 언어 현상에 대한 진정한 설명의 필요성을 주장하고 있으며 기술적 혹은 분류적 절차는 단지 예비단계로 간주하고 있다. 인간 언어의 근본적 특징으로서의 그 창조적 측면에 대한 훔볼트의 주장은 볼로쉬노프의 생각처럼 기호체계 자체의 내적 논리에 대한 관심과는 직접적인 대립관계에 있는데 그러한 관심은 마치 대수학에서처럼 실제적인 실체 혹은 의사소통 참여자들과는 무관한 관심이라고 할 수 있다. 볼로쉬노프의 경우 문법, 어휘, 음성학 등에 대한 체계적인 설명은 언어에 관한 고찰의 결과에 불과하며 논리, 선분화, 유형화, 추상화, 그리고 대수화에 대한 사변적 활동에 지나지 않는다.

따라서 언어 연구에 있어서 그 첫째 목표는 인간 언어의 창조적 측

---

[22] 소르(R. Šor), "krizis sovremennoj lingvistiki," *Jafeti Českij sbornik*, V (1927), p.71(볼로쉬노프에 의해 인용되었음).

면을 밝혀주는 것이 되어야 한다. 그리고 그러한 작업은 볼로쉬노프의 견해에 의하면 발화에 대한 적절한 연구, 즉 사회적 기능으로서의 인간 언어의 창조적 측면에 대한 설명 없이는 불가능하다. 이에 대해 볼로쉬노프는 다음과 같이 말하고 있다.

> 언어 철학의 진정한 연구대상을 확인한다는 과제는 결코 쉬운 것은 아니다. 연구 대상을 한정하고, 그것을 명확하게 검사할 수 있는 차원의 조밀한 복합체에까지 환원하려고 시도하면 할수록 우리는 연구 대상의 본질 그 자체, 즉 기호적이고 이데올로기적인 본질을 잃어버리게 될 것이다.

만약 발화 행위의 독창성과 그 타당성을 피상적 현상으로 그리고 "단지 규범적으로 동일한 형태의 우연적인 굴절, 변형, 또는 단순한 왜곡"으로 간주하여 무시해 버린다면 볼로쉬노프의 생각처럼 인간의 의사소통이 갖는 그 기호학적 본질은 파악이 불가능하다. 볼로쉬노프에 의하면 데카르트 언어학과 그리고 추상적 객관주의 학파의 경우 언어적 형태상의 고정적인 자기 동일성의 요소는 그러한 형태들의 변이성에 우선하며, 추상성은 구체성에, 체계성은 역사성에, 분리 요소의 형태는 전체 구조의 고유성에 우선한다. 볼로쉬노프에 의하면 데카르트 언어학과 그 영향을 받은 추상적 객관주의는 발화행위와 그 결과로서의 발화를 개별적인 것이라 하여 무시했는데 이는 규칙과 규범의 추상적 체계가 언어연구의 유일한 목표가 되었기 때문이었다.

다른 한편으로 훔볼트 언어학과 그 영향을 받은 관념적 주관주의는 정태성을 띠고 있는 규칙의 규범적 체계를 언어에 대한 인위적 고찰이라 하여 거부하였으며 발화행위의 독창적인 창조성과 문체상의 다양성을 주요한 관심의 대상으로 간주하였다. 볼로쉬노프는 발화에 대한 연구가 충분히 언어학적으로 연구해 볼만한 가치가 있다는 점에서는 훔볼트 계통의 추종자들과 일치하고 있지만 언어의 개별적 특성에 대한 주장 그리고 말하는 주체의 개인적인 심리 생활의 관점에서 언어의 창조적 측면을 설명하고자 하는 시도에 있어서는 의견을 달리하고 있다. 바로 그러한 이유로 해서 그는 훔볼트 계통의 몇몇 추종자들 특히 보슬러 학파에 반대하고 있다.

>사실상 발화행위 좀더 정확히 말해서 그 결과인 발화는 어떠한 경우에 있어서도 언어의 정확한 의미상 개별적 현상으로 간주될 수 없으며 말하는 주체 개인의 심리학적 혹은 정신생리학적 관점으로 설명될 수 있는 것이 아니다.

따라서 볼로쉬노프는 데카르트 언어학과 훔볼트 언어학 그리고 그들의 추종자들을 전폭 수용하고 있는 것은 아니다. 그는 변증법적인 접근을 통해 개인주의적 주관주의와 추상적 객관주의를 테제와 안티테제로 생각하고 있으며 이러한 두 대립적 경향을 지양한 변증법적 통합 즉 테제와 안티테제 양자에 대한 부정으로서의 통합을 제안하고 있다. 볼로쉬노프의 경우 언어학적 실체의 핵심은 의미를 갖고 있는 발화 행위라고 할 수 있으며, 이는 모든 측면에 기호학적 작용에 필수적인 일종의 사회적인 구조로 간주되었다.

넓은 의미에서 대화는 볼로쉬노프의 경우 기호학적 작용의 가장 본질적인 자질들을 표명해주는 언어적 상호작용의 구체적인 하나의 예가 된다. 이는 또한 다른 발언(speech event)과 관련하여 물리적 측면과 의미론적 측면을 갖는 발언뿐만 아니라 발화 참여자들의 상호 대립 그리고 주어진 맥락 내에서 그들의 언어접촉이 갖는 조건들을 표명해주는 것이기도 하다.

3. 볼로쉬노프는 보슬러 학파에 대해서 많은 비판을 하고 있지만 몇몇 기본개념에 있어서는 그들과 의견을 같이 하였으며, 언어적 상호작용의 보다 정확한 이해를 위한 접근 방법으로서 대화의 중요성에 대한 개념에 있어서도 의견을 같이하고 있다. 특히 그는 이태리어의 대화언어에 관한 스피처의 저작에 대해 언급하면서 실제적인 대화에 있어서 화자와 청자의 역할이 중요하다는 그의 주장을 인정하고 있다.[23]

1920년대에 볼로쉬노프와 지적 유대가 매우 두터웠던 바흐친도 스피처의 발화 구조에 있어서 발언 참여자들의 본질적 역할에 관한 연구를 높이 평가하고 있다. 바흐친은 그의 담론유형학(discourse typology)에 대한 연구에서 다음과 같이 스피처를 인용하고 있다.

> 상대편 대화자가 말한 내용을 우리 자신의 발화로 재현할 경우 단지 발신자가 바뀌었다는 이유만으로도 불가피하게 어조의 변화가 발생한다. '타자'의 말을 우리 자신의 입에 담을 경우 항상 낯선 것처럼 들리며 아주 흔히 조롱하는 듯한 그리고 과장된 듯한 어조를 갖게 된다. 이와 관련하여 특히 우리의 결과적인 응답에 있어서 상대방이 질문한 문장의 동사에 대한 우스꽝스럽고 매우 풍자적인 반복에 대해 강조하고자 한다. 이러한 경우 우리는 가끔 상대편 발화의 일부를 반복하고자 하는 목적에서 그리고 그것을 풍자적으로 비꼬기 위한 목적에서 문법적으로 틀린 구조에 의존하거나 매우 대담한 그

---

[23] 스피처의 *Italienische Umgangssprache*(Leipzig, 1922)

리고 때때로는 전혀 불가능한 구조에 의존하게 된다.24)

대화의 뼈대는 자연히 의미론에 있어서 어조가 갖는 역할의 중요성을 밝혀주었으며 소위 하나의 완벽하게 구성된 단일한 문장의 한계 내에서 문법적으로 분석한다는 것이 얼마나 부적절한 것인가를 밝혀주었다. 언어 교환에 있어서 그 이원적 성격에 대한 강조는 완벽하게 구성된 단일한 하나의 문장보다는 더 포괄적이거나 덜 포괄적인 통사론적 단위들, 그러한 단위들에 대한 시급한 설명을 필요로 하게 되었다. 이제 문장 구성에 있어서 그 정확성과 부정확성에 관한 문제는 새로운 빛에 의해 조명되었다. 문장의 불완전성, 선행사에 대한 의존성, 발화의 개념 등은 통사론 연구에 있어서 자극적인 도전이 되었다. 동시에 형태론적 통사론은 종합된 발화, 발화구조의 통사론적 상호 의존성, 그리고 일반적으로 언어적 상호작용의 다양한 표현 등을 취급하기에는 불충분한 도구임이 명백해졌다.

러시아 언어학계의 경우 대화구조가 갖는 이론적 중요성은 일찍이 1915년 쿠르트니 문하의 체르바(Lev Ščerba)가 동부 루사티아(East-Lusatina) 지방의 방언에 대한 연구에서 현대 용어로 개괄하였다. 러시아 형식주의 학파의 탁월한 이론가였던 야쿠빈스키(Lev Jakubinskij)는 대화의 자연성(naturalness of dialogue)과 독백의 인위성(artificiality of monologue)에 대한 체르바의 연구를 발전시켜 대화에 대하여 포괄적으로 연구하였으며 이러한 연구는 1923년 체르바의 러시아 언어로 발간되었다.

야쿠빈스키에 의하면 대화는 언어적 상호작용에 대한 언어연구에

---

24) M. M. Baxtin, 「산문에 있어서의 담론 유형(Discourse Typology in Prose)」, *Readings in Russian Poetics*, edited by L. Matejka and K. Pomorska, pp.186~187. MIT Press, Cambridge, 1971.

필요한 자연적 뼈대를 제공해 준다고 하였는데 이는 그에게 있어서 가장 기본적인 언어학 개념 중의 하나였다. 대화에 관한 연구는 사회적 배경을 갖는 언어적 의사소통에 대해 고려할 필요가 있음을 의미하였다. 언어의 상호교환에 있어서 서로 대립하는 쌍방의 관계를 야쿠빈스키는 의미론적 관점에서 발화의 적절한 해석에 필요한 토대로 간주하였을 뿐만 아니라 불완전한 문장과 그러한 문장들이 갖는 의존성 즉 다양한 유형의 선행사에 대한 의존성을 연구하는 데 필요한 기본 토대로 간주하였다. "암시에 의한 발화(speech by hints)"에 대한 야쿠빈스키의 연구는 본래 독립된 독백적 문장을 분석하기 위해 개발된 통사론적 절차가 매우 불충분한 것임을 극적으로 밝혀주게 되었다. 음운론상의 기준과 형태론상의 기준은 아무리 정교하다 할지라도 대화에서 나타나는 언어적 상호작용의 의미론적 결과 분석에는 부적당한 출발점이 입증되었다.

언어적 상호작용에 대한 연구는 그 관심의 초점을 어조의 중요성에 대한 관심으로 옮기게 되었으며 야쿠빈스키의 지적대로 "발화의 인식에 있어서 역동적, 어조적 음색체계(timbre systems)의 관계에 의해 수행된 의사소통상의 역할"로 그 관심을 옮기게 되었다. 어조가 갖는 의미심장한 기능을 설명하기 위해 야쿠빈스키는 술고래(drunkards)의 '인쇄할 수 없는 명사(unprintable noun)'에 관한 내용을 다룬 도스토예프스키의 『어느 작가의 일기(Diary of a Writer)』로부터 유명한 한 구절을 인용하고 있는데 그 술고래는 작가로 하여금 불현듯 하나의 단일한 외설을 말함에 있어서 다양한 어군상의 변화에 의해 "모든 사고, 감정, 그리고 일련의 추체적인 추론 등"을 표현할 수 있음을 깨닫게 해주었다. 이러한 도스토예프스키의 구절은 볼로쉬노프에 의해 어조와 의미 사이의 상관관계에 대한 토론에서 인용되었다. 이상하리만큼 이 구절은 비고츠키(Lev Vygotskij)의 『사고와 언어(*Myšlenie i reč*)』(1934)에서도 인용되었는데, 이것은 은연 중에 러시아 심리학에 기여하게 되었으며 많은 점에 있어서 야쿠빈스키의 대화에 대한 연구는 물론 볼로쉬노프의 언어철학을 상기시켜 주고 있다. 대체적으로 형식주의자였던 야쿠빈스키는 마르크스주의적 기계론자와 조건반사학자들이 소련의 지적 삶을 지배하기 직전이었던 1920년대 및 1930년대 초반에 대화와 발화행위에 관한 연구에 있어서 다른 누구보다도 러시아의 지적 엘리트들에게 강한 영향을 미쳤던 것으로 보인다.

대화에 관한 연구는 발화의 구조적 특징에 대한 새로운 접근을 가능하게 했으며 볼로쉬노프와 비고츠키의 경우 내적 발화의 모호함과 인간 사고에 대한 그 관련성을 연구하는 데 필요한 기본 토대가 되었다. "발화의 형태 그 중에서도 특히 대화상의 발화 형태를 식별함으로써만 내적 발화의 형태와 내적 발화의 흐름에 있어서 그들이 갖는 연쇄성(concatenation)의 특별한 논리가 밝혀질 수 있다"라고 볼로쉬노프는 주장하고 있다. 비고츠키의 연구도 똑같은 심정을 말해주고 있다.

> 우리는 실험을 통해 내적 발화란 음성을 제외한 발화가 아니라 전적으로 독립적인 발화기능으로 간주해야 함을 확신하게 되었다. 내적 발화를 구분해 주는 주요한 특징은 그것의 독특한 통사론이라고 할 수 있다. 외적 발화와 비교해 볼 때 내적 발화는 연결되지 않는 불완전한 것처럼 보인다.[25]

---

25) Lev Semenovich Vygotskij, 『사고와 언어』, p.138. E. Hanfmann와 G. Vakar 번역, MIT출판사, 캠브리지, 1962.

볼로쉬노프는 내적 발화는 발화에 있어서의 그 수행과는 아주 다르다는 결론에 도달하게 되었다. "외적 언어활동의 형식(어휘적인 것, 문법적인 것, 음성학적인 것)을 분석하기 위해 만들어진 모든 언어학적 범주는 내적 발화의 분석에는 적용이 불가능하며 설사 적용이 가능하다고 하더라도 철저한 근본적 개정이 필요하다는 것은 처음부터 명백한 사실이었다"라고 그는 주장하고 있다. 볼로쉬노프와 의견을 같이하고 있는 비고츠키는 다음과 같이 말하였다.

> 우리의 모든 연구는 내적 발화가 일종의 자율적 발화 기능임을 말해주고 있다. 우리는 이것을 언어적 사고의 명백한 한 국면이라고 자신있게 말할 수 있다. 내적 발화에서 외적 발화로의 변이는 한 단어에서 다른 언어로의 단순한 통역과는 다르다는 것은 명백한 사실이다. 그것은 단지 소리없는 발화를 소리내어 발음함으로써 성취될 수 있는 것은 아니다. 그것은 내적 발화의 서술적이고 관용적(idiomatic)인 구조로부터 다른 사람들이 이해할 수 있도록 통사론적으로 분절이 가능한 발화로의 변형을 포괄하는 복합적인 역동적 과정이다.26)

발화와 대화는 바흐친의 기호 분석에 있어서도 중요한 역할을 했다. 그는 볼로쉬노프와 함께 언어적 의사소통에 특별히 주목하였으며 놀라우리만큼 명확하게 그 일부를 상세하게 설명하였다. 도스토예프스키의 언어 예술에 관한 그의 저서 *Problemy tvorčestva Dostoevskogo*(레닌그라드, 1929)에서 바흐친은 발화행위와 다른 발화행위 사이의 다양한 유형의 관계는 언어예술 특히 산문 소설의 이해에 무척 중요하다고 주장하였다. 그의 저서의 이론에 관한 부분의 입문에서 바흐친은

---

26) Ibid., p.148.

다음과 같이 기술하고 있다.

> 문학 예술에서 사용되는 일련의 언어 장치들은 최근 많은 연구자들의 특별한 주목을 받아왔다. 이러한 장치들 가운데는 양식화, 패러디, 스카즈[skaz; 엄격한 의미에서 서술자의 구술(oral narration)], 대화 등이 있다. 이러한 모든 장치들은 상호간의 근본적인 차이에도 불구하고 공통적인 하나의 자질을 가지고 있다. 이 모든 경우에 있어서 담론은 이중적 초점을 견지하게 되는데 이러한 초점은 일상적인 담론에서처럼 발화의 지시대상을 겨냥하며 또 동시에 담론의 제 2차 맥락 즉 다른 발신자의 제 2차 발화를 겨냥하게 된다. 만약 우리가 이러한 2차 맥락에 대해서 무지하다거나 혹은 양식화나 패러디를 마치 일상 발화에서처럼 그 지시대상에 대한 하나의 초점만을 갖고서 받아들이게 된다면 이러한 장치들의 실제적 의미를 파악할 수 없게 될 것이다. 또 패러디는 조잡한 글로 취급하게 될 것이다.27)

대화, 언어적인 상호작용, 그리고 이중지향적(doubly oriented) 담론이 갖는 역할은 바흐친의 경우 몇 십 년에 걸친 오랜 침묵을 깨고 그에게 있어서 계속적으로 견지되는 중요한 입장이 되었다. 1965년에 처음 출간된 그의 저서 『라블레와 그의 세계(*Tvorčestvo Fransua Rable*)』28)에서 바흐친은 라블레의 창조적 재능을 밝혀내기 위하여 대화와 언어적인 상호작용의 분석틀을 도입하였다. 그리고 바흐친은 그가 언제나 그랬던 것처럼 언어예술의 분석은 언어 사용에 있어서의 그 창조적인 측면, 그리고 언어기호의 근본적인 특징을 밝히는 데 최선의 기회가 됨을 확신하고 있다.

---

27) 『러시아 시학 강독』, p.176.
28) 바흐친의 『라블레와 그의 세계』, H. Iswolsky 번역. MIT출판사, 캠브리지, 1968.

4. 볼로쉬노프는 그의 저서 『마르크스주의와 언어철학』에서 언어와 인류학에 관한 마르(N. Ja. Marr)의 사상을 장황하게 인용하고는 있지만 언어의 계급적 성격에 대한 이론, 그리고 언어와 계급투쟁간의 우연적인 관련성에 대한 이론에 있어서는 명백히 의견을 달리하고 있다. 볼로쉬노프는 그의 저서에서 "계급은 기호 공동체와 일치하지 않는다", "서로 다른 다양한 계급은 동일한 하나의 언어를 쓰게 된다", "특별한 이데올로기적 기능에 대해 세계는 중립적 입장을 취한다"라고 주장한다. 그러나 1930년 마르는 마르크스주의와 야벳주의(노아의 아들인 야벳에서 따옴: 역자주)에 관한 토론에서 인간의 언어는 그 기원부터 계급적인 언어였으며 계급없는 언어는 없다고 되풀이하여 반복하고 있다. 실제로 마르의 마르크스주의와 볼로쉬노프의 마르크스주의 사이의 불일치가 바로 볼로쉬노프가 매장되어 버린 이유 중의 하나라고 생각할 수도 있다.

1930년대의 소련에서 인문학 연구의 모든 측면에 절대적인 영향력을 행사했던 기계론자, 조건반사학자, 그리고 마르주의자들은 볼로쉬노프의 다음과 같은 주장에 거의 동조하지 않았다. "언어학은 변증법 이전의 기계론적 유물론 단계에 머무르고 있는데 그 한 표현으로 모든 영역의 이데올로기 연구에 있어서 기계론적 인과율이 계속 지배하고 있음을 들 수 있다". 공식적인 마르크스주의의 강력한 옹호자들이 볼로쉬노프의 다음과 같은 발언을 침착하게 용인할 수 없었음은 명백한 사실이었다. "기계론적 인과율이 갖는 범주의 적용 범위는 매우 좋으며 자연과학 자체 내에서도 그 범위는 계속 좋아지고 있다. 따라서 변증법은 이러한 제반 학문들의 기본 원리에 좀더 깊은 영향을 미치고 있다". 볼로쉬노프가 마치 무지개처럼 데카르트 언어학과 훔볼트 언어학의 반대편 주위에 아치형으로 펼쳤던 그의 변증법적 통합에 내포된 마르크스주의의 진정한 본질을 그의 강력한 반대자들에게 설득시킬 수 없었음은 명백한 사실이었다. 볼로쉬노프의 기호의 이원적 개념 그리고 언어의 생성과정에 있어서의 끊임없는 내재적 흐름이라는 양자에 대한 조합은 그 근본에 있어서 의심스러운 개념이 되었다. 기호, 언어, 개인의식, 내적 발화 및 인간의 사고 등에 내포된 사회적 성격에 대한 볼로쉬노프의 주장은 전혀 무익한 것이 되어버렸다. 1930년대 소련의 경우 기호의 이원적 성격과 언어 창조의 생성과정에 대한 논쟁은 논쟁 자체가 생존에 위협을 주는 위험스런 논제가 되었다. 자세한 내용은 확실치 않으며 그리고 아마도 영원히 풀리지 않겠지만 볼로쉬노프가 생존해 있을 수 없었음은 분명하다. 그는 1930년대에 자취를 감추었으며 그와 더불어 그의 『마르크스주의와 언어철학』, 『프로이트주의』 등도 사라져야만 되는 운명을 맞게 되었다. 이제 기호학 서문은 모든 지적 비극에 대한 서문이 되어버렸고 수 십 년 동안 기호에 대한 개념은 하나의 금기사항이 되었다. 1950년대에 자료처리장치의 기술적 진보가 본질적으로 현대 기호 언어학, 논리학, 응용 대수학 등의 진보와 밀접하게 관련되고 있다는 사실이 명백해지자 마르크스주의적 '진리'에 대한 보수적 옹호자들은 산업화, 우주탐험, 현대전 등에 있어서 서구를 따라 잡기 위해 그 통제를 느슨하게 완화하였다. 1959년 소련학술원(Izvestija Akademii Nauk U.S.S.R)의 몇몇 저자들에 의해 발행된 소련학술원의 공식 간행물인 프로그램이라는 논문에서 언어학자였던 비노그라도프는 과학자들이 여전히 계속적으로 기호학을 이해하고 있었다고 공공연히 말하였다.29) 사실 비노그라도프는 그 후 과감히 볼로쉬노프의 공로를 인정했던 최초의 사람(혹은 최초 중의 한 사람)이 되었지만 그러나 지금까지도 볼로쉬노프의 공로에 대한 언급은 아직 미미한 편이다. 1966년에 모스크바대학출판부에서 간행된 『기호체계로서의 언어(*Jazyk kak sistema znakov*)』에서 볼코프(A. G. Volkov)가 접근했던 것처럼 기호학상의 문제들에 접근했던 저자들조차도 용기있게 볼로쉬노프의 이름을 언급할 수는 없었다. 소련학술원의 공식적인 저널인 『철학의 제문제(Voprosy Filosofii)』에 실린 최근의 논문도 대부분 마찬가지 형편이었다. 1959년 독일에서 개최되었던 최초의 기호 및 언어체계에 관한 국제회의에서도 수많은 러시아 학자, 마르크스주의자와 비마르크스주의 기호학자들이 그 토론에 참석했었지만 볼로쉬노프의 이름은 언급되지 않았다. 1967년 "Festschrift"에 「야콥슨을 기념하면서(To Honor Roman Jakobson)」에 실렸던 쯔베긴체프(V. Zvegincev)의 논문 「인간과 기호(Čelvovek i znak)」에서도 볼로쉬노프의 이름은 언급되지 않았다. 쯔베긴체프는 소비에트 러시아 현대 언어학 개관에 대해서 잘 알고 있었으며 야콥슨이 볼로쉬노프의 기호학에 끼친 공로에 대해 언급했음도 잘 알고 있었던 것이다. 따라서 볼로쉬노프의 통찰력이 있었던 대담한 견해들은 단지 그 일부분만 복원된 셈이며 그의 『마르크스주의와 언어철학』은 여전히 논란의 여지가 있는 책으로 남아 있는데 사실인즉 그렇다고 할 수 있다. 이 책은 사실 논란의 여지가 많은 책이기도 하지만 동시에 인간 공동체, 인간의식, 인간을 인간답게 만들어 주는 것 등에 필요한 기호의 중요성에 대한 탁월한 저서이기도 하다. 이 책은 또한 언어 자체가 하나의 생성과정이라는 것 그리고 그러한 언

---

29) R. A. Budagov, V. V. Vinogradov, B. V. Gornung, M. M. Desnickaja, and B. A. Serebrenikov, "Teoretičeskie Voprosy Jazykoznanija", *Izvesija A. N.* XVIII, (1959), p.216.

어는 "다른 생성과정의 도움에 의해서만 파악될 수 있다는 것" 등등 언어의 신비성에 대해 저술한 책이기도 하다.

부록 Ⅱ

러시아 문학이론과 문학연구에 있어서 형식적 방법과 사회학적 방법
(M.M. 바흐친, P.N. 메드베데프, V.N. 볼로쉬노프)

― 티투닉(I. R. Titunik) ―

1920년대, 특히 그 후반기에 러시아 문학계는 소위 **형식적 방법** 혹은 **형식주의 학파**의 연구활동에 많은 관심이 집중되었다. 언어와 문학을 연구하던 일단의 탁월한 젊은 학자들은 나중에 형식주의자로 알려지기 시작했는데 그들은 대략 1916년경부터 **오포야즈**(Opojaz)[30]로서 활동하기 시작했으며 그들의 주요한 관심사는 '구체적 시학

---

30) 오포야즈(opojaz)는 시적언어연구협회(Obščestvo izučenija poètičeskogo jazyka)의 머릿글자를 따서 만든 두문 약어이다. 오포야즈는 형식주의 운동을 형성한 두 개 그룹 중의 하나였다. 또 하나의 그룹이었던 모스크바 언어학계(the Moscow Linguistic Circle)는 1920년대 초반에 그 기능을 중지하였다. 러시아 형식주의의 "역사와 이론"에 대한 상세한 설명과 관련문헌은 V. Erlich의 『러시아 형식주의 (Russia Formalism)』(The Hague, 1955)를 보면 잘 알 수 있다. 1971년 매사추세츠, 캠브리지, MIT출판사에서 L. Matejka와 K. Pomorska가 편집한 선집 『러시아 시학 강독(형식주의 및 구조주의의 견해)』(이후 『강독』이라 약함)은 문학이론과 분석에 있어서 형식주의의 가장 중요한 연구 내용을 영어로 번역하여 싣고 있다. 이 저서는 러시아 형식주의에 대한 편집자들의 논문도 실려 있다.

(concrete Poetics)', 즉 언어예술의 고유한 본질적 특성에 근거한 자율적이고 독립적인 문학의 확립이었다. 의심할 나위 없이 형식주의는 당시 러시아 문학사상에 있어서 과학적으로 가장 진보된 그리고 가장 역동적이며 영향력 있었던 운동이었다. 새로운 학파의 도전에 의한 중립은 사실상 불가능한 일이었다.

그러나 1925년경의 계속되는 상황은 단순히 찬성 세력과 반대 세력을 규합하는 것과는 거리가 멀었다. 당시의 형식주의자들은 일단의 제자들, 지지자들 그리고 다양한 종류의 동조자들을 그들의 연구에 끌어들였다. 그러나 새로운 지지자들 중에는 그들의 연구결과에 드러난 바 형식주의 운동의 과학적인 지향 방향을 오인했던 많은 '아류(epogones)'와 '절충주의(ecclectics)'가 있었으며 그들은 형식주의의 한 방계를 형성하게 되었다. 그러나 오포야즈주의자들은 그들을 계속적으로 공공연하게 비판하긴 했지만 그들을 분리시킨다는 것은 어려운 일임도 알게 되었다.31)

다른 한편으로 이 운동에 대한 수많은 반대자들이 있지만, 그 성격에 있어서는 적지 않게 혼합되어 있기도 했다. 몇몇 반대자들은 아주 강경한 적이 되기도 했으며 그들은 형식주의를 믿을 수 없는 것으로까지 생각하여 어떤 대가를 치르고서라도 없애고자 하였고, 형식주의를 반박함에 있어서 이 운동을 오인한 새로운 지지자들의 '형식주의"를 광범위하게 다루었다. 동시에 또 다른 형식주의 비판자들도 있었다. 그들은 주요 원리에 있어서는 의견을 달리 했지만 형식주의자들의 일부 측면에 대해서는 경탄하였으며 기꺼이 그들과 절충하고자 하였다. 이러한 양측의 반대자들 가운데는 다양한 종류와 다양한 입

---

31) 『강독』, p.5, p.8에 있는 아이헨바움(B. Ėjxenbaum)의 「형식적 방법의 이론」 참조.

장의 마르크스주의자들이 또한 있었다.

1920년대가 막을 내리고 1930년대가 시작됨에 따라 형식주의 운동과 이에 대한 혼잡했던 논쟁은 점점 더 소련의 정부 및 정치계의 변화에 의해 영향을 받게 되었다. 자유롭게 진행되던 논쟁은 이제 점차적으로 도그마를 필요로 하게 되었던 것이다. 형식주의는 이제 점점 '이단(heresy)'시 되었으며 얼마 지나지 않아서는 불길하게도 이러한 경향이 소비에트 생활의 실제적인 것이 되어 버렸다는 사실이다. 그러나 한동안 도그마에 대한 충실이 선행조건이긴 했지만 이성적 관점에서 형식주의와 논쟁하는 것은 가능한 일이었다. 1920년대 후반과 30년대 초반에 일단의 자칭 마르크스주의자들(그러나 그들의 마르크스주의는 허락된 범위 이상의 것을 증명하고자 하는 것이었으며 따라서 그들은 그들의 마르크스주의에도 불구하고 - 좀더 정확히 말해서 그들의 마르크스주의 때문에 - 나중에 비참한 결과를 감수해야만 했다.)이 언어와 문학이론 분야, 좀더 정확히 말해 언어와 문학을 특별히 중요시했던 기호학 분야에 대한 연구를 시작하였다. 이 그룹의 선두는 역시 바흐친이었다. 그 중에는 메드베데프(M. Medvedev)와 볼로쉬노프(V. N. Vološinov)도 있었다.32)

---

32) 이 그룹이 공식적으로 알려진 것은 최근의 일이었다. A. A. Leont'ev의 심리언어학에 대한 두 권의 저서(1967년 레닌그라드판 Psixolingvistika 86~88페이지. 그리고 1969년 모스크바판 *Jazyk, reč, rečevaja dejatel'nost*, p.79)에 바흐친 '집단', '학회', '학파' 등등 짤막하게 그 내용이 언급되었었다. 이상하리만큼 Leot'ev의 저서에 실린 바흐친의 견해에 대한 내용은 모두 볼로쉬노프의 『마르크스주의와 언어철학』에서 인용한 것이다. 정확한 기록을 알 수 있는 바흐친그룹에 대한 전반적인 설명은 바흐친의 75회 생일을 기념하여 모스크바 대학에서 열렸던 모임의 결과에 대한 보고로서 출간된 1971년판 *Voprosy ja zykoznanija* 제 2권, pp.160~162에 실려있다. 이 보고문은 모스크바 회의에서 주어진 4개의 발화에 대한 내용을 간략히 요약하고 있다. 제 2의 화자에 대한 언급에서 바흐친그룹에 대해 다음과 같이 확인, 설명하고 있다. "바흐친의 측근 중에는 그의 제자이며 추종자

바흐친 그룹과 형식주의자들 사이의 그 정확한 관계는 쉽게 대답할 수 있는 문제는 아니며 실제적인 역사 상황은 아마도 이들의 관계를 완전히 해명할 수 없을 지도 모른다. 사실 위에 언급한 세 명의 학자들은 모두 반형식주의자적인 입장을 분명히 하였지만 그들은 형식주의와는 타협이 불가능한 마르크스주의의 반대자들로서 의도적으로 그렇게 하였다. 동시에 완전한 타당성을 갖는 다른 주장도 가능하다. 왜냐하면 바흐친 그룹과 형식주의자들은 몇 가지 공통되는 관심을 가졌다는 것, 형식주의자들의 이론은 단지 반작용의 목적에서만 아니라 실제적으로는 바흐친 그룹의 사상을 싹트게 했으며 고무시켰다는 것, 어떤 면에서 볼 때, 구체적인 예를 든다면 특별히 시학 분야에 있어서 바흐친 그룹은 형식적 방법의 개념과 위의 전개과정 중 형식적 방법에 의해 공식화되고 한정되었으며 좀더 발전되었던 그러한 개념들과 유사한 개념을 사용했다는 것, 그리고 마지막으로 두 계열은 수렴되지 않을 수 없었으며 실제로 프라그(prague)학파의 구조주의 그 중에서도 무카로프스키(Jan Mukařovsky)의 연구, 다시 말해서 다른 사람의 연구 분야에서 수렴하게 되었다는 것 등등과 같은 주장 때문이다.

그러나 바흐친그룹이 실제로는 지적 생존을 위해 마르크스주의와 반형식주의의 보호 아래 활동하였던 형식주의 혹은 신형식주의라는 결론은 사실의 과장 내지 왜곡일 뿐만 아니라 실제적인 주요 쟁점을 흐리게 할 수도 있다. 분명 바흐친그룹이 원했던 것은 새로운 전제,

---

인 동시에 공동 연구자였던 볼로쉬노프, 문학자였던 메드베데프와 L. V. Pumpjanskij, 인도 연구자였던 M. I. Tubjanskij, 생물학자인 I. I. Kanaev, 작가인 K. Vaginov, 음악학자인 I. I. Sollertinskij 등이 있었다" 바흐친과 오포야즈와의 관계도 여기에서 짧게 논의되었다.

즉 마르크스주의 기호학 혹은 그들이 말하는 바 마르크스주의 이데올로기 연구(nauka ob ideologijax)라는 새로운 전제를 토대로 한 새로운 출발이었다. 그들의 견해로는 그러한 연구의 토대 위에서만 그리고 그러한 연구의 전반적인 맥락 내에서만 진정한 문학이론과 연구의 구성이 가능하였다. 형식적 방법과 대비하여 그들은 자신들의 방법을 **사회학적 방법**이라고 공언하였다. 이러한 두 방법 사이의 중복과 병행에 대한 인식은 상황적으로 볼 때 마땅치 않았으며 실제적으로도 적절한 것이 되지 못했다. 핵심 논점은 바로 **모순**(contradiction)이라는 개념이었다. 즉 도출된 제반 결론과 더불어 기본 견해와 기본 방향에 있어서의 모순이었다. 따라서 형식주의에 대한 논쟁의 유용성과 필요성이 제기되었던 이유는 형식주의를 배격하기 위해서가 아니라 "잘못된" 전제와 구체적으로 모순관계에 있는 "올바른" 전제를 보여줄 수 있는 전체적인 전망 형성에 형식주의를 이용하기 위해서였다.

이러한 작업, 특히 형식주의에 대한 비판적 문학 분석에 의한 마르크스주의 문학이론과 문학연구의 윤곽 형성은 메드베데프에 의해 실행되었다. 1928년 메드베데프는 『문예학에 있어서의 형식적 방법(Formal'nyj metod v literaturovedenii)』이라는 제하에 그의 연구 내용을 발표하였는데 하나의 징후처럼 『사회학적 시학에 관한 비평적 입문(Kritičeskoe vvekenie v sociologičeskuju poètiku)』이라는 부제가 붙어 있었다.33) 이 책은 동양 및 서양 언어와 문학의 비교 역사연구소(the

---

33) 분명 이와 같은 연구는 당국과 마찰이 없이 썩 잘 어울리는 것은 아니었다. 제2판이 1934년 『형식주의와 형식주의자(Formalizm i Formalisty)』라는 새로운 표제로 출간되었다. 그것은 본질적으로 동일한 연구였지만 형식주의에 대한 악의에 찬 비난을 삽입하여 실렸다. 그러니 이러한 내용은 『콘사이스 문학백과(Kratkaja literaturnaja ènciklopedija)』(IV, 모스크바, 1967, p.723)에서 밝히고 있듯이 그뒤 메드베데프가 "불법적으로 억압되는 것"을 막지는 못했다. 이 논문의 모든 내용은

Institute for Comparative History of Occidental and Oriental Languages and Literature)에서 발행한 "언어와 문학의 이론 및 방법론상의 제문제"라는 연속간행물에 실렸고, 그 이듬해에는 볼로쉬노프의 『마르크스주의와 언어철학』도 실리게 되었다. 이 두 저작은 서로 상보관계에 있는데 가정과 견해, 개념과 용어 등에 있어서 완전히 동일하며 몇몇 구문의 경우에는 그 논의, 어법에 있어서 매우 밀접하게 일치하고 있다. 물론 형식주의에 대한 관심은 그 본질과 영역에 있어서 전혀 달랐다. 일반적인 형식주의가 갖는 그 인식론 및 방법론상의 토대에 대한 비판을 볼로쉬노프는 '추상적 객관주의'라고 불렀다. 이러한 비판은 볼로쉬노프의 경우 이중적인 비판적 분석의 한 부분을 차지하고 있으며 이러한 분석으로부터 탁월한 이데올로기적 창조성에 대한 매개로서의 새로운 마르크스주의적 언어개념이 형성되었다. 메드베데프의 경우 러시아 형식적 방법은 대조분석(contrastive analysis)이라는 방법에 의해 마르크스주의 사회학적 시학의 윤곽을 형성하는 데 필요한 중요한 재료로 생각되었으며 또한 광범위한 전면적 "이데올로기 연구 즉 연구대상에 대한 개념상의 일원론적 원리와 일원론적 연구방법을 근거로 인류의 이데올로기적인 모든 창조성을 포괄하는 이데올로기 연구"[p.11]로 생각하였는 바, 이는 볼로쉬노프와 완전히 일치하는 견해였다.

이데올로기의 일반적인 연구와 그리고 문학에 대한 특별한 연구에 있어서 그 문제의 핵심은 바로 메드베데프가 지칭한 '특수화의 문제(problem of specification)'였다. 그가 간파하고 있듯 이데올로기 연구 및

1928년판에서 인용한 것이며 편의상 1928년판에 대한 페이지 수는 인용문 뒤의 괄호에 표시하였다.

그러한 연구의 모든 분야에 대한 토대는 이미 단일한 이데올로기의 모든 영역에 있어서 그 명확한 의미, 기능, 그리고 인간 사회와 역사 상의 관계 등등을 부여해주고 있기 때문에 아무런 문제가 되지 않는 다. 따라서 문제의 핵심은 다른 것들로부터 어느 하나를 구분시켜주 는 대상을 설명함에 있어서 각 분야의 고유한 성질에 대한 것에 있었 다. 이러한 문제의 긴급성은 전체적(마르크스주의자) 이론과 주체적 분석 사이에 위험스런 분리를 낳게 했으며 그 결과 연구 중인 모든 대상은 그 특수성이 박탈되거나 모든 사회적인 관련으로부터 분리되 어 그것 자체만의 가치를 갖는 것으로 취급되었다는 사실에 의해 입 증되었다. 이러한 딜레마로부터의 탈출이 바로 메드베데프가 찾고자 했던 것이었다.

> 이데올로기적 창조성의 각 영역에 속해 있는 질료, 형태, 목적 등 이 갖는 고유한 성질에 대한 정확한 **사회학적** 연구가 부족한 편이 다. 그들 각각은 결국 그 자체의 형태, 작용 그리고 단일한 실재의 굴절에 필요한 그 자체의 고유한 법칙과 더불어 자신의 "언어"를 연 구하게 된다. 더불어 자신의 "언어"를 연구하게 된다. 예술·과학· 윤리·종교 등의 고유성은 하나의 공통 토대보다 우월한 상부구조로 서의 그들의 이데올로기적 통합을 흐리게 해서는 안 되는데 그들 각 각은 단일한 사회·경제적 결합으로 되어 있다. 그러나 그들의 고유 성이 그러한 결합에 대한 일반적 공식화 때문에 말살되어서도 안된 다.〔pp.11~12〕

문학연구에 있어서 특수화의 문제는 형식적 방법과 사회학적 방법 사이의 필연적인 모순점이 되었다. 그 모순점의 정확한 이유는 동일 한 목적의 추구에 있어서 서로 다른 일련의 전제들이 상호 충돌하는 데 있었다. 형식주의자들은 메드베데프가 기꺼이 인정하듯이 "정확한 해석자로 나서게 되었으며" 그리고 "문학에 있어서 특수화라는 문제에 상당한 통찰력과 이론적 견지를 부여하는 데 성공하였다."[p.54]. 그리하여 마르크스주의의 사회학적 방법으로서는 무시하거나 폐기해 버릴 수 없는 하나의 도전이 되었다. 특수화의 문제에 대한 형식주의자들의 성과 혹은 그 주장은 동일한 목표를 추구하지만 그러나 필수적으로 모순관계에 있는 다양한 장을 형성했으며 이러한 장은 마르크스주의자들에게 있어서 자신들의 개념 정립에 필요한 증명의 근거가 되었다.

> 마르크스주의 문학연구는 형식적 방법과 접촉하게 되며 최상위의 가장 시급한 공통문제, 즉 특수화의 문제에 있어서 서로 충돌하게 된다. 따라서 형식주의에 대한 비판은 언어의 최선의 의미에서 '내재적인 것'일 수 있으며 또한 그래야만 한다. 형식주의자들의 각 주장은 그 자체의 타당한 근거 위에서 검토, 반박되어야 하며 그 근거는 문학적 사실이 갖는 명백한 특징의 근거를 말한다. 연구의 대상 그 자체, 즉 자체의 특수성을 갖는 문학은 형식주의자들의 정의를 문학과 그 문학의 독특성에 비추어 볼 때 부적당한 것으로 간주하여 취소 폐기해야 한다.[p.55]

메드베데프는 자산의 연구 마지막 부분에서 다음과 같이 단언하고 있다.(동일한 상황 아래서 특별히 용기있게 내린 찬사에서)

> 마르크스주의 학문이 형식주의자들에 대해 감사해야 한다고 우리는 믿고 있다. 왜냐하면 마르크스주의의 문학이 명료하게 읽혀지고 확고해져야만 했던 과정 속에서 형식주의자들의 이론은 진지한 비판의 대상으로서 큰 도움이 되었기 때문이다. 연륜이 짧은 학문은—마

> 르크스주의 문학은 그 연륜이 매우 짧다―형편없는 동료보다는 훌륭
> 한 적을 더 높이 칭찬해야만 한다.[p.232]

메드베데프와 볼로쉬노프의 마르크스주의적 견해에 의하면 문학에 대한 객관적 연구를 가능케 한 것과 그 연구를 필연적으로 사회학적인 것이 되게 했던 것은 물론 문학이 갖는 불가분의 **사회적 특성** 때문이었다. 그래서 사회적 특성은 모든 이데올로기적 창조성에 내포된 것으로 단정되었다. 볼로쉬노프가 단언하고 있듯이 이데올로기적인 것은 모두 기호학적인 것이며 모든 기호는 그 **자체**가 하나의 사회적 현상인 것이다. 다른 접근 방법 예를 들어 실증주의, 형식주의, 주관적 심리학, 관념론 등등의 접근 방법이 실패했던 이유는 바로 모든 이데올로기적 산물이 갖는 사회적 특성 때문이었으며 따라서 그들은 불가피하게 연구의 대상을 오인하여 잘못 설명했던 때문이다.

그러나 동시에 문학이 갖는 사회적 성격은 사회학적 견지에서 볼 때도 잘못 오해될 가능성을 배제할 수 없었다. 즉 문학은 사회생활의 직접적 반영 내지는 다른 이데올로기적 체계의 결과에 대한 대리 기록자로서 단지 사회적 내용 및 관계라는 관점에서만 그 파악이 가능하다. 이러한 것들은 러시아의 경우 19세기 중반부터 '사회적 관심'을 갖는 문학 비평과 학문에 있어서 계속적인 관점 및 실제가 되어 왔다. 이러한 '문학 사회학'이 가져온 결과는 문학과 "일상생활"과의 순진한 동일화 그리고 문학 자체의 고유한 성질과의 완전한 분리였다. 이러한 개념은 마르크스주의 내에서조차도 문학은 사회·경제적 토대의 직접적인 도출이라는 논리로 잔존하게 되었다.[34]

---

34) 이 책 p.18에 있는 볼로쉬노프의 본 이론에 대한 비판 참조.

문학은 사회적 과정에 단지 참여하고 있는 것만은 아니며 문학 자체가 본질적으로 하나의 특수한 사회적 실재라고 메드베데프는 주장하였다.

> 문학은 이데올로기 활동이 갖는 환경에 참여하는 하나의 자율적 분야로서 명백하게 조직된 일련의 언어적 산물이라고 할 수 있는데, 문학은 그러한 산물에만 있는 특별한 고유의 구조를 갖고 그 내부에서 특수한 위치를 점하고 있다. 이러한 구조는 기타 다른 이데올로기가 갖는 구조와 똑같이 자체의 특별한 방식으로 사회·경제적 존재의 생성과정을 굴절시키게 된다. 그 내용에 있어서 문학은 다른 이데올로기 영역, 즉 비예술적인(윤리적, 인식적 등등) 이데올로기상의 구성을 반영하고 있다. 그러나 이러한 다른 기호들을 반영할 때에 문학 자체는 새로운 형태, 새로운 이데올로기상의 의사소통적 기호를 창조해내게 된다. 그리고 문학작품으로서의 이러한 기호들은 주변의 사회적 현실에 대해 그 기능을 담당하는 일부분이 된다. 동시에 자신의 외부에 있는 그 어떤 대상을 반영하게 됨에 따라 문학작품은 그 스스로가 본질적으로 이데올로기적 환경이 갖는 현상들을 구성하게 되는데 이러한 이데올로기적 환경은 자율적 가치와 뚜렷한 특징을 갖고 있다. 그들의 기능작용은 다른 이데올로기를 반영함에 있어서 단지 부수적인 기술상의 역할에만 이르고자 하는 것은 아니다. 그들은 자율적인 이데올로기적 역할을 가지고 있으며 그들 자신의 사회·경제적 존재에 대한 굴절 유형도 갖고 있다.〔pp.27~29〕

본질적으로 메드베데프가 제안하고 있는 것은 정교하고 역동적인 '체계들 중의 체계'(나중에 토론하게 될 맥락에서 용어를 빌리자면)로서 그러한 체계 안에서 각각의 이데올로기 영역은 여타의 제반 체계와 복합적인(중재된) 상호 관계와 상호작용을 이루는 고유한 종류의 자율적 체계를 갖게 되며 하나의 공통된 '사회·경제적 토대'에 복합적으로 그리고 궁극적으로 의존하게 된다. 문학은 반드시 이러한 구성 단위로 된 체계로써 간주되어야 한다. 이러한 체계는 문학작품 즉 그들 자체의 뚜렷한 특별한 구조를 갖는 이데올로기적 산물로 구성되며 문학작품은 어떤 특정 문학의 특정한 발전(생성과정)단계에 문학적 문화의 직접적 환경 내에서 작용하게 된다. 그런데, 여기에서의 환경은 생성과정에서처럼 "다른 제반 이데올로기 언어를 어떻게 말해야 하는지를 알고 있듯이 문학언어를 어떻게 말해야 하는지를 알고 있는"[p.43] 단일한 사회·경제적 토대의 지배를 받는 총체적 환경 분위기 중의 하나에 지나지 않는다. 따라서 이러한 체계들 중의 체계는 사회적 성격을 가지면서 점점 침투하게 되며 가장 작은 기술적 세부사항에서부터 가장 정교한 상호관계에 이르기까지 이러한 모든 체계는 모두 사회학적 연구범위 안에 들어오게 된다. 메드베데프에 의하면 진정한 문학 구성을 위해서는 **사회학적 시학**이 필요하게 되며 이러한 사회학적 시학의 주요관심은 문학의 특수화에 대한 논쟁이며 또한 다음과 같은 질문의 해답을 구하는 것이라고 할 수 있다.

> 문학작품이란 무엇이며 그 구조는 무엇인가? 그러한 구조를 구성하고 있는 각 요소들은 무엇이며 그러한 요소들의 예술적 기능은 무엇인가? 장르·문체·플롯·주제·모티프·주인공·운율·리듬·선율 등등은 과연 무엇인가? 어떻게 이데올로기적인 환경이 작품에 반영되며 그러한 반영은 작품의 전체적인 예술적 구조 내에서 어떤 기능을 갖는가?[p.45]

그리고 사회학적 시학과 한 쌍을 이루면서 서로 불가분의 관계로 의존하고 또 변증법적 관계에 있는 것이 문학의 사회학적 역사인데 이것은 다음과 같은 것들을 연구하고 있다.

> 전개되어가는 문학환경을 통합하고 있는 예술작품의 구체적인 생명 ; 문학 환경을 포괄하고 있는 이데올로기적 환경의 생성과정 내에서의 문학 환경 ; 마지막으로 이데올로기적인 환경을 지배하고 있는 사회·경제적 환경의 생성과정 내에서의 이데올로기적 환경[p.42]

바로 이러한 것들이 메드베데프가 제안한 문학이론 및 문학연구의 구성에 대한 전반적인 계획이다.

당연히 형식주의자와 사회학적 견해 사이의 모순점은 뚜렷한 용어로 표현되어야 했다. 메드베데프의 주장에는 전혀 타협의 여지가 없었다. 형식주의자들의 전제는 옳든 그르든 둘 중에 하나였으며 그 밖의 다른 모든 것들은 이러한 전제를 근거로 하는 것들이었다. 형식주의자들은 결코 하나의 통합된 '학파 이론(School theory)'을 제출하지 않았고 또 고의로 회피했지만 그들을 위해 어떠한 기본입장이 가정되어야 했으며 단지 가정에 그치는 게 아니라 확고하게 정립되어 '활기있게' 진행되도록 해야만 했다.35) 형식주의자들의 입장은 문학은

---

35) 문제는 아이헨바움이 「형식적 방법의 이론」에서 유력하게 주장하고 있듯이 정확히 말해서 형식적 방법은 '방법론'이나 "이론"은 아니라는 것이다. 형식주의 원리와 상충하는 마르크스주의 사회학적 이론 때문에 전자를 그렇게 명명할 수 밖에 없었던 것이다. 이러한 목적에서 메드베데프는 형식주의의 기본적인 가정을 불변의 원리로 그리고 그 관심의 초점을 가치 판단이라고 해석하는 것을 주저하지 않았다. 따라서 형식적 방법의 역사는 아이헨바움이 주장했던 발전적 관점이 아니라 미리 가정된 프로그램에 대한 체계적인 충족 내지는 설명으로 간주되었다. 형식주의의 작품 가운데 이러한 '프로그램'과 일치하지 않는 것은 모두 형식주의자들의 입장에서 볼 때 자신들의 이론에 대한 '반역'의 증거로 간주되었다. 이러한 절차에 의하여 얻어진 형식적 방법은 실제로 형식주의자들이 사용했던 방법을 반영하고 있는 것은 아니다. 그것들은 물론 일반적인 이론을 갖추고는 있었지만 그러나 그것은 연속적인 생성과정(한 구절을 인용해 본

기본적으로 하나의 초사회적 현상이며 문학의 '문학성' 즉 그 특수성을 구성하고 있는 것은 스스로의 가치, 내포성, 영속성을 갖는 그 무엇이며 따라서 지식의 대상으로 존재했던 사회적 환경으로부터 문학을 분리해야 한다는 것이었다. 그리고 사회적 영향력과 사회적 사건은 외부로부터 문학에 영향을 줄 수도 있고 때때로 아주 심하게 영향을 끼쳤지만 문학의 실제적인 본질만큼은 여전히 불변하였으며 영구히 배타적으로 문학 그 자체에만 충실하였기 때문에 문학의 진정한 연구는 오직 '내재적' 관점에서만 가능하다는 것이었다.

이는 물론 문학의 특수화의 프로그램을 위한 기본토대로 주장되었지만, 그러나 이것은 문제를 실체화한 토대였으며 바로 이러한 것으로 인하여 동일한 문제에 대한 사회학적 방법의 기본견해와 대조·상충되었다.

> 형식주의자들의 특수화 경향은 마르크스주의자의 경향과 정반대였다. 형식주의자들은 특수화가 다른 모든 이데올로기와 사회생활의 영향력과 힘으로부터 특정한 분야의 이데올로기를 분리시켜 밀봉하는 것으로 생각한다. 형식주의자들은 특수성 혹은 독특성을 자체에 대해서는 정태적인 힘으로 그밖의 다른 것에 대해서는 적대적인 힘으로 생각한다. 즉 형식주의자들은 독특성을 비변증법적인 것으로 생각하며 따라서 그러한 독특성을 사회·역사적 생활의 구체적인 통합에서 발생하는 상호작용의 과정과는 통합이 불가능한 것으로 생각한다.[p.54]

메드베데프의 표현에 의하면 바로 그러한 점이 형식적 방법과 사회학적 방법이 갖는 기본입장간의 본질적인 차이점이 있다. 형식주

다면)에 있어서의 일반이론일 뿐이었다.

자들의 기본입장이 내포하는 의미와 결론은 12년이 넘는 연구 끝에 얻어진 일련의 정교한 이론과 분석에 의해 이미 구체적으로 설명되었는데 이것은 사실상 시학 분야에서 쟁점이 되고 있는 모든 영역을 포괄하는 것이었다. 사회학적 관점에서 이러한 이론과 분석을 비판하게 된다면 아마도 제반 쟁점에 대한 형식주의의 해석을 논박할 수 있을 것이며 동시에 그들의 사회학적 해석을 찾아내어 사회학적 시학을 구성할 수도 있을 것이다. 바로 이것이 메드베데프가 장황하고 복잡하게 항목별 세부적 논쟁을 통해 실행하고자 했던 것이었다. 이러한 논의를 똑같이 동일한 방식으로 요약한다는 것은 그 자체가 엄청난 일이며 본 논문이 지지하고자 하는 것보다는 훨씬 부담스러운 짐이 되었을 것이다. 논의의 많은 실제적 내용을 잃게 될 위험을 무릅쓰고 여기서는 논의의 특정 측면, 즉 볼로쉬노프가 『마르크스주의와 언어철학』에서 발전시킨 개념과 관련이 있고 그리고 '발화', '전체의 형태', '생성과정' 등등의 용어와 동일시 될 수 있는 측면에만 그 관심을 갖기로 하겠다.

메드베데프는 형식주의자들이 문학의 특수성을 밝히고자 했던 점에서는 옳았지만 그 연구를 착수함에 있어서 문학의 특수성을 "시적 언어"에서 찾고자 함으로써 근본적으로 실수를 범했다고 주장한다. [이후 특별한 언급이 없는 한 본 개요는 메드베데프의 견해를 인용한 것이다.] 이러한 오류는 형식주의자들이 언어학과 언어학의 제반범주(음성학, 형태론, 통사론)에 의존했던 점, 형식과 내용을 분리시키려고 했던 언어학적 경향을 도입했던 점, 형식을 연구의 진정한 목표로 삼고 내용은 다른 연구자들에게 떠맡기고자 했던 점 등등에 그 이유가 있다고 할 수 있다. 그러나 사실 시적 언어라는 것은 변증법적 의미에 있어서나 혹은 형식주의자들의 가정처럼 '시적 언어'와 '일상적 언어' 사이의 대립에 있어서나 실제로 존재하고 있는 것은 아니라는 것이다. 언어는 시적 언어와 비시적 언어로 구분될 수는 없으며 단지 서로 다른 기능을 수행하고 있을 뿐인데 그 중 하나가 바로 시적 기능이라고 할 수 있다. 그리고 언어의 시적 기능을 결정해주는 것은 바로 시적 맥락 즉 문학작품이다.

> "시적 성질은 언어에 의한 구체적인 시적 구조에서만 획득되어진다. 이러한 성질들은 언어학적 자격을 갖는 언어에 속하는 것이 아니라 그 구조가 어떠한 것이든지 간에 그러한 구조에 속하는 것이다"〔p.117〕

따라서 문학의 특수성에 대한 연구의 진정한 출발점은 시적 언어(어쨌든 하나의 허구)가 아니라 시적 맥락, 시적 구조, 즉 문학작품 그 자체인 것이다.

일단 이러한 사실이 확립되면 형식주의자들이 그들의 문학 연구에 적용했던 모든 언어학적 장치들은 부적당한 것임이 판명되고 만다. 시적 구조를 구성하고 있는 기본적인 언어적 구성요소는 언어학적 분석 단위(음소·형태소·구문구성단위)는 아니며 또 될 수도 없는 것이다. 그러한 구성 요소는 말의 실제 단위 즉 발화라고 할 수 있으며 또 당연히 그래야만 한다. 문학작품은 특별한 종류의 발화전체 혹은 발화들의 조직이라고 할 수 있다. 그리고 발화 자체는 본질상 이데올로기적인 것이기 때문에 의미의 문제는 바로 시적 구조의 핵심 요소가 된다고 할 수 있다. 그리고 형식주의자들의 주장과는 전혀 다른 시적 구조에 대한 개념이 필요하게 된다.

시적 구조의 문제에 대한 진정한 접근은 그 배타성(이데올로기적 관점에 대응하는 시적 관점에서)에 대한 정의에 있는 것이 아니라 그 통합에 대한 해명에 있다고 할 수 있다.

> 시적 작품은 언어가 갖는 질료적 실재와 의미 등 둘 모두 절대적으로 필요하며 또한 하나의 매개로써 의미가 갖는 깊이와 일반성을 발화된 소리라고 하는 기존의 실제와 결합해줌으로써 작품의 외부에서 작품의 내적 의미로 그리고 외부의 형태로부터 내부의 이데올로기적 인 의미로 조리 있고 일관성 있게 전환시켜 줄 수 있는데 시적 구조의 문제는 이러한 시적 작품을 구성하고 있는 요소에 대한 해명에 있는 것이다.[p.162]

그리고 이러한 매개는 '사회적인 가치평가'라고 할 수 있으며 이는 어떤 특정 시기에 존재하고 있는 기존 사회집단에 있어서 그 집단의 정신, 견해, 이해관계의 선택, 범위, 계층, 다시 말해서 이데올로기적 시야를 한정해 주고 있는 역사적으로 생성·가정된 공통 약호를 말한다. 형태와 실제적인 실행을 중재해 주는 것이 바로 이러한 사회적인 가치평가이다. 모든 특정한 언어행위 즉 발화전체에 지금 현재 위치에서의 실제적인 의미를 부여해주는 것도 사회적인 가치 평가이며, 이러한 사회적인 가치 평가는 또한 발화가 갖는 "개별적이고 분류적인 획기적 인상을 한정해 준다."[p.165]

시적 발화의 특징은 다음과 같은 사실에 있다. 즉 다른 모든 이데올로기 영역의 경우 발화는 언어적 표형 외부에 있는 목적을 위해 조직되는 반면 문학의 경우 발화는 "사회적인 가치 평가가 완전히 실현되어 발화 그 자체가 최종적인 구조를 획득하게 된다. 여기서 발화의 실재는 다른 어떤 실재를 보조하는 것을 의미하지 않는다. 또 여기에서의 사회적인 가치평가는 순수한 표현으로 완전하게 틀이 잡혀 구조화된다"〔p.172〕

이러한 토대 위에서 '전체의 형태'라는 문제가 발생하는데 그 가장 중요한 장르의 개념에 있다고 할 수 있다. 형식주의자들은 장르의 개념에 대한 아무런 언급 없이 시적 언어를 토대로 문학적 구조의 구성요소를 밝혀낸 뒤에서야 장르의 문제에 접하게 되었다. 그들은 불가피하게 장르를 기계적인 장치들의 집합 즉 특별한 우월성을 갖는 일련의 고정된 장치들로 오해하게 되었다. 따라서 형식주의자들은 장르의 진정한 의미를 파악할 수 없게 되었다.

장르는 문학작품의 구성요소 혹은 일련의 문학작품에 의해서 결정되거나 한정되는 것이 아니라 사실상 그러한 것들을 결정하며 한정해주는 것이다. 장르는 "발화 전체의 원형적(archetypal) 형태이며 한 작품의 총체라고 할 수 있다. 작품은 실제적으로 특정한 형태의 장르로만 존재하게 된다. 작품을 구성하는 각각의 제반 요소가 갖는 구조적 가치는 오직 장르와의 관계 하에서만 이해가 가능하다"〔p.175〕 종합된 실재로서의 문학작품과 그러한 실재를 구성하고 있는 제반 요소에 형태와 의미를 부여해 주는 것도 장르이다. 장르는 구조와 주제가 서로 만나 융합되는 영역이며 사회적인 가치평가에 의해 최종적인 구조성의 형태(zaveršenie, zaveršimost')가 생성되는 영역이기도 하다. 바로 이것이 예술의 상이한 특수성(differentia specifica)인 것이다.

장르들은 개개 유형의 예술적인 '전체의 형태'가 명령하는 생활과 실제의 이중적 방향성에서 유래하는 자질들에 대한 특수한 조합이라는 관점에서 정의될 수 있으며 여기에서의 방향성은 외부에서 내부로 그리고 내부에서 외부로의 동시적인 방향성을 말한다. 첫 번째의 경우 문제시되는 것은 사회적 사실로써의 작품이 갖는 실제적 지위, 실제적인 시간과 공간에 있어서의 작품에 대한 정의, 작품의 실행 수단과 양식, 미리 예상되는 독자의 유형과 그리고 작자와 독자 사이에 확립된 관계, 문학의 사회적 제도, 관습, 그리고 기타 다른 이데올로기 영역과의 관련성, 간단히 말해서 문학에 대한 충분한 '상황적'인 정의라고 할 수 있다.

다른 한편으로 빼놓을 수 없는 것은 작품이 갖는 주제의 방향성과 주제의 통일성이다. 각각의 장르는 실제의 어떤 특정 측면만을 다룰 수 있으며 이러한 각각의 장르에는 특정한 선택의 원리·실제에 대한 특정한 계획 및 개념화의 방법 등이 포함되어 있다. 그리고 각각의 장르는 특정한 규모의 취급 범위 및 깊이 내에서 작용하게 된다. 이러한 두 종류의 방향성은 불가분의 관계를 갖고 있으며 상호의존적이다. 그러한 장르 개념은 모든 구성 요소의 해석과 통합에 필요한 역동적이며 창조적인 원리를 제공해주는데 이러한 구성요소에는 형식주의자들이 그들의 연구에서 크게 다루긴 했지만 모든 내용적인 의미를 제거해 버리고 단지 관습적인 제반 규칙 내에서만 그 작용이 가능한 고정된 기능을 갖는 기성의 실재로 축소시켜 버림으로써, 사실 문학을 장기 게임과 유사한 것으로 만들어 버렸던 그러한 요소들도 포함되어 있다.

문학의 발전과 역사에 대한 형식주의적 이론은 그들의 장르이론의 결여로 인하여 고충을 겪게 되었다. 장르이론의 결핍은 바로 문학 자체의 개념에 대한 결핍이었으며 이는 모든 분석 과정에서 노출될 수밖에 없었다. 따라서 문학 역사에 대한 형식주의자들의 이론 형성 단계는 다음과 같이 요약될 수 있다. 시적 언어에 대한 연구를 토대로 형식주의자들은 문학의 기본 요소로서 장치라는 개념에 도달하였다. 그리하여 문학 작품은 장치들의 집합으로 정의되었고, 그러한 집합의 특별한 유형은 문학의 장르·학파·운동 등을 한정지었다. 그렇다면 문학의 역사는 장치들(동일한 장치들)의 결합·분해·재결합의 역사라는 것이 된다.

이러한 역사적 변화과정의 발생경위를 설명하기 위해 형식주의자들은 '자동화' 및 '지각력'의 원리에 의존하게 되었다. 문학을 일종의 "의식 밖의 실재"로써 연구하고자 했던 형식주의자들의 공식적인 의도에도 불구하고 이러한 원리들은 사실상 예술적 지각에 대한 조잡한 종류의 기술-심리학적(techno-psychologistic)인 개념에 도달하게 만들었다. 형식주의자들은 주관적 의식을 없애버리는 대신 예술적 효과와 그 효과의 상실을 '감지하는' 주관적 의식을 미리 가정하는 그러한 이론을 구성하였다. 필연적으로 이러한 '감정'은 하나의 개인의식이 갖는 한계 혹은 동일한 한 세대의 개인의식이 갖는 한계 내에서 발생하게 되는데 그 이유는 "한 사람의 메스꺼움과 다른 사람의 폭식이 아무런 관계가 없는 것처럼 시간을 두고 서로 뒤따르는 두 개인에게 미치는 자동화와 지각력 사이에는 절대적으로 아무런 관계가 없기 때문이다."[p.203] 더 나아가 이러한 원리로부터 도출되었고 그리고 형식주의자들에 의해 변증법적 과정이라고 표현된 형식주의자들의 문학 발전에 대한 구상은 두 세력의 활동 즉 '상위'계열과 '하위'계열을 이루면서 계속적으로 상호 번갈아 교대하는 두 세력의 활동 그 이상에는 이르지 못했다. 따라서 형식주의자들이 제거한 것은 심리학적인 것이 아니라 역사와 이데올로기였다.

문학 역사의 문제에 대한 진정한 객관적 해결은 문학을 실제적인 존재로 그리고 사회적인 사회작용 내지는 의사소통상의 역동적 생성과정 내의 특정한 역동적 생성과정으로 간주하는데 있다고 하겠다. 즉 문학 역사에 대한 문제의 해결은 "'본질적인 것'과 '비본질적인 것' 사이의 변증법" 내에서 모색되어야 한다.

사회적인 의사소통의 생성과정은 그 창조와 수용에 관해서 문학의 모든 측면과 모든 단일한 문학작품을 통제한다. 다른 한편으로 의사소통의 생성과정은 자체의 구성 요소 중의 하나인 문학의 생성과정에 의해 통제를 받는다. 생성과정에 있어서 문학작품을 구성하고 있는 요소들의 조합 대상은 변화하지 않는다. 구성요소들은 자기 동일성을 견지하는 반면 구성요소들, 그들의 조합, 전체적인 구성 등등의 대상은 변화한다. 문학과 개별적인 작품의 생성은 이데올로기적인 시야의 총체적인 틀 내에서만 이해가 가능하다. 이러한 맥락으로부터 작품을 분리시키게 되면 작품 자체는 더욱 더 확실하게 무기력해지며 생명력이 없어지게 된다. 이데올로기적 시야는 우리가 잘 알고 있듯이 끊임없는 생성과정 중에 있다. 그리고 이러한 생성과정은 다른 생성과정처럼 본질적으로 변증법적인 성격을 갖는다. 따라서 우리는 그러한 과정의 모든 순간에 이데올로기적 시야 내의 갈등과 내적 모순을 발견하게 된다. 문학작품도 이러한 갈등과 모순 속에 휘말려들게 되는 것이다. 이러한 작품은 이데올로기적 환경의 몇몇 요소들을 흡수하여 작품 자체에 본질적인 것으로 만드는 만면 다른 요소들은 비본질적인 것으로 간주하여 거부하게 된다. 따라서 '본질적인 것'과 '비본질적인 것'은 역사적 과정 내에서 항구적으로 그 절대적인 동일성을 유지하고 있지는 않으며 그 위치가 변증법적으로 항상 변화한다고 할 수 있다. 지금은 문학에 있어서 비본질적인 것으로 여겼던 사실, 즉 초문학적 실제가 훗날에는 하나의 본질적인 구성 요소가 되어 문학의 내부로 들어올지도 모른다. 그리고 그 반대로 지금은 문학적이었던 것이 나중에는 초문학적인 실제가 될지도 모른다.〔p.206〕 ……문학과 초문학적 실제(이데올로기적인 것 및 기타)가 갖는 '본질적인 것'과 '비본질적인 것'에 대한 변증법적 개념은 진정한 마르크스주의 문학 역사의 구성을 위해 필요한 conditio sine qua non이라고 할 수 있다.〔p.208〕

대충 이러한 것들이 특정한 핵심 사항에 대한 언급과 더불어 짧은 개요로 이루어진 메드베데프의 논의이다. 이러한 논의는 자체의 관점과 목적을 위해 형식적 방법과 사회학적 방법은 궁극적인 조화가 전혀 불가능함을 주장하고 있다. 그러나 다른 관점에서 볼 때 이러한 결론이 전적으로 사실에 부합하는 것임을 입증하고 있는 것은 아니다.

물론 형식주의자들은 문학이 자체의 독특한 특수성과 일관성을 갖는 사회적 사실(sui generis)[36]들, 문학이 사회와 갖는 관련성 및 그 기능, 문학의 철학적 혹은 형이상학적 의미 등등으로부터 지금까지 전적으로 무시되거나 경시되었던 대상들로 전환시키고자 하는데 있었다. 형식주의자들은 1925년 아이헨바움이 형식적 방법에 대해서 명료하게 변론하고 있는 바 "자체의 고유한 특징을 갖는 구체적 질료에 대한 연구로부터 도출된 이론적 원리들"을 사용했으며 "그러한 원리들이 질료에 의해 조리있는 것으로 증명될 때까지" 그러한 원리들을 고수하였다. "질료가 그러한 원리들에 대한 퇴고와 수정을 필요로 하면 우리는 즉시 그 원리들을 수정, 퇴고한다."[37]

---

36) 『강독』, p.33. 「형식적 방법의 이론」 참조. 이상하리만큼 문학과 사회와의 명백한 분리는 마르크스주의 문학 사회학자인 P. N. Sakulin에 의해 형식주의적 견해에 대한 다소 오도된 경탄으로부터 비롯되었다. 메드베데프의 『형식적 방법(Formal'nyj Metod)』, p.48~50 참조.
37) 「형식적 방법의 이론」, p.3~4 참고.

이렇게 하여 도달한 것은 어떤 이론이나 '방법론'이 아니라 단지 처음에서부터의 시작이라고 표현할 수 있는 기본적인 가정과 계속적인 단계를 갖는 연구 과정이었다. 즉 연구 맥락 자체는 계속적으로 복합적이고 포괄적인 것이 되어가는 반면 내부의 각 단계는 선행 단계에 대한 수정과 재평가를 필요로 하는 그러한 과정이었다. 바로 여기에 아이헨바움이 수차례 반복하여 강조했고 형식적 방법의 '발전 요소'가 놓여있는 것이다.

이것과는 달리 메드베데프의 사회학적 방법은 결론으로부터의 시작 과정이라고 표현될 수 있다. 이러한 과정은 모든 대상을 미리 지정된 위치에 배치시켜주는 일반 이론을 필요로 하며 그 전반적인 지배적 작용 양식은 불가피하게 절충주의가 되어야 한다. 실제로 메드베데프는 절충주의가 마르크스주의를 위한 방법이라고 공공연하게 명백한 태도로 선언하고 있다. 마르크스주의는 성공을 장담할 수 있다고 그는 주장한다.[p.42] 형식주의자들은 이러한 점에 관해서 훨씬 더 주의가 깊었다. 그들은 다음과 같은 가정 즉, 다시 한번 아이헨바움의 말을 빌면 "이론과 확신 사이에는 차이가 있다"라는 가정 하에서 연구하였다.38)

따라서 사회학적 시학과 형식주의 사이의 모순은 양자간의 연결을 방해하지 않는 무엇인가의 다른 용어로 언급될 수도 있는 것이다. 사회학적 시학은 메드베데프의 생각대로 연구의 출발점에서부터 그리고 분석상의 모든 단계에서도 문학적 사실이 갖는 사회적 성격을(마르크스주의 개념에 의해 결정되었듯이) 규명해야 하는 반면 형식주의는 문학적 사실이 갖는 사회적 성격에 대한 충분한 이해에 앞서서 먼

---

38) Ibid., p.4.

저 문학적 사실 자체에 대해 연구해야 한다는 입장을 견지하였다. 이런 관점에서 볼 때 형식적 방법의 전개는 특수화라는 문제를 통해 정확히 사회학적 방법은 아니라고 하더라도 실상 사회생활과 역동적 관계를 갖는 문학에 대한 개념 쪽으로 연구를 진행했다고 할 수 있다.

의심할 바 없이 형식주의운동의 가장 심오한 사상가들이었다고 할 수 있는 야콥슨과 티냐노프는 1928년「문학 및 언어 연구상의 제문제 (Problemy izučenija literary i jazyka)」라는 제목 하에 일련의 "논제들"을 발표했는데 중요한 사항에 대해서는 메드베데프와 아주 유사하게 프로그램을 설명하고 있지만 마르크스주의의 전제 조건에 대해서는 언급이 없었다. 이러한 "논제들"은 물론 형식주의자들이 이미 시작했거나 달성한 것들이 아니라 새로운 수정과 재평가 아래 도달하고자 했던 것들을 이루었다. 메드베데프의 사회학적 시학 그리고 형식적 방법이 1928년까지 이르렀던 수준 사이의 일치점을 설명하기 위해 야콥슨과 티냐노프의 논문 중 일련의 발췌문을 서로 자유롭게 관련지어 보기로 하겠다.

> 문학의 역사는 … 다른 역사적 연속과 동시성을 갖게 되며 이러한 역사적 연속이 그러하듯이 문학의 역사는 고유한 구조적 법칙을 갖는 복잡한 복합을 그 특징으로 한다. 이러한 법칙들에 대한 해명없이 문학상의 연속과 다른 역사적인 연속 사이의 상관관계를 해명한다는 것은 불가능한 일이다…. 문학에서 사용되는 문학적 질료와 비문학적 질료는 오직 기능에 대한 관점에서 고려될 때에만 과학적 연구의 대상이 될 수 있을 것이다…. 공시태와 통시태의 대립은 체계개념과 발전개념 사이의 대립이라고 할 수 있다. 따라서 모든 체계는 필연적으로 하나의 발전으로써 존재하며 한편 발전은 불가피하게

체계성을 갖고 있음을 인식하게 되면 이러한 대립은 근본적으로 그 중요성이 무의미해지게 된다…. 공존하는 현상에 대한 그리 평범한 목록만으로는 충분한 것이 못된다. 중요한 것은 그 시대에 있어서의 그들이 갖는 계층적 의미라고 할 수 있다. 언어와 문학의 구조적 법칙과 그 발전에 대한 분석은 불가피하게 실제로 존재하는 구조에 대해서 일련의 제한된 유형(구조적 발전 유형)을 확립하게 된다. 문학 역사의 내재적 법칙에 대한 해명은 문학 체계가 갖는 각기 고유한 변화의 특징을 결정할 수 있도록 해준다. 그러나 이러한 법칙들에 대해 이론상 가능한 여러 가지 발전 경로가 제시되더라도 발전의 속도나 발전의 선택 경로를 설명할 수는 없다. 이는 문학 발전의 내재적 법칙은 불확실한 평형상태를 형성하고 있기 때문이다. 이러한 법칙들은 가능한 해결책 중 제한된 몇 가지만을 받아들이며 어느 특정한 방법을 특별히 지정하지는 않는다. 경로에 대한 특별한 선택 혹은 우위성의 문제는 문학적인 연속과 다른 역사적 연속과의 상관 관계를 통한 분석에 의해서만 그 해결이 가능하다. 이러한 상관관계(체계들 중의 체계)는 자체의 구조적 법칙을 가지며 따라서 연구의 대상이 되어야 한다. 설명없이 체계 사이의 상관관계를 규명한다는 것은 방법론적으로 치명적인 실수가 될 것이다.39)

야콥슨과 티냐노프의 논문이 밝히고 있듯이 메드베데프의 프로그램에 있는 요점과 일치하고 있는 몇몇 개념들은 이미 형식적 방법에 의해 공식화가 이루어져 전개되어 가는 과정에 있었다. 시적 언어와 관련하여 '기능'의 개념은 이미 1923년 야콥슨에 의해 그 연구가 전개되었다. 의미의 기능적 역할 즉, 시적 맥락 내에서 언어가 갖는 의미는 티냐노프의 첫 번째이자 자신의 주요 저작인 『운문 언어의 문제 (*Problema stixotvornogo jazyka*)』(레닌그라드, 1924)에서 체계적으로 연구되었다.40) 실제로 기능성(functionality)은 중요한 수정사항이 되었으며 형

---

39) 『강독』, pp.79~81.

식주의자들로 하여금 장치・구성・장르 그리고 문학 자체에 대한 모든 정태적 개념을 점차 역동적 개념으로 바꾸도록 만들었다. 그 기본 원리는 분명히 티냐노프에 의해 시작되었다고 해야 할 것이다.

> 작품(문학)의 통일성은 폐쇄되어 있는 균형 잡힌 총체성이 아니라 펼쳐진 하나의 역동적 완전성이다. 즉 평형과 부가의 정태적인 기호가 아니라 상관관계와 통합이라는 역동적인 기호라고 할 수 있는 작품의 구성 요소 사이의 역동적 완전성인 것이다.[41]

'기능'과 '역동적 완전성(dynamic integrity)'의 개념과 더불어 문학의 본질적인 역사성(통시성)이 제기되었다. 1924년에 발표한 다른 논문에서 티냐노프는 다음과 같이 기술하고 있다.

> 문학의 발전에 대한 관점에 의해서만 우리는 문학에 대한 분석적 '정의'에 이를 수 있을 것이다. 일단 이러한 입장에 서게 되면 우리가 생각했던 문학의 기본적인 주요 성질들은 항상 변화하는 것이며 따라서 문학은 그러한 성질들에 의해 특정지워지는 것이 아니라는 사실을 발견하게 된다. '아름다움'이라는 의미에서의 '심미적 자질(aesthetic quality)'에 대한 개념도 이러한 범주에 포함된다. 불변성을 견지했던 것은 단지 그럴 것이라고 당연시 여겨왔던 것들이었음이 드러나게 된다. 문학은 문학 자체를 하나의 구조로서 느끼게 해주는 언어적 구조 즉 **역동적인 언어적 구조**이다. 모든 역동적 체계는 필연적으로 자동화될 수밖에 없으며 대립물의 구조상의 원리가 변증법적으로 활동하기 시작한다는 것을 고려해 볼 때 이러한 계속적인 역

---

40) 이 책의 내용 중 2개 부분의 장이 『강독』에 번역되어 있다. "운문의 구성 요소로서의 리듬"(pp.126~135) 그리고 "운문 언어의 의미"(pp.136~145). 뒷 장은 볼로쉬노프가 『마르크스주의와 언어철학』에서 선개한 관점과 주목할만한 유사성을 보여주고 있다.
41) Ibid., p.128.

동성에 대한 필요가 발전의 원인이 된다고 할 수 있다.42)

이러한 일련의 추론은 형식적 방법이 그 발전 초기 단계에서 고의적으로 지연시켰던 쟁점들에 대해 숙고해 볼 필요가 있음을 제기하였다. 문학의 역동적인 발전적 성격에 대한 이론적 인식은 필연적으로 문학과 초문학적 요소 사이의 관계에 대한 문제를 야기시켰는데 메드베데프의 프로그램에 의하면 이것은 "'본질적인 것'과 '비본질적인 것' 사이의 변증법"이라고 할 수 있다.

이러한 새로운 문제의 야기는 형식주의자들의 연구 맥락을 발전 확장시켰을 뿐만 아니라 형식주의자들의 이론적 장치에 대한 재고와 재평가를 요구하게 되었다. 형식주의자들은 '시적' 언어와 '일상적' 언어 사이의 날카로운 대립에서부터 그들의 연구를 시작했지만 점차적으로 그들의 견해를 재조정하여 마침내 언어는 문학과 사회 사이의 유대적 관계이며 따라서 언어는 자체의 완전한 사회적 차원에서 문학 연구에 대한 접근을 가능하게 해주는 것임을 밝히게 되었다. 이러한 새로운 견해는 티냐노프의 1927년판 논문인 「문학의 발전에 관하여(O literaturnoj èvoljucii)」라는 논문에 간략하게 설명되어 있는데 이 논문으로부터 다시 한번 자유롭게 일련의 관련 내용을 발췌 인용하기로 하겠다.

> 기본문제(문학의 발전에 관한 문제)에 대한 연구가 가능하기 위해서는 먼저 문학작품과 문학은 하나의 체계임을 인정해야 한다. 일단 이러한 기본적인 이해가 받아들여지기만 하면 다양한 현상들의 질서 혹은 무질서를 검토하는 것이 아니라 그러한 것들을 연구하는 문학

---

42) 「문학적 사실(Literaturnyj fakt)」, *Arxaisty i Novatory*(1967년 Munich 재판) pp.14~15.

을 구성할 수 있게 된다. 문학 발전에 있어서 문학과 인접하고 있는 현상들이 갖는 질서의 역할에 대한 쟁점은 이러한 사실로 인하여 폐기된 것이 아니라 그 반대로 제기되었다고 할 수 있다…. 하나의 체계라고 할 수 있는 작품의 이른바 "내재적" 연구는 그러한 연구가 갖는 문학 체계와의 관계 밖에서도 과연 가능할까? 이러한 문학작품의 분리된 연구는 바로 구성 요소들을 분리시켜 문학작품 밖에서 그러한 구성 요소들을 연구하는 것과 같은 그러한 추상개념과 다를 바 없다. 이러한 종류의 추상화는 문학 비평에 의해 계속적으로 그리고 효과적으로 현존 작품에 적용되어 왔는데 그 이유는 바로 동시대 작품과 동시대 문학과의 상관관계는 이미 가정되었던 것이며 단지 표현하지 않았을 뿐인 하나의 사실이었기 때문이다. 그러나 동시대 문학에 관해서 조차도 분리된 연구 절차는 사실상 불가능한 것이다. **문학적** 사실이라는 그러한 사실의 존재 그 자체는 그 사실이 갖고 있는 변별적 자질, 즉 문학적 질서 혹은 초문학적 질서와의 상관관계 다시 말해서 자체의 기능에 의해 영향을 받게 된다. 어느 한 시대에 문학적 사실이었던 것은 다른 시대에는 일반적인 사회적 의사소통의 대상이 될 수도 있는데 이는 그 내부에서 주어진 기존 사실이 작용하고 있는 총체적인 문학 체계의 영향을 받기 때문이다. 문학적 질서의 체계는 처음부터 끝까지 **다른 질서와 계속적으로 상관관계를 갖고 있는 문학적 질서의 기능에 대한 체계**라고 할 수 있다. 질서는 그들의 구조에 있어서 변화하지만 인간 활동이 갖는 변별성은 여전히 불변한다. 문학과 인접 질서 사이의 상관관계를 구성하고 있는 것은 과연 무엇일까? 더 나아가 인접 질서란 무엇인가? 우리는 이미 아주 가까이에서 그 해답을 갖고 있다. 즉 사회 관습이 [byt] 바로 그것이다. 그러나 문학과 사회 관습 사이의 상관관계를 해결하기 위해서는 다음과 같은 것들을 제기해봐야 한다. **어떻게**(how), 그리고 **어떠한 점**(in what)에서 사회 관습은 문학과 관계를 갖게 되는가? 결국 사회 관습이란 여러 가지 다양한 다면 구조를 갖고 있으며 그러한 측면들의 기능에 있어서만 고유성을 가질 뿐이다. **사회 관습은 무엇보다도 먼저 언어적 측면을 통하여 문학과 상관관계를 갖게 된다.** 문학으로부터의 사회 관습에 대한 관계도 이와 똑같은 상관관

계가 적용된다. 문학적 질서와 사회 관습적 질서 사이의 상관관계는
언어라는 노선을 따라 실현된다. 문학은 사회 관습에 관해서 **언어적**
기능을 갖는다.43)

따라서 형식주의자들은 메드베데프가 의존할 수밖에 없었던 절충
주의에 의존하지 않고 '체계 내의 체계'에 대한 연구 방법을 제시하
였다.

조잡한 '기술-심리학적'인 개념은 문학 발전에 대한 형식주의자들
의 개념 탓이었다고 주장한 메드베데프의 비난은 메드베데프 자신의
작용 원리로 볼 때 메드베데프 자신의 중대한 실수(혹은 거절)였다고
할 수 있다. '자동화'와 '지각력'은 물론 개인적인 '감정'에 속하는 것
이 아니라 사회적인 경험의 영역에 속하는 것이다. 그것들을 주관적
인 것이 아니라 '상호 주관적인 응답들(intersubjective responses)'인 것이
다.44)

---

43) 『강독』, pp.67, 68~69, 72, 73.(다소 어순이 재배열된 번역임) byt라는 용어(여기
서는 "사회 관습"이라고 표현되었음)는 정확한 영문 번역이 불가능하다. 가장
가까운 용어를 찾아 본다면 인류학에서 사용되는 "문화(culture)" 혹은 "관습
(moves)"이라고 할 수 있다. byt에 대한 다른 번역은 불행하게도 다른 맥락의 경
우에는 개념의 상관성을 모호하게 만드는 경향이 있다. 그래서 티냐노프의 직
접적인 영향을 받았던 아이헨바움은 그들이 literaturnyj byt라고 명명한 용어에
대해 연구하기 시작했다. 『강독』(pp.56~65)에서는 이것을 "문학적 환경"이라고
표현했는데 이는 특정한 맥락에 있어서 가장 적합한 용어라고 생각하였기 때문
이었다. 티냐노프의 byt에 대한 개념은 볼로쉬노프가 『마르크스주의와 언어철
학』에서 "행동에 관한" 혹은 "생활 이데올로기(žiznennaja ideologija)"라고 명명한
개념과 아주 유사하다. 예를 들면 "Literaturnyj fakt"(*Arxaisty i Novatory*, p.19)에서
티냐노프는 다음과 같이 기술하고 있다. "Byt는 다양한 지적 활동에 대한 기본
원리로 가득차 있다. 구성상 byt는 기초과학, 기초 예술 혹은 기술이라고 할 수
있다. 그것은 자체의 작용 방식에 의해 완전히 성숙한 과학・예술・기술과는
다른 것이다."
44) V. Erlich의 『러시아 형식주의(*Russian Formalism*)』(The Hague, 1955) p.152 참조.

바로 여기에 중대한 '규범'의 문제가 관련되어 있다. 야콥슨과 티냐노프의 논문에서도 제안되었듯이 문학 구조에 대한 포괄적 연구, 문학 구조의 유형(장르), 문학의 발전 등등에 대해서 열쇠를 쥐고 있는 것은 바로 이 규범의 문제였다. 야콥슨은 「예술에 있어서의 리얼리즘에 관하여(O xudožestvenom realizme)」45)라는 초기 논문에서 언어예술의 의사소통과정과 그러한 과정의 참여자들을 논의하면서 본질적으로 규범의 문제에 대하여 집중 연구하였다. 따라서 형식적 방법으로부터 체코 구조주의의 기호학적 방법에 이르는 기초적 다리가 놓여진 셈이다. 이러한 규범의 문제는 프라그 학파의 연구에서도 이루어졌는데 무카로프스키의 주요한 연구 가운데 한 제목을 빌린다면 "심미적 기능, 규범, 사회적 사실로서의 가치"46) 등등을 두드러지게 다루고 있어서 형식적 방법과 사회학적 방법은 불가피한 논리적 통합에 이르렀다고 말할 수도 있다.

형식적 방법과 사회학적 방법 사이의 관계에 대한 종전의 개요는 논쟁의 기본 토대를 의미했는데 바흐친 그룹은 형식주의 학파와는 무관한 새로운 전제 위에서 출발하였지만 중요한 관심 사항에 있어서는 형식주의자들과 일치하였으며 형식주의의 개념과 병행·중복되는 문학개념을 사용함으로써 두 '방법들' 사이의 점진적인 수렴을 가능하게 하였다. 그러나 다른 한편 바흐친 그룹의 구성원들 특히 바흐

---

45) 『강독』, pp.38~46에 번역되어 있음. L. Matejka와 K. Pomorska의 말처럼(ibid., p.vii), 이 논문은 1921년 체코에서 출간되었으며 아마도 1921년경에는 야콥슨의 러시아-동료들에게 있어서 과히 주목할 만한 대상이 되지는 못했던 것 같다.
46) Jan Mukařovský, *Estetiká funkce, norma a bodnota jako sociální fakty*(Prague, 1936). 이 책의 영어 번역은 구입이 가능하다 : No. 3 in Michigan slavic contributions, Ann Arbor, 1970. V. Erlich의 『러시아 형식주의』, pp.128~136에 있는 「형식주의에 대한 재평가(Formalism Redefined)」 참조.

친 자신과 볼로쉬노프가 형식주의의 직접적인 영향을 받았으며 사실상 형식적 방법의 추종자(형식적 방법 자체에 대한 최선의 의미에서의 추종자. 즉 수정, 재평가, 발전 등등의 의미에서)로서의 기능을 담당하였다고 주장될 수 있는(그리고 그렇게 주장되어 왔던) 그러한 상당한 타당성을 갖는 특별한 연구도 있었다. 바흐친과 볼로쉬노프가 문학 연구에 대해 실질적으로 기여했다고 말할 수 있는 분야도 바로 이러한 연구 분야였다. 이러한 연구 분야가 갖는 일반적 영역은 볼로쉬노프의 '타자의 말'47) 즉 "말 내의 말, 발화 내의 발화, 말에 관한 말, 발화에 관한 발화" 등등에 대한 정의를 보면 그 영역이 분명해질 것이다.

일찍이 1918년 형식주의자들은 패러디, 양식화, 스카즈48) 등등의 문제를 문학의 연구 분야에 포함시켰었다. 이러한 문제들의 연구는 언어예술에 있어서 필수적인 문체상의 작용 그리고 문학작품의 구성과 발전에 있어서 특히 산문 소설에 있어서의 이러한 문체상의 작용들이 갖는 역할 등등에 대한 연구의 시작을 약속하는 것이었다. 이러한 문제들은 사실상 형식주의자들의 주요 관심사였던 운문에 있어서

---

47) čužaja reč'라는 러시아 용어는 기술적(technical) 의미에서는 "간접 발화" 그리고 문자적 의미에서는 "다른 사람의(another's)" "다른(other)" 혹은 "성질이 다른 발화(alien speech)"를 의미한다. 따라서 러시아 용어 자체는 볼로쉬노프와 바흐친의 이론에 있어서 필수적인 것이라고 할 수 있는 이중적 언급 구조를 갖고 있다. 이러한 이중 언급은 영어의 경우 단일 용어로는 표현이 불가능하며 따라서 "간접 발화"와 "타자의 발화(another speech)" 사이에 공유되는 의미로 생각해야 한다.

48) skaz라는 러시아 용어는 전문적인 문학적 용어로서 마땅한 영어가 없다. 일반적으로 구두 발화(oral speech) 혹은 문학작품의 서사에 있어서 구두 발화라고 생각될 수 있는 것과 관련되어 있기 때문에 skaz는 아마도 명료한 발화적 자질을 갖는 서술이라고 표현하는 것이 제일 나을 것이다. 여기에서 사용된 이 러시아 용어는 앞으로도 계속 원어로 사용될 것이다.

의 소리의 느낌이나 리듬의 문제들과 서로 대응되는 것으로 취급되었다. 억양·목소리의 어조·언어적 몸짓·판토마임 등이 중요한 역할을 담당하고 있다는 스카즈의 경우는 특히 더 그러하였다.

보다 높은 차원의 연구가 대화 개념에 의해 확립되었는데 이는 야쿠빈스키의 1923년 발표 논문인「대화적 발화에 관하여(O dialogičeskoj reči)」라는 논문에 힘입은 바가 크다. 여기에서는 가장 "자연적"인 발화의 형태(인간의 생물학적 '성격' 및 사회적 '성격'이라는 두 가지 의미에서)로써 대화가 차지하는 탁월성이 제기되었다.49) 비노그라도프는 1923년부터 패러디·양식화·스카즈의 문제뿐만 아니라 대화가 갖는 배경과 반대되는 것으로 여겨진 독백의 문제에 대해서 일련의 탁월한 이론적인 그리고 문학 역사적인 연구에 몰두하였다.50) 그러나 형식주의자들의 이러한 모든 선구적 초기 연구는 복합적 원리, 즉 다양한 관련 쟁점들 간의 상호 관계가 충분히 인식되어서 그러한 상호 관계들이 통합된 연구의 장을 위한 기본적 토대가 될 수 있는 그러한 복합적 원리에까지 이르는 데는 실패하였다.

1926년에 볼로쉬노프는「생활 속의 말과 시 속의 말(Slovo v žizni i slovo v poèzii)」이라는 논문을 발표하였다.51) 그 직접적인 목적은 사회

---

49) 내가 알기로는 야쿠빈스키의 논문은 아직 영어로는 번역되지 않았다. 러시아 원본은 *Russkaja reč*, I(petrograd, 1923)에 실려 있다.
50) 이와 관련된 비노그라도프의 연구는 내가 알기로 아직 영어로는 번역되지 않았다. 관련 제목들은 V. Erlich의『러시아 형식주의』, p.258에 있는 문헌목록에 실려 있다.
51) *Zvezda*, 6(1926), pp.244~267. 볼로쉬노프는 다음과 같은 제목으로 3부분으로 된 긴 논문을 발표하기도 했다.「언어 예술의 문체론(Stilistika xudožestvennoj reči)」, *Literaturaja učeba*, 2(1929), pp.46~66 ; 3 pp.65~87;5pp.43~57. 이 논문은 초보자가들을 지도하기 위한 특별한 목적에서『마르크스주의와 언어철학』의 기본 개념을 본질적인 면에서 상세히 설명하고 있다.

학적 시학을 구성하기 위한 예비적 이론(이것은 메드베데프의 저서에 대한 선구적 역할을 담당했다고 할 수 있다)에 해 개괄하고자 하는 것이었지만 논의가 진행되는 과정에서 독백·대화·양식화·패러디·스카즈 그리고 정확한 의미에서의 타자의 말 등등과 관련된 제반 문제들의 핵심 개념을 실질적으로 구체화시키는 결과를 가져오게 되었다. 이런 식으로 해서 이것은 볼로쉬노프의 타자의 말에 대한 근본적 연구와 바흐친의 다성음 구조(polyphonic structure)에 대한 대표적 저작의 토대가 되었다.

볼로쉬노프는 모든 언어적 상호관계는 미리 가정된 가치판단('사회적 가치평가'라는 약호)의 체계 내에서 작용한다는 개념을 출발점으로 하고 있으며 시작품을 '작자' '독자' '등장인물' 등 세 명의 담론 참여자들이 중요한 역할을 담당하고 있는 "불명료한 사회적 가치 판단의 강력한 응축"이라고 표현하였다.

  맨 처음으로 가치 판단은 작자의 언어 선택과 이러한 선택에 대한 독자의 수용(공동 선택)을 결정하게 된다. 시인은 결국 사전이 아니라 생활이라는 맥락으로부터 언어를 선택하게 되며 언어는 이러한 생활의 맥락에 깊이 배어들어 가치판단의 지배를 받게 된다. 따라서 시인은 언어와 관련된 가치판단을 선택하게 되고 더 나아가 그러한 가치판단의 구체적인 담지자(bearers)적 입장에서 그러한 것을 선택하게 된다. 시인은 항상 독자의 공감, 반감, 동의, 부정 등등과의 관련하에서 작업한다고 말할 수 있다. 더 나아가 가치 평가는 발화의 대상인 등장인물과 관련되어 작용한다. 형용사 혹은 은유에 대한 단순한 선택은 이미 이러한 두 가지 방향성 즉 독자와 등장인물에 대한 두 가지 방향성을 갖는 능동적인 가치평가행위라고 할 수 있다. 독자와 등장인물은 창조되는 사건의 계속적인 참여자가 되는데 이러한 사건은 삼자 모두가 포함되는 생생한 의사소통의 사건이라고 할 수

있는 것이다.52)

사실상 이러한 대화의 **원리**는 모든 담론의 속성으로 단정되었으며 언어예술에 있어서는 특별한 고유의 의미를 갖게 되었다. 언어예술과 관련하여 볼로쉬노프가 의미한 '작자', '독자', '등장인물' 등은 일상생활의 작가, 지시대상, 대중 독자가 아니라 문학작품이 갖는 예술적 구조 내에서의 요소 즉 상이한 질서 속의 요소를 의미하였다. '작자', '독자', '등장인물' 등은 "문학작품의 본질적인 구조적 요소, 즉 형태와 문체를 결정하는 필수적인 힘이며 유심히 살펴보면 완전히 감지될 수 있는 것들이다."53)

각각의 참여자들은 다른 두 참여자와 능동적이며 역동적인 관계를 갖고 있는 담론의 맥락을 표현해 준다. 작자의 발화 맥락은 전체적인 전언과 일치하며 그리고 다른 두 맥락을 포괄하여 작자의 맥락 내에 그들을 통합한다는 의미에서 '우울한(dominant)' 지위를 차지하게 된다. 그러나 동시에 작자는 등장인물의 맥락을 표현할 때 등장인물의 맥락과 상관관계를 갖게 되는데 작자는 어느 정도 등장인물의 맥락에 영향을 미치기도 하고 반대로 그 영향을 받기도 한다. 마찬가지로 독자의 경우에도 작자는 독자의 미리 가정된 혹은 예상되는 반응의 맥락과 관계를 맺게 되며 이로써 등장인물의 맥락(독자와 등장인물의 관계) 그리고 작자 자신의 맥락(작자와 독자의 관계)에 대한 효과가 발생한다. 따라서 의사소통의 세 요소인 전언 발신자(화자·작자·발송자·암호제작자 등등), 전언 수신자(청자·독자·접수자·암호해독

---

52) *Zvezda*, 6(1926), p.258.
53) Ibid., p.260.

자 등등), 그리고 무엇 혹은 누구에 대한 내용인지를 기록한 문학 구조상의 중요한 조직 중심으로서의 전언 내용(참조물·대상·'주인공') 등 이 셋은 고도의 다양한 가치평가적 상호관계를 갖는 복합적 그물망에 의해 서로 밀접하게 관련되어 있다. 그리고 이러한 그물망은 매우 광범위한 문학의 문제들에 대한 연구에 있어서 하나의 통합적인 초점이 된다.

그의 『마르크스주의와 언어철학』의 마지막 부분인 제 3장에서 볼로쉬노프는 타자의 말의 현상을 지배하는 기본 원리들에 관심을 집중하였다. 그의 관심은 정확히 말해서 언어예술은 아니었지만 볼로쉬노프는 언어예술에서 그러한 작용 원리에 관한 가장 완벽한 복합적 표현을 볼 수 있었다. 따라서 통사론상의 "핵심적인" 특별한 문제에 대한 연구로서 발표되는 동안 볼로쉬노프의 타자의 전언과 타자의 전언을 전달하는 역동적 상호관계에 대한 연구는 문학의 문제들과도 명백한 관계를 갖게 되었다. 실제로 볼로쉬노프는 언어와 문학에 대한 연구 사이의 필수적인 상호 관련성을 명백히 주장하고 있다.

볼로쉬노프의 분석에 내포된 문학적 의미는 적어도 문학 연구상의 두 가지 중요한 영역, 즉 두 가지 차원과 관련되어 있다. 우선 타자의 말의 형태(정형과 변형)와 언어의 사회·이데올로기적인 생성 사이의 관계는 문학의 역사와 직접적인 관계를 갖고 있다. 볼로쉬노프의 견해에 의하면 "그것은 사회적으로 볼 때 필수적이며 항상적인 것이고 따라서 특정한 언어 공동체의 경제적 존재를 근거로 하고 있는 발화에 대한 능동적이고 가치평가적인 수용에 있어서 바로 이러한 요소들을 선택하여 문법적인 것으로 만들어 주는 일(그 사회의 언어가 갖는 문법적 구조에 대한 적응)이 바로 사회의 기능이다."〔이 책의

p.117] 따라서 타자의 말의 형태는 추상적인 문법 범주가 아니라 다른 사회적 과정과 역동적인 상호관계를 갖는 언어과정으로서 중요하게 여겨지는 것이다.

> 통사론상의 형태, 예를 들면 직접화법과 간접화법의 통사론상의 형태가 타자의 발화를 능동적이고 가치평가적으로 수용할 경우 그 경향과 형태를 직접 명료하게 표현해 준다고 주장하는 것은 결코 아니다. 발화 수용은 물론 직접적으로 간접화법 혹은 직접화법의 형태로 작용하는 것은 아니다. 이러한 형태들은 타자의 말을 전달하기 위한 표준화된 정형일 뿐이다. 그러나 한편으로 이러한 정형과 그 정형의 변형은 발화 수용이 갖는 지배적 경향과 일치할 때만 발생이 가능하며 구체적 형태를 갖게 된다. 다른 한편 일단 이러한 정형들이 언어의 형태와 기능을 취하게 되면 정형들은 영향력을 발휘하여 그 전개에 있어서 가치평가적인 수용의 경향 즉 존재하는 형태들에 의해 규정된 채널 내에서 작용하는 가치평가적인 수용의 경향을 규제 혹은 억제하게 된다.[이 책의 pp. 117~118]

따라서 타자의 말의 형태들의 구체적 이행(정형의 변형과 그 변이체)은 전반적인 이데올로기 발전에 있어서 중요한 시대전환이 되며 그 결과 문학 역사에 있어서도 시대전환의 획을 긋는 중요한 변별적 특징들 가운데 기록되어야 한다. 뿐만 아니라 모든 문학상의 학파, 경향, 운동 등이 갖는 중요한 변별적 특징들 가운데서 평가해야 한다. 즉 그들은 그 자체가 문학의 발전과정에 있어서 근본적인 구성상의 자질들로 간주되어야 한다.

본질적인 핵심은 바로 타자의 말의 정형들은 비중·가치 그리고 상호관계에 있는 타자의 전언과 타자의 전언을 전달하는 계층적 지위 등에 있어서 역사적으로 변화한다는 것이다. 중세문학의 직접화법은 가령 르네상스 문학이나 19세기 후반기 문학의 직접화법과는 다르다는 것이다. 더욱이 발전하고 있는 문학 및 초문학적 경향의 영향으로 인하여 몇몇 변형과 변이체는 지배적인 그리고 구조-조직적인 위치로 향상된다. 예를 들면 현대 산문 소설에서 유사 인용 발화(quasi-quoted speech) 형태들의 역할 즉 통상 '내적 독백(interior monologue)'·'의식의 흐름'이라고 지칭되는 그러한 것들의 기초가 되었던 형태들의 역할이 바로 그렇다. 동시에 정의하기가 좀 곤란한 고전주의·낭만주의·사실주의·상징주의 등등과 같은 문학적 실제들도 타자의 맥락과 타자의 맥락을 전하는 상호관계에 있는 역사적 변이체들의 통합이라는 관점에서는 그 정의가 가능하다. 볼로쉬노프의 타자의 말에 대한 분석에서는 확고하게 확립되었던 이런 가능성이 문학에서는 인식조차 되지 못했었다.

직접과 간접의 상호 관계가 갖는 역동성에 있어서 '선적' 경향과 '회화적' 경향의 차이, 간접담론에 있어서 서로 대립하는 '지시' 및 '구조-분석적' 방향성에 대한 설명, 그리고 의사 직접화법을 포함하여 직접화법의 총체적인 변형과 변이체의 체계에 대한 설명 등등과 함께 볼로쉬노프의 타자의 말에 대한 취급은 텍스트의 구체적인 문체 분석에 있어서 특별히 배타적인 것은 물론 아니지만 주로 서사 장르에 속하는 텍스트의 문체 분석에는 핵심적인 요점을 제공해 준다. 모든 텍스트는 직접 및 간접 절차에 대한 선택과 그 연결을 나타내 준다. 문학작품에서 이러한 절차의 고유한 조직에 대한 분석은 작품의 문체구조를 밝혀주게 되는데 이것은 물론 문체를 구성하고 있는 요소들의 목록이라는 의미가 아니라 바로 가치 부과적인 문체상의 작용방식이라는 의미에서 그 구조를 밝혀주게 된다. 따라서 예를 들면 볼로쉬노프는 그가 정의한 '기대되는 유포된 직접화법(anticipated and disseminated direct discourse)'이라는 용어와 관련하여 도스토예프스키가 쓴 「불쾌한 이야기(Skvernyj anekdot)」라는 이야기를 취하여 그것을 분석한 뒤 다음과 같은 결론을 내렸다.

> 이야기 속에 있는 거의 모든 말들(문구 내에 있는 그의 표현성, 감정적인 색채, 그의 강조된 입장과 관계되는 것)은 동시에 교차하는 두 가지 맥락, 즉 두 개의 언어행위에 나타나게 된다. (풍자적이고 조롱하는 듯한) 작자-서술자의 말과 등장인물의 말(그는 아이러니와는 거리가 멀다)이 그것이다. 표현성에 있어서 각기 지향하는 바가 다른 두 개의 언어행위의 동시적인 참여는 그 소설의 기묘한 문장구성과 독특하게 얽혀 있고 반전된 통사론 그리고 아주 독창적인 문체를 설명해 준다. 두 개의 언어행위 중 단 하나만 사용되었더라면 문장들은 다르게 구성되었을 것이고 문체 또한 달라졌을 것이다.[이 책의 p.136]

절차는 그 범위가, 비교적 똑바르고 그리고 예리하게 서로 제한적인 관계를 갖고 있는 그러한 타자의 맥락과 타자의 맥락을 전하는 것 사이의 관계에서부터 '발화 간섭(speech interference)'의 현상들이 그 핵심 역할을 담당하는 고도로 복잡하고 모호한 "혼합" 형태에까지 이르고 있다. 말할 필요도 없이 모든 절차는 가치평가적 과정을 포함하고 있으며 복잡한 형태 못지 않게 단순한 형태도 이를 포함하고 있다. 모든 문학작품은 이러한 범위의 하나 혹은 그 이상의 기록 안에서 작용한다. 많은 문학작품, 특히 현대 소설은 다양한 그리고 종종 미묘한 차이가 있는 하나에서 또 다른 하나로의 변이를 갖는 기록 체계를 그 특징으로 한다. '보여주기와 말하기(showing and telling)', 서술의 극적인 혹은 객관적 양식, 서술의 관점, '신뢰할만한(reliable)' 혹은 '신뢰할 수 없는(unreliable)' 작자와 서술자, "의식의 흐름"이라는 수법 및 기타 이와 비슷한 주제 등등에 관한 많은 논0의가 그랬던 것처럼 직접 맥락과 간접 맥락 사이의 상호관계와 상호작용에 대한 설명에 실패한다는 것은 텍스트의 핵심적인 완전성을 놓치는 것이 된다.54)

『마르크스주의와 언어철학』에 대한 그의 서문에서 볼로쉬노프는 이 책의 제 3장에 있는 연구의 목적에 주목하였다.

> "발화 내의 발화의 문제는 통사론의 한계를 넘는 광범위한 의미를 갖는다. 사실 많은 수의 중요한 문학현상 즉 예를 들어 등장인물의 발화(일반적인 등장인물의 구성), 스카즈, 양식화, 패러디 등등은 "타자의 발화"에서 비롯된 다양한 굴절에 지나지 않는다. 이러한 종류의 발화와 그리고 그러한 발화가 갖는 사회학적 통제에 대한 이해는 앞에서 언급한 문학적 현상들을 생산성 있게 다루는 데 있어서 반드시 필요한 선행조건이 된다.〔『마르크스주의와 언어철학』, 레닌그라드, 1930, pp.11~12〕

그러나 볼로쉬노프 자신의 연구는 문학연구를 위해 그의 이론이 내포하는 의미를 충분하게 다루지는 않았으며 또 다룰 수도 없었다

---

54) 간접화법에 대한 볼로쉬노프의 관념(사실 일반적인 바흐친 그룹의 관념)은 특별히 최근에 발전한 "Tartu" 혹은 "Lotman"학파(이 학파에 대해서는 아래와 같은 Ju. M. Lotman의 브라운대학 재판 영어 입문을 참조할 것. 『구조시학 강좌 (*Lektsii po strukturalʼnoj poètike*)』, Providence, Rhode Island, 1968, pp.vii-x)의 기호학에 대한 연구를 통해 러시아 문학에 새롭게 다시 소개되었다. 적절한 구체적인 예는 B. A. Uspenskij의 『구조시학(*Poètika kompozicii*)』(Moscow, 1970)을 들 수 있다. 사실상 러시아 문학 사상 최초로 그러한 이론들을 볼로쉬노프의 공헌으로 돌리고 있다. 하나의 징후처럼 신러시아 예술 기호학은 분명히 바흐친 그룹 뿐만 아니라 형식주의 이론가들, 특히 티냐노프·야콥슨·비노그라도프 등에 힘입은 바 크다.

(통사론이 그의 주요 관심사였음을 고려해 볼 때). 사실 양식화・패러디・스카즈 등등은 전혀 언급하지 않았다. '타인의 발화'에 대한 문학이론과 분석을 체계적으로 이론화했던 사람은 볼로쉬노프라기 보다는 바흐친이었다. 이러한 주제의 형태에 대한 취급은 다성음 소설(polyphonic Novel) 기법에 대한 바흐친의 특별 논문의 이론적 토대가 되었는데 이러한 다성음 소설은 이 기법의 창조자인 위대한 도스토예프스키의 작품에서 그 예를 찾아볼 수 있다.[55]

양식화, 패러디, 스카즈, 대화적 교환관계에 있는 어느 한 발화 등등과 같은 현상들에 내포된 이중성의 인식, 즉 "이들 모든 경우에서 담론은 이중적 초점을 견지하게 되는데 그 초점은 일상 담론에서처럼 발화의 지시대상을 지향하게 되며 동시에 담론의 제 2차 맥락 즉 다른 발신자에 의한 제 2차 언어행위(second speech act)를 지향하게 된다."[p.176]라는 사실에 대한 인식은 그것의 배타적인 '독백적' 언급틀(frame of reference)과 더불어 전통적인 문체론의 부적절성을 밝혀주며 따라서 이중성의 원리에 대하 근본적으로 설명하고 있는 새로운 접근방법을 필요로 하게 된다.

새로운 접근방법은 '작자의 발화'와 '타자의 발화'가 갖는 맥락간의 상호관계를 근간으로 하는 분석체계에 의해서 확립되어진다. 작자의

---

55) 『도스토예프스키 창작예술의 제문제(Problemy tvorčestva Dostoevskogo)』(레닌그라드, 1929). 1963년 바흐친의 명예가 회복된 후 『도스토예프스키 시학의 제문제(Problemy poetiki Dostoevskogo)』라는 제목으로 이 책의 증보판이 출간되었다. 내가 알기로는 어느 판도 본문 전체가 영어로 번역되지는 않았다. Notes from Underground 와 관련이 있는 한 장(章)이 Notes from Underground의 Crowel 비평 문고판으로 R. G. Durgy에 의해 pp.203~216에 걸쳐 번역 출간되었다.(Crowell, New York, 1969) 또 1929년판 가운데 기본 이론을 다루고 있는 장(章)인 "산문의 담론 유형"도 『강독』에 실려 있다. 인용문 다음의 괄호에 삽입된 본고의 페이지 숫자는 『강독』을 따른 것이다.

발화는 발화 대상에 대하여 직접적으로 그리고 즉각적으로 언급하고 있으며 '궁극적인 개념상의 권위'를 표현해 주는 발화라고 정의될 수 있다. 작자의 발화는 다음과 같다.

> "문체상 직접적인 지시적 외연을 지향하는 발화로서 취급된다. 작자의 발화는 발화의 대상(시적 혹은 기타 다른 무슨 성질을 갖든지 간에)에 적절한 것이어야 한다. 작자의 발화는 '무언가를 의미, 표현, 전달 혹은 묘사하고자 하는 발화의 직접적인 지시적 과제라는 관점에서 볼 때 표현성, 강렬성, 함축성, 우아함 등이 있어야만 한다. 그리고 발화의 문체상의 취급은 발화의 지시대상에 대한 동시발생적인 이해를 지향하게 된다."[p.178]

바로 그러한 발화맥락에 바흐친은 '독백'이라는 용어를 붙였다. 타자의 직접발화 즉 작품에 있어서 주인공·등장인물들의 발화는 직접적인 지시적 의미도 있지만 특별한 위치를 차지하기도 한다. 따라서 작자의 직접발화와는 "서로 다른 국면에 놓이게 된다." 타자의 직접화법을 사실성 작자의 맥락에 포함, 종속되며 따라서 상이한 문체론적 취급을 받게 된다.

> 주인공의 발화는 다른 발신자의 말 즉 어떤 특정 유형 혹은 개성을 갖는 인물의 말로 취급된다. 즉 주인공의 발화가 갖는 지시라는 목적의 관점이 아니라 작자가 의도하는 목적으로써 다루어진다.[p.178]

이런 유형의 발화를 바흐친은 '재현된(represented)' 발화 혹은 '객관화된(objectified)' 발화라고 부른다. 독법적 발화(작자의 직접화법)과 객관화된 발화(등장인물의 직접화법)는 바흐친의 발화형태의 이론에서 첫 번째의 두 가지 구별 등급이 된다. 그의 분류에 의할 것 같으면 그것들은 둘 모두 '단일 목소리(single-voiced)'의 발화인 것이다.

> 중재를 거치지 않는(unmediated) 의도적 발화(intentional utterance)는 발화의 지시대상에 집중하게 되며 주어진 맥락 내에서 궁극적인 개념상의 권위를 형성하게 된다. 마찬가지로 객관화된 발화는 발화의 지시대상에만 집중하게 되는데 그러나 그것은 동시에 발화 자체가 타자 즉 작자가 의도하는 대상이기도 하다. 그러나 이 다른 의도는 객관화된 발화를 관통하지는 못한다. 이 다른 의도는 이러한 발화를 총체로서 받아들이며 그 의미나 어조의 변경없이 그 발화를 자신의 목적에 종속시키게 된다. 그것은 객관화된 발화에 상이한 지시적 의미를 부과하지는 않는다. 객관화된 발화도 마찬가지로 말하자면 자신이 감시되고 있다는 사실을 알아채지 못하고 계속 업무를 보고 있는 사람처럼 의식하지 못하는 사이에 그렇게 된다. 객관화된 발화는 마치 직접적인 의도적 발화처럼 들리게 된다. 첫째와 둘째 유형의 담론에 있어서 발화는 각각 하나의 의도, 하나의 목소리를 갖게 되며 따라서 그들은 단일 목소리의 발화라고 할 수 있다.[p.180]

이러한 기본적 '단일 목소리'의 발화로부터 바흐친은 '이중 목소리(double-voiced)'의 발화로 나아가게 된다.

> 작자는 발화에 새로운 의미를 부과하는 방식으로 타자의 언어행위를 자신의 목적 추구에 이용할 수도 있지만 그렇다고 할지라도 그 발화는 자체의 고유한 지시적 의도를 갖게 된다. 작자의 목적과 일치하고 있는 이러한 상황 하에서 그러한 발화는 다른 발신자로부터 유래한 발화로 인식되어야 하며 따라서 단일한 발화 내에서 두 가지의 의도, 두 가지의 목소리가 발생할 수 있다.[p.180]

이러한 이중 목소리의 발화에는 양식화, 패러디, 스카즈 등이 포함된다.

양식화와 패러디 사이에는 이중 목소리에 있어서 결정적인 차이점이 발생한다. "양식화는 문체를 미리 가정한다. 즉 양식화에 의해 재생되는 일련의 문체상의 장치들은 한번에 직접적인 즉각적 의도성을 갖게 되며 궁극적인 개념상의 권위를 표현하게 된다고 미리 가정하는 것이다."〔p.181〕양식화의 효과는 그 문체가 어떠하든 간에 그러한 문체를 "관습화"하는 것이라고 할 수 있다. 따라서 양식화는 어떤 특정한 동시적인 발생 즉 관련된 두 목소리 사이의 일치를 의미한다. "작자의 의도는 다른 언어행위를 관통하고 있으며 그 발화 안에 함몰되어 있기 때문에 다른 의도와 충돌하지 않는다. 작자의 의도는 타인의 의도를 지향하게 되며 단지 그러한 방향을 관습적인 것으로 만들 뿐이다."〔p.185〕바흐친은 이러한 이중 목소리의 발화를 '다지향적(varidirectional)' 것으로 지칭하고 있다. 단순히 '서술자의 서사'라고 정의된 스카즈도 양식화나 패러디와 똑같은 범위를 차지하게 된다. 스카즈는 단일지향적(양식화된 스카즈) 혹은 다지향적(패러디적 스카즈)인 것이 된다.

이러한 세 번째 유형의 이중 목소리의 담론에 있어서 단일지향적 혹은 다지향적 변형을 통합해 주는 것은 '다른 목소리(other voice)'의 수동성(passivity)이라고 할 수 있다. "양식화, 서술자의 서사, 패러디 등에 있어서 다른 언어행위는 그러한 발화를 이용하는 작자의 손에 완전히 수동적인 것이 된다. 작자는 이를테면 저항없이 복종적인 다른 사람의 언어행위를 취하여 작자 자신의 의도를 그 안에 주입하게 되며 자신의 새로운 목적을 위해 이용하게 된다."〔p.190〕이런 점에서 그들은 두 언어행위가 서로 **능동적인** 관계를 갖고 있는 동일한 세 번째 유형의 또 다른 변형들과는 대조를 이룬다. 여기에서 숨겨진 논쟁과 대화의 형태를 찾아볼 수 있으며 실제로 대화 자체의 형태와 '다른 언어행위에 대한 인식'에 의해 영향을 받은 제반 형태도 찾아볼 수 있다. 이러한 변형들의 경우 "다른 언어행위는 작자의 발화가 갖는 한계 외부에 남아 있게 되지만 그 발화 안에 내포 혹은 암시되어 있다. 다른 언어행위는 새로운 의도를 지니고 재생되지는 않지만 작자의 발화의 한계밖에 남아 있는 동안 작자의 발화를 형성하게 된다."〔p.187〕 이러한 셋째 유형 담론의 능동적인 변형들은 다성음 구조 형성에 있어서 특별히 중요한 역할을 담당하게 된다.

다성음 구조는 "동음(homophonic)" 구조와는 달리 배경이 다른 자체의 특수한 형태와 의미를 갖게 된다. 그들은 바흐친의 분석체계에서 '독백'과 '대화'라는 용어가 갖는 그런 의미의 독백적 구조 혹은 대화적 구조로서 정확히 대조를 이룬다. 동음 구조에서는 "작자인 독백자의 담론 유형이 무엇이든지 간에 그리고 그러한 담론의 구조상의 전개가 어떻든지 간에 작자의 의도는 꽉 짜인 명료한 총체를 지배해야 하며 또 구성해야 한다."[56] 작자의 목소리는 궁극적인 개념적 권위의 담지자로서 텍스트에 있는 다른 목소리들의 제반 상호작용을 계속적으로 통제하여 궁극적으로 그러한 모든 상호작용을 용해하게 된다. 실제로 작자의 목소리는 자체의 단일한 입장에서 다른 제반 목소리들을 지각, 판단하는 것으로 생각된다.(톨스토이는 특히 유별난 경우의 예로 인용될 수 있다) 다성음 구조에서는 텍스트에 있는 다른 목소리늘은 말하사면 그들 자신의 것이 된다. 즉 그들은 언어 혹은 개

---

56)『도스토예프스키 창작예술의 제문제』, p.134.

념상의 어엿한 중심이라는 지위를 갖게 되며 그들 자신들 간의 관계 그리고 작자의 음성과의 관계는 강한 대화성을 갖게 되며 "문체와 어조의 독백적 통합이라는 언어 및 의미상의 독재(dictatorship)"에 종속되지는 않는다.57)

바흐친에 의해 정교하게 다듬어진 담론과 분석체계에 대한 이론은 도스토예프스키의 다성음 기법에 대한 설명 도구로서의 의미보다 훨씬 더 광범위한 의미를 갖는다. (비록 다성음에 대한 바흐친의 업적이 간과되어서는 안 된다고 할지라도). 볼로쉬노프와 더불어 바흐친은 '발화 내의 발화와 발화에 관한 발화'라는 역동적 관점에서 모든 문체 연구의 방향을 근본적으로 구성 요소들에 의한 분류적 기술(description)이라는 것으로부터 발화형성에 대한 체계적 해명이라는 방향으로 다시 전환시켰다. 왜냐하면 이러한 관점에서만 그런 형성의 실제적 구조가 파악될 수 있기 때문이다. 그러한 연구의 본질적인 사회학적 차원도 물론 거기에 놓여 있다. 바흐친은 이것을 다음과 같이 진술하고 있다.

> 다른 발화를 향한 발화의 방향성의 문제는 최상의 질서라는 사회학적 의의를 갖는다. 언어행위는 본질적으로 사회적 성격을 갖는다. 언어는 만져질 수 있는 대상은 아니지만 그러나 항상 이동하면서 변하는 사회적 의사소통의 수단이 된다. 언어는 결코 하나의 의식이나 하나의 소리로 머무르지는 않는다. 화자에서 화자로, 한 맥락에서 다른 맥락으로 한 세대에서 다른 세대로의 이동에 바로 언어의 역동성이 존재한다. 이 모든 경우에서 언어는 자신의 전환 경로를 잊어버리지 않으며 또 구체적인 맥락의 영향력으로부터 완전히 자유롭지는 못하다. 사회의 각 구성원은 말을 언어 체계의 중립적 매개체, 즉 의

---

57) Ibid.

도와 무과하며 종전 사용자들의 목소리가 담기지 않은 그러한 중립적인 매개체로는 생각하지 않는다. 그 대신 그는 타자의 목소리로부터 나온 말을 수용한다. 즉 그러한 다른 목소리로 채워진 말을 수용한다. 언어는 다른 사람의 맥락으로부터 그 구성원의 맥락에 참가하게 되며 다른 화자들의 의도에 의해 지배를 받는다. 구성원 자신의 의도는 이미 채워진 말을 발견하는 것이다. 따라서 언어들 사이에서의 언어의 방향성, 다른 언어행위들에 대한 다양한 인식, 그러한 다른 언어행위들에 대한 다양한 반응 수단 등은 아마도 언어 관용법에 대한 사회학에 있어서 가장 중요한 문제라고 할 수 있으며 예술적인 종류를 포함하여 모든 종류의 언어 관용법에 있어서도 가장 중요한 문제라고 할 수 있다.

바흐친은 그의 다성음 구조에 대한 연구를 '내재적인 사회학적 분석(immanent-sociological analysis)'이라고 불렀는데, 이는 앞에서 언급했듯이 언어의 관용법에 내재하는 문학의 내재적인 사회학적 성격을 의미한다. 바흐친의 이러한 관점과 위에서 언급한 티냐노프의 관점은 그 근본에 있어서 명백히 서로 일치하고 있다. 게다가 바흐친의 논의에는 절충주의의 필요성에 대한 암시가 조금도 보이지 않는다. 바흐친의 연구는 문제시 되었던 문학적 현상에 대해 사회학적으로 설명하고자 하는 시도조차도 하지 않았다는 것을 인정하면서도 바흐친은 자신의 연구가 그러한 설명을 위해 없어서는 안될 필수적인 선행조건이라고 주장하였다.

"사회학적 설명의 주체가 되는 질료 자체는 우선 하나의 본질적인 사회적 현상으로 확인·해명되어야 한다. 왜냐하면 그럴 경우에만 사회학적 설명은 설명을 시도했던 사실이 갖는 구조와 조화될 수 있기 때문이다."[58]

기본적인 원리라기보다는 기본적인 강조점에서 서로간의 차이를 보여주는 용어상에서 바흐친의 연구가 갖는 징후적 차이점과 함께 바흐친의 이러한 언급은 야콥슨 및 티냐노프의 논제들과 서로 상관관계를 갖는다. 더 나아가 이러한 바흐친의 언급은 바흐친 그룹의 사회학적 시학(메드베데프의 절충주의 즉 마르크스주의의 전제는 제외하고)과 형식적 방법 둘 모두가 기호체계 내의 기호체계로서의 문학에 대해 복합적이고 포괄적으로 연구하던 도중에 서로 병행하고 중복적이며, 상호의존적인 그리고 궁극적으로는 완전히 조화될 수 있는 그러한 방법들을 내세우게 되었다는 것을 입증해주고 있다.

---

58) Ibid., p.213.

□ 역자 후기

　이 책은 마르크스주의와 언어철학을 번역한 것이다. 바흐친을 비롯한 볼로쉬노프, 메드베데프를 비롯한 바흐친 학파가 한국에 알려진 이후로 이들에 대한 관심은 실로 뜨거웠다. 마르크스주의에 대한 실천의 일환으로 이들 이론이 받아들여졌는가 하면, 개방적인 이들의 사유가 포스트모던의 열린 정신으로 해석되기도 했다. 말하자면 바흐친 그룹의 정신들은 극단에서 극단, 곧 거의 대척적인 집단들로부터 모두 받아들여졌고 수용되었던 것이다. 이는 이들 학파가 지향했던 인식론의 폭이 그만큼 넓다는 증거가 아닐 수 없다.

　이 책의 출간으로 다시 한번 우리 문학계에 바흐친에 대한 관심과 연구가 재점화되기를 바란다. 그리고 그동안의 번역에서 빠졌던 마테카와 티투닉의 훌륭한 논문들이 실리게 된 것 역시 더 없는 기쁨으로 생각한다. 이 책이 나오기까지 원고 정리에 수고를 아끼지 않은 김현정 선생과 송연주에게 고마움을 표한다.

□ 찾아보기

(ㄱ)

계급투쟁 43
고골리 208, 215, 224
공시태 291, 293
구조주의 293, 309, 337
기능심리학 54, 55
기호론 286
기호성 288
기호학 283, 286, 337, 346

(ㄴ)

낭만주의 142, 295, 296, 344
내적 발화 53, 69, 116
니체 73

(ㄷ)

다성음 구조 340
담론유형학 299
대상 분석적 변형 223
데카르트 98, 216, 288, 294, 295, 296, 297
도스토예프스키 178, 179, 209, 224, 225, 231, 232, 233, 236, 274, 301, 303, 347, 351, 352
동시태 291
뒤르껭 105
디트리히 107, 162
딜타이 48, 49, 50

(ㄹ)

라블레 304
라이프니쯔 99

랑그 252
러시아 형식주의 309
레닌그라드학파 293
레르크 86, 199, 205, 243, 249, 254, 255, 260, 261, 262, 265, 266, 270, 272
레미조프 209
레비스트로스 293
렘브란트 73
로크 284
로르크 86, 143, 214, 249, 253, 254, 255, 257, 258, 259, 260, 266, 270, 271, 272, 280

(ㅁ)

마르 121, 122, 174, 305
마르크스주의 17
마르티 81, 107
마부르크 58
메드베데프 311, 313, 314, 315, 316, 318, 320, 322, 329, 330, 332, 336, 340, 354
메이에 105
메타레벨 110
무카로프스키 312
문헌학자 126
미켈란젤로 73

(ㅂ)

바흐친 293, 299, 303, 340, 346, 347, 348, 349, 350, 352, 353, 354
바흐친그룹 312, 337
반심리주의 58
발리 101, 214, 243, 249, 250, 251, 252, 253, 254, 258
발자크 243, 257
발화 134, 141
벨리 209
변증법 294, 298
변증법적 44, 141, 322
보슬러 59, 86, 87, 88, 119, 135, 136, 143, 161, 205, 214, 260
보슬러학파 59, 85, 88, 101, 199, 214, 249, 253, 266, 269, 298, 299
복수성 43
복합성 174
볼로쉬노프 294, 346
볼코프 307
뵐플린 206
분트 59, 81, 85
브뤼에르 264
블룸필드 293
비고츠키 302, 303
비노그라도프 199, 290, 306, 339
빠롤 252

(ㅅ)

사회심리 35, 37
세쥬에 101
소르 81, 168, 295, 296
소쉬르 100, 101, 102, 103, 105,
    113, 284, 285, 286, 287, 290, 292,
    293, 294, 295
소쉬르학파 101, 105
솔로굽 209
쇼펜하우어 73
쉬페트 5, 182
슈타인달 81, 84, 85
스카즈 7, 338, 339, 347, 350
스피처 38, 86, 143, 152, 161, 299
시이저 111
신칸트주의 58
신칸트학파 52

(ㅇ)

아이헨바움 310, 329, 336
야콥슨 284, 285, 288, 291, 307,
    331, 332, 337, 346
야쿠빈스키 199, 300, 339
양식화 7, 338, 339, 347, 350
언어철학 77
언어철학 사상 142
언어학 121
에렌버그 233
오시프 215

오포야즈 309
음향학 78
의사직접화법 244
이반 크릴로프 217
일상적 이데올로기 155, 157, 158

(ㅈ)

자연파 208
정태성 294, 297
제네바학파 100, 285
졸라 249
짐멜 72, 73
쯔베긴체프 307

(ㅊ)

체르바 285, 300
촘스키 295

(ㅋ)

카르체프스키 284, 290
카시러 21, 52, 81, 98
카잔학파 283
칸트 57
칼프키 214, 243, 247, 248, 249,
    252, 254
쿠르트니 283, 290
크로체 88

(ㅌ)

타자 193, 194, 196, 197, 198, 199, 202, 203, 204, 205, 207, 211
토블러 243, 244, 245
톨스토이 224, 234, 351
통시태 293
투르게네프 224, 234
티냐노프 288, 291, 331, 332, 334, 346, 353

(ㅍ)

패러디 7, 338, 339, 347, 350
페쉬코프스키 194, 215, 216, 218, 219, 220, 221
페터슨 285
포르투나토프 284
포테브냐 84, 295
퐁메뉴 217, 264
표현 분석적 변형 223
표현이론 145
푸시킨 242, 273
프라그(Prgue) 구조주의학파 293
프라그 학파 312, 337
프라이부르크 학파 58
프리드만 209
플레하노프(Plexanov) 5, 35
플로베르 257, 265

(ㅎ)

해석 심리학 49
형식주의 317
형식주의학파 293 309, 337
형식주의자 312, 323, 329, 334, 336
화행(話行) 36, 135, 180, 188
훔볼트 81, 83, 84, 98, 294, 296, 297

옮긴이 약력

송기한

충남 논산생
서울대학교 국문과 및 동 대학원 졸업
대전대학교 국문과 교수
주요논저로는 「개화기 대화체 가사」, 『한국현대시사탐구』 외 다수가 있다.

언어와 이데올로기

2005년 5월 10일 1판 1쇄 인쇄
2005년 5월 15일 1판 1쇄 발행

지은이 • V. N. 볼로쉬노프
옮긴이 • 송 기 한
펴낸이 • 한 봉 숙
펴낸곳 • 푸른사상사

등록 제2-2876호
서울시 중구 을지로3가 296-10 장양B/D 701호
대표전화 02) 2268-8706(7) 팩시밀리 02) 2268-8708
메일 prun21c@yahoo.co.kr / prun21c@hanmail.net
홈페이지 //www.prun21c.com
편집·디자인 _ 송경란／김수정／심효정 ; 기획영업 _ 김두천／한신규／지순이
ⓒ 2005, 송기한`

값 20,000원

ISBN 89-5640-335-X-03810

☞ 잘못된 책은 구입한 곳이나 본사에서 바꾸어 드립니다.